黄晶 孙佳琪 矫健 编著
方仙法 校

美国物理奥林匹克

中国科学技术大学出版社

内 容 简 介

本书是作者在长期进行中学物理奥林匹克竞赛指导、教学实践以及学习研究美国物理竞赛基础上编译而成的,内容包括力学、电磁学、热学、光学、原子物理与相对论。

本书可以作为中学物理综合学习和素质提高的参考书,适合有志于参加国内外各级物理竞赛和各大名校自主招生选拔考试的中学生,同时也为高考选考物理的学生提供了强有力的思维训练题目。

图书在版编目(CIP)数据

美国物理奥林匹克/黄晶,孙佳琪,矫健编著. ——合肥:中国科学技术大学出版社,2018.10(2024.5重印)

ISBN 978-7-312-04349-9

Ⅰ. 美… Ⅱ. ①黄… ②孙… ③矫… Ⅲ. 中学物理课—竞赛题 Ⅳ. G634.75

中国版本图书馆 CIP 数据核字(2017)第 300723 号

出版	中国科学技术大学出版社
	安徽省合肥市金寨路 96 号,230026
	http://press.ustc.edu.cn
	https://zgkxjsdxcbs.tmall.com
印刷	安徽省瑞隆印务有限公司
发行	中国科学技术大学出版社
开本	710 mm×1000 mm 1/16
印张	19.5
字数	366 千
版次	2018 年 10 月第 1 版
印次	2024 年 5 月第 2 次印刷
定价	49.00 元

前　言

"他山之石，可以攻玉"。十多年来，笔者一直潜心收集美国高中物理竞赛方面的试题，关注竞赛动态。本书正是笔者在长期进行中学物理奥林匹克竞赛指导、教学实践以及学习研究美国物理竞赛的基础上，系统整理归类，分析研究，精心编译而成的。本书依据全国中学生物理竞赛的内容提要，划分为力学、电磁学、热学、光学、原子物理与相对论5个部分，有序、科学、完整地对学生进行物理思维训练。为了区别于国内现有的物理竞赛用书，本书编写过程中更注重选题的新颖、独创、实用、现代，尤其是一些B组试题，与国际赛事题目风格相似，属于国内首发，目标是有效地帮助学生加深对物理概念的领悟，开阔视野，启发物理思维，培养科学素养。

本书的编写始于2012年，由黄晶、矫健负责力学、电磁学、热学内容的编写，黄晶、孙佳琪负责光学、原子物理与相对论内容的编写，由黄晶统稿，最后由黄晶和方仙法校对全书。

在本书编写期间，汪飞、俞超参加了部分内容的讨论工作，陈敏华博士、邱为钢博士给予了指导和帮助，在这里向他们致以深深的谢意。

"问渠哪得清如许，为有源头活水来"，知识需要不断更新。笔者本着开放、学习的原则，在编写本书的过程中，认识到笔者水平有限，加之国外有些物理术语和国内表述存在差异，书中难免有不足或疏漏之处，诚恳地希望读者批评指正（笔者邮箱：huangjing96@163.com），以便再版时订正。

黄　晶

初稿于钱塘江岸

2018年4月6日再稿于西湖畔

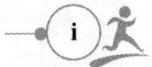

目 录

前言 ··· (ⅰ)

试 题 部 分

一、力学 A 组 ··· (3)
   （一）运动学 ··· (3)
   （二）动力学 ··· (25)
   （三）力的平衡 ··· (39)
   （四）动量、动能 ··· (53)
   （五）刚体角动量 ··· (82)
   （六）万有引力和天体运动 ··· (96)
   （七）振动和波 ··· (105)

二、力学 B 组 ··· (119)

三、电磁学 A 组 ··· (131)

四、电磁学 B 组 ··· (163)

五、热学 A 组 ··· (178)

六、热学 B 组 ··· (185)

七、光学 ··· (191)

八、原子物理与相对论 A 组 ··· (199)

九、原子物理与相对论 B 组 ··· (202)

答案与解析部分

一、力学 A 组 ………………………………………………………… (209)
　（一）运动学 ………………………………………………………… (209)
　（二）动力学 ………………………………………………………… (212)
　（三）力的平衡 ……………………………………………………… (213)
　（四）动量、能量 …………………………………………………… (216)
　（五）刚体角动量 …………………………………………………… (220)
　（六）万有引力和天体运动 ………………………………………… (221)
　（七）振动和波 ……………………………………………………… (222)

二、力学 B 组 ………………………………………………………… (224)

三、电磁学 A 组 ……………………………………………………… (253)

四、电磁学 B 组 ……………………………………………………… (254)

五、热学 A 组 ………………………………………………………… (282)

六、热学 B 组 ………………………………………………………… (283)

七、光学 ……………………………………………………………… (293)

八、原子物理与相对论 A 组 ………………………………………… (294)

九、原子物理与相对论 B 组 ………………………………………… (294)

试题部分

一、力 学 A 组

（一）运动学

1. (2011)一个骑自行车的人以 22.0 km/h 的速度匀速行驶(除中途停 20 min)。已知骑车人的平均速度为 17.5 km/h,则他骑行的路程是(　　)。
   A. 28.5 km　　　　B. 30.3 km　　　　C. 31.2 km
   D. 36.5 km　　　　E. 38.9 km

2. (2008)一只蟑螂沿着边长为 3 m 的立方体房间的墙内壁爬行。如果蟑螂从立方体房间左下角最低处爬到立方体房间右上角最高处,则蟑螂爬行的位移大小为(　　)。
   A. $3\sqrt{2}$ m　　B. $3\sqrt[3]{2}$ m　　C. $3\sqrt{3}$ m
   D. 3 m　　　　　E. 9 m

3. (2002)飞机起飞并向着东北 30° 的方向飞行 300 英里。在降落之前改变航向,向西边飞行 600 英里。最终飞机距离起飞点的方位是怎样的?(　　)
   A. 西北方向 14.2°　　B. 西北方向 23.8°
   C. 西北方向 37.4°　　D. 西北方向 66.2°
   E. 西北方向 75.9°

4. (1998)一个绕着线的线轴放置在地面上,如图 1 所示。线的末端标记为 X,它在水平方向上被向右拉动距离 S,线轴做无滑滚动,则线轴中心移动的距离是(　　)。
   A. $2S$　　　　　B. S
   C. $S/2$　　　　D. $S/3$
   E. $S/4$

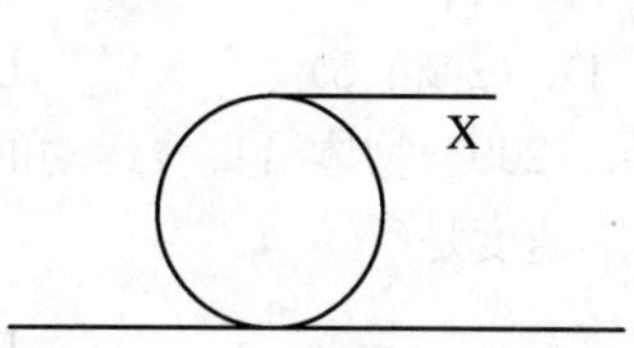

   图 1

5. (2015)高速公路上,一辆汽车以 80 km/h 的恒定速度径直向北行驶了 25 km。

接着,这辆汽车又以 50 km/h 的恒定速度径直向北行驶了 75 km。整个过程中,该汽车的平均速度最接近于( )。
   A. 55.2 km/h   B. 57.5 km/h   C. 65 km/h
   D. 69.6 km/h   E. 72.9 km/h

6. (1999)一个司机驾驶卡车做直线运动,先以速度 v 行驶了全程的四分之三,后以速度 $0.5v$ 完成了剩下的行程。在整个过程中,卡车的平均速度是( )。
   A. $0.85v$ B. $0.80v$ C. $0.75v$
   D. $0.70v$ E. $0.65v$

7. (1994)汽车驾驶者以 80 km/h 的速度行驶了 320 km,然后又以 100 km/h 的速度行驶了 320 km,在整个行驶过程中的平均速度是多少?( )
   A. 84 km/h   B. 89 km/h   C. 90 km/h
   D. 91 km/h   E. 95 km/h

8. (2007)某物体的位移关于时间的函数为 $x = 8t - 3t^2$,其中 x 的单位为 m,t 的单位为 s。$t=1$ s 到 $t=2$ s 的时间里,平均速度是( )。
   A. -2 m/s   B. -1 m/s   C. -0.5 m/s
   D. 0.5 m/s   E. 1 m/s

9. (1996)以下哪幅图可以准确地表示出物体在做匀速直线运动时物理量与时间的关系?( )

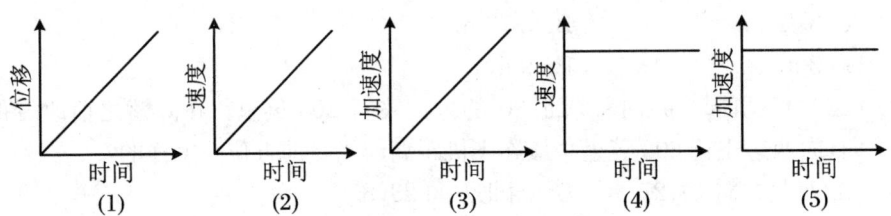

   A. 只有(1)   B. 只有(2)   C. (1)和(4)
   D. (2)和(5)   E. 以上都代表匀速运动

10. (2008)物体沿直线运动的位移-时间图像如图 2 所示,则其在 $t=2$ s 的瞬时速度是( )。
   A. -2 m/s   B. $-\dfrac{1}{2}$ m/s   C. 0 m/s
   D. 2 m/s   E. 4 m/s

一、力学A组

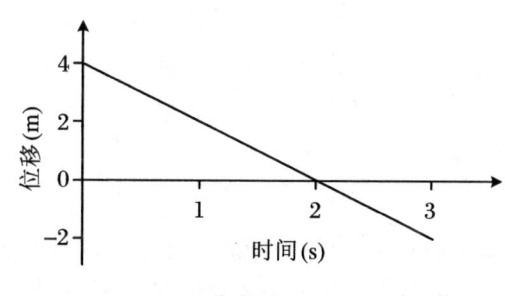

图2

11. (1998)小涵离开家后以恒定的速度行走。一段时间后他停了一会,然后以比开始时略大的速度继续行走了一会。突然他以更快的速度掉头向家的方向走去。下面哪个图像可以准确地描述其整个运动过程?(　　)

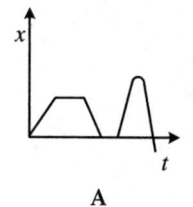 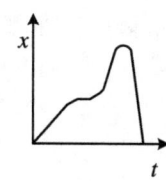 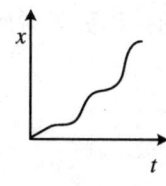 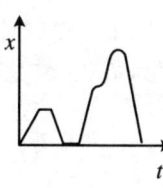 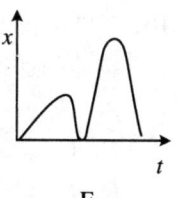

   A   B   C   D   E

12. (2002)图3给出了一个物体沿直线运动过程中位移与时间的关系,在 $t = 5.0$ s 时物体运动的速度是多少?(　　)

   A. 0.0 m/s   B. 0.8 m/s   C. 2.5 m/s
   D. 4.0 m/s   E. 6.8 m/s

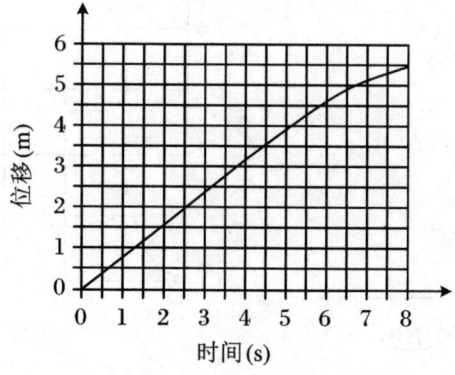

图3

13. (2002)如图3所示,在哪段时间物体运动的加速度为零?(　　)

   A. 0 s   B. 0～5 s   C. 5～8 s
   D. 0～8 s   E. 加速度均不为零

14. (1998)图4给出了某个直线运动的位移-时间函数图像。在哪个标记区域位置内,速度为正而加速度为负?( )

图4

A. A B. B C. C
D. D E. E

15. (1998)在一次救援行动中,一只盘旋静止在空中的直升机向随着恒定水速 v 的河流顺流而下的落水者扔下一个救生圈,直升机距水面高为 9.8 m,当救生圈释放的时候,落水者和直升机在水面的投影处的水平距离为 6 m。已知救生圈落在落水者前 2 m 处,则水的流速是(忽略空气阻力)( )。

A. 13.7 m/s B. 9.8 m/s C. 6.3 m/s
D. 2.8 m/s E. 2.4 m/s

16. (1995)图5给出了一个物体的位移关于时间的函数。在哪个字母对应段,物体的加速度为负?( )

A. A B. B
C. C D. D
E. E

17. (1999)图6所示为小车沿着直路运动的位移与时间的关系图,在哪些时刻小车的加速度为正?( )

A. 0,20,38,60 B. 5,12,29,35 C. 5,29,57
D. 12,35,41 E. 0 到 60

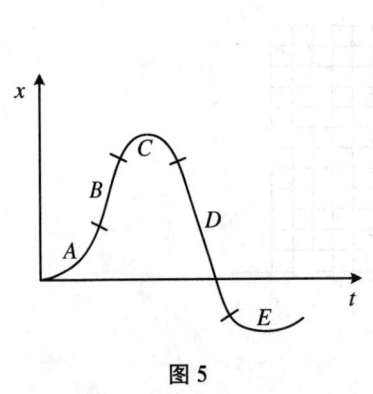

图5

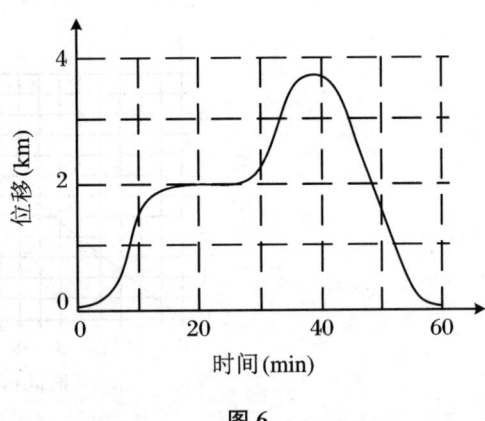

图6

18. (1993)图7给出了某质点运动过程的位移-时间图像,若 b 和 c 都是正常数,下列最能描述质点的加速度 a 的表达式为( )。

A. $a = 0$ B. $a = +b$ C. $a = -c$

D. $a = b + ct$ E. $a = b - ct$

19. （2011）图 8 给出了三个物体运动速度与时间之间的函数关系，物体在一维直线上运动。

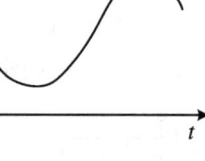

图 7

(1) 10 s 内三个物体平均加速度从大到小排序为（　　）。

A. Ⅰ＞Ⅱ＞Ⅲ   B. Ⅱ＞Ⅰ＞Ⅲ
C. Ⅲ＞Ⅱ＞Ⅰ   D. Ⅰ＞Ⅱ＝Ⅲ
E. Ⅰ＝Ⅱ＝Ⅲ

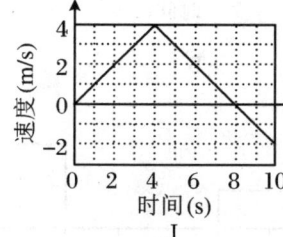
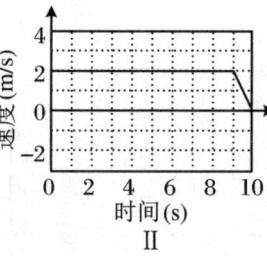
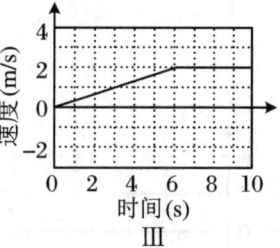

图 8

(2) 10 s 内三个物体最大速度从大到小排序为（　　）。

A. Ⅰ＞Ⅱ＞Ⅲ   B. Ⅱ＞Ⅰ＞Ⅲ
C. Ⅲ＞Ⅱ＞Ⅰ   D. Ⅰ＞Ⅱ＝Ⅲ
E. Ⅰ＝Ⅱ＝Ⅲ

(3) 10 s 内三个物体运动位移从大到小排序为（　　）。

A. Ⅰ＞Ⅱ＞Ⅲ   B. Ⅱ＞Ⅰ＞Ⅲ
C. Ⅲ＞Ⅱ＞Ⅰ   D. Ⅰ＞Ⅱ＝Ⅲ
E. Ⅰ＝Ⅱ＝Ⅲ

20. （2008）玩具车沿直线行驶的速度-时间图像如图 9 所示。

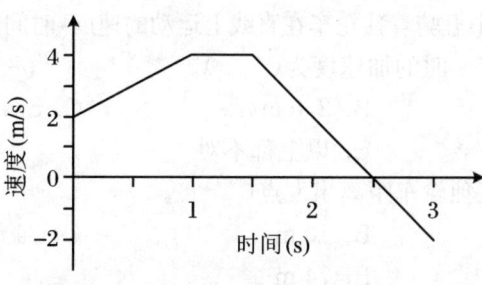

图 9

(1) 该小车运动的最大位移为(   )。

    A. 3 m   B. 5 m   C. 6.5 m

    D. 7 m   E. 7.5 m

(2) 以下哪幅图可以准确描述出小车加速度与时间的关系？(   )

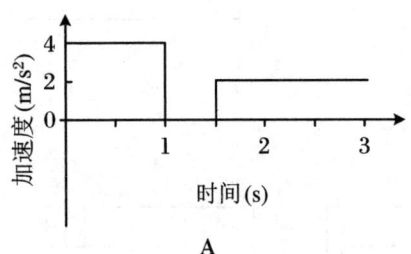

A

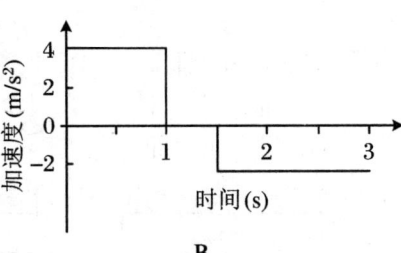

B

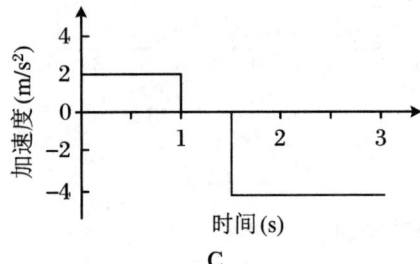

C

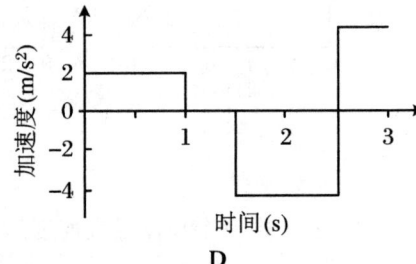

D

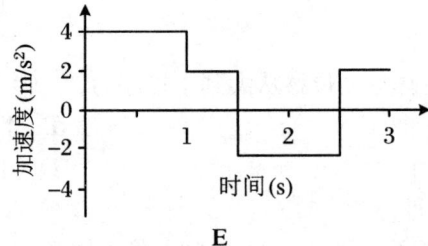

E

21. (2002)马戏团小丑骑着独轮车在直线上运动的速度-时间图像如图10所示。

    (1) 独轮车在5 s时的加速度为(   )。

        A. 1.6 m/s^2 B. 2.0 m/s^2 C. 3.4 m/s^2

        D. 8.0 m/s^2 E. 以上都不对

    (2) 在12 s后,独轮车距离出发点(   )。

        A. 0 m   B. 10 m   C. 34 m

        D. 47 m   E. 74 m

一、力学A组

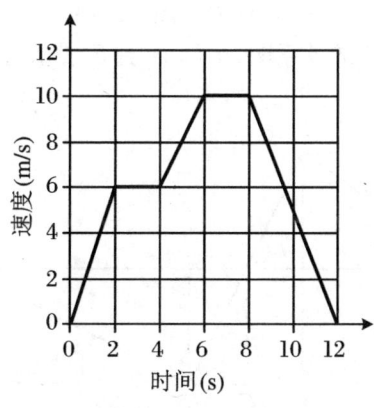

图10

22. (2007)一辆汽车速度随时间变化的关系如图11所示,在90 s时小车的加速度为(　　)。

A. 0.22 m/s²　　　　B. 0.33 m/s²　　　　C. 1.0 m/s²

D. 9.8 m/s²　　　　E. 30 m/s²

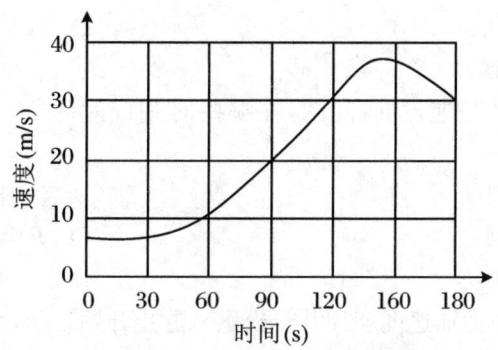

图11

23. (2001)一个小球从斜坡上滚下,经过一个水平桌面后离开桌边。下面哪幅图能准确表示出小球的加速度随时间的变化关系?(　　)

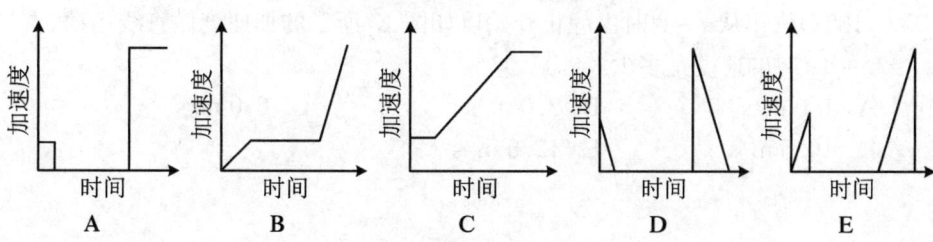

24. (2010)问题(1)～(3)与图12有关。图12表示一只松鼠沿着电话线做直线运动的物理量与时间的关系图,字母 A 到 E 表示时间。

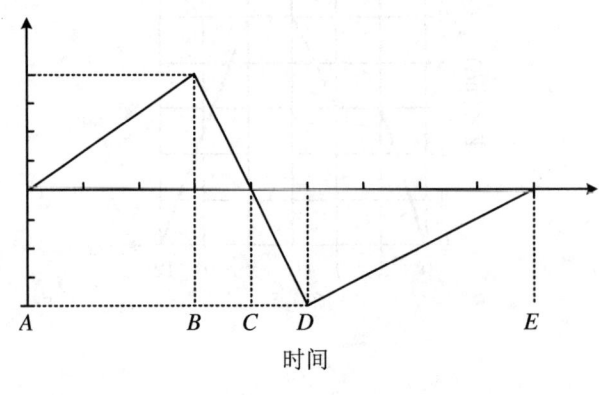

时间

图 12

(1) 如果图 12 为位移-时间图,在哪些时刻或时间段,松鼠的速度最大?
( )
  A. 从 A 到 B B. 仅从 B 到 C
  C. 从 B 到 D D. 仅从 C 到 D
  E. 从 D 到 E

(2) 如果图 12 是速度-时间图,在哪些时刻或时间段,松鼠的速度最大?
( )
  A. B 时刻   B. C 时刻
  C. D 时刻   D. B 和 D 时刻
  E. 从 C 到 D

(3) 如果图 12 为加速度-时间图,松鼠从静止开始运动,在哪些时刻或时间段,松鼠的速度最大?( )
  A. B 时刻   B. C 时刻
  C. D 时刻   D. B 和 D 时刻
  E. 从 C 到 D

25. (1997)汽车从 $t=0$ 时由静止开始以如图13所示的加速度做直线运动。在 $t=3\,\text{s}$ 时的速度是多少?( )
  A. 1.0 m/s   B. 2.0 m/s   C. 6.0 m/s
  D. 10.5 m/s   E. 12.5 m/s

一、力学A组

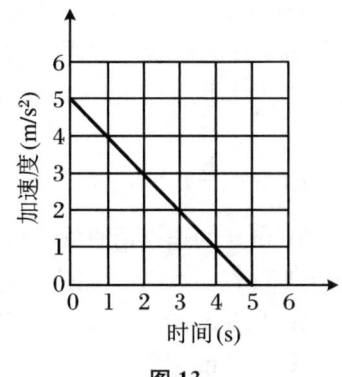

图 13

26. (2015)图14包括同一数据的三幅图,则 y、x 的正确函数关系是(假设 a,b 是常数)( )。

A. $y = ax + b$　　　　B. $y = ax^2 + b$　　　　C. $y = ax^b$

D. $y = ae^{bx}$　　　　E. $y = a\log x + b$

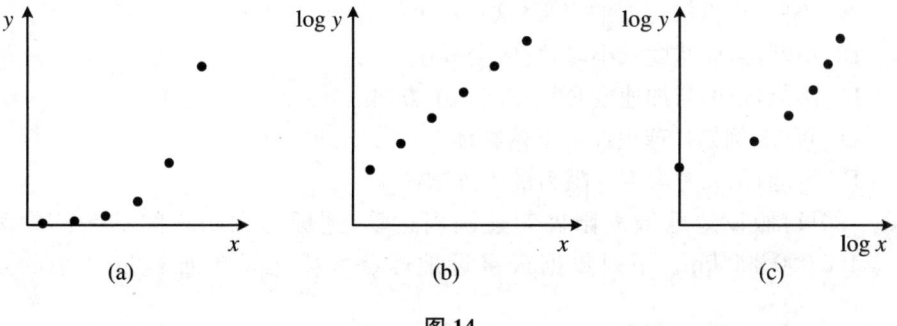

图 14

27. (1995)一个爆竹在湖面爆炸后,附近的皮划艇选手听到了两声爆炸声响,时间间隔为 t。声音在湖水中传播的速度为 u,在空气中传播的速度为 v,则爆炸点距皮划艇的距离为( )。

A. $\dfrac{uvt}{u+v}$　　　　B. $\dfrac{t(v+u)}{uv}$　　　　C. $\dfrac{t(u-v)}{uv}$

D. vt　　　　E. $\dfrac{uvt}{u-v}$

28. (2007)一个物体在一个二维平面上运动:

$$r(t) = (4.0t^2 - 9.0)\boldsymbol{i} + (2.0t - 5.0)\boldsymbol{j}$$

其中,r 的单位是 m,t 的单位是 s,什么时候物体将穿过 x 轴?( )

A. 0.0 s　　　　B. 0.4 s　　　　C. 0.6 s

D. 1.5 s　　　　E. 2.5 s

29. (2007)赛车在 $t=0$ 时刻从静止开始以 $v=5t^2$ 的速度沿直线加速运动，v 的单位为 m/s，t 的单位为 s，则位移 x 与时间 t 的关系为（　　）。

　　A. $x=5t^3$　　　　B. $x=\dfrac{5}{3}t^3$　　　　C. $x=10t$

　　D. $x=15t^2$　　　E. $x=\dfrac{5}{2}t$

30. (2009)一只小鸟最初以 10 m/s 的速度沿直线飞行。在飞行 25 m 的位移过程中，速度均匀地增加至 15 m/s。小鸟的加速度为多大？（　　）

　　A. 5.0 m/s²　　　B. 2.5 m/s²　　　C. 2.0 m/s²

　　D. 0.5 m/s²　　　E. 0.2 m/s²

31. (2008)一只鸟做匀加速直线运动，已知初速度为 10 m/s，飞行位移为 40 m 后速度达到 18 m/s。则加速度的大小为（　　）。

　　A. 0.1 m/s²　　　B. 0.2 m/s²　　　C. 2.0 m/s²

　　D. 2.8 m/s²　　　E. 5.6 m/s²

32. 当物体的加速度减小时，速度是否可能增加？（　　）

　　A. 不能，根据加速度的定义，这是不可能的

　　B. 不能，当加速度减小时，物体会减速

　　C. 不能，速度与加速度必须在同一个方向上

　　D. 可能，例如月球表面的下落物体

　　E. 可能，例如考虑空气阻力的下落物体

33. (2011)假设地球绕太阳做匀速圆周运动，地球与太阳之间的距离约为 150 000 000 km。下列数据最接近地球绕太阳运动的加速度大小的是（　　）。

　　A. 0 m/s²　　　　B. 0.006 m/s²　　　C. 0.6 m/s²

　　D. 6 m/s²　　　　E. 10 m/s²

34. (2002)一只行李箱从一辆以 30 m/s 行驶的汽车上滑落到地面，在地面上滑行了 45 m。则行李箱在地面上滑行的时间为（　　）。

　　A. 0.67 s　　　　B. 1.5 s　　　　C. 2.0 s

　　D. 3.0 s　　　　E. 6.0 s

35. (2004)司机遇到紧急情况急踩刹车，车子滑行一段距离后停下来。如果汽车的初速度变为原来的两倍，那么它滑行的距离变为原来的几倍？（　　）

　　A. 4 倍　　　　　B. 2 倍　　　　　C. $\sqrt{2}$ 倍

　　D. 距离不变　　　E. 必须知道汽车的质量

36. (2000)假设两辆汽车沿着周长为 1 km 的圆形轨道进行比赛。第一辆车以最快的速度可以在 15 s 内跑完一圈，第二辆车以最快的速度可以在 12 s 内

跑完一圈。最后一圈时,第一辆车需要领先多少距离,才能保证不输掉比赛?( )

A. 最少 250 m B. 最少 200 m C. 最少 104 m

D. 最少 83 m E. 最少 67 m

37. (2001)在 t_0 时刻,两辆车车1和车2并排通过停在路边的车3。与此同时,车1的司机开始刹车,而车3的司机开始加速行驶。接下来的 5 s(用 t_1, t_2, t_3, t_4, t_5 表示),每辆车的位置如图15所示。

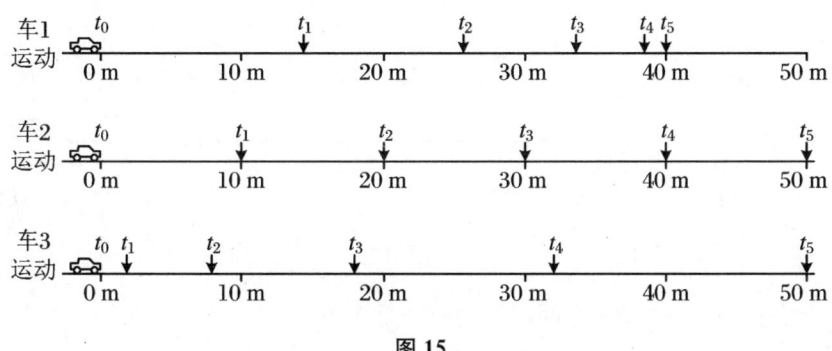

图 15

(1) 在下列哪个时间间隔内,车2和车3的平均速度相同?( )

A. $t_0 \sim t_1$ B. $t_1 \sim t_2$ C. $t_2 \sim t_3$

D. $t_3 \sim t_4$ E. $t_4 \sim t_5$

(2) 在 t_0 时刻后哪个位置车1和车2又可以再次并排?( )

A. 0 m B. 15 m C. 26 m

D. 37 m E. 39 m

(3) 在 5 s 内哪一辆车的平均速度最大?( )

A. 车1 B. 车2 C. 车3

D. 车2和车3有相同的平均速度

E. 三辆车的平均速度相同

(4) 如果车3一直以恒定的加速度加速运动,那么在6 s末的位置为( )。

A. 22 m B. 68 m C. 72 m

D. 78 m E. 94 m

38. (2004)图16为一个做匀加速运动的小球位移随时间变化的示意图。

(1) 第4 s的平均速度是多少?( )

A. 3.0 cm/s B. 3.5 cm/s C. 4.0 cm/s

D. 7.0 cm/s E. 12.5 cm/s

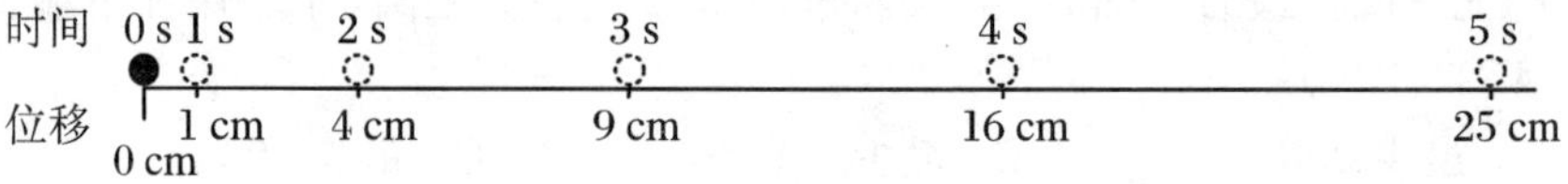

时间　0 s 1 s　　2 s　　　3 s　　　　4 s　　　　　　5 s
位移　　1 cm　4 cm　　9 cm　　　16 cm　　　　　25 cm
　　　0 cm

图 16

(2) 以下哪一个更接近于小球的加速度？（　　）

  A. 1 cm/s²   B. 2 cm/s²   C. 3 cm/s²

  D. 4 cm/s²   E. 5 cm/s²

39. (2002)问题(1)~(3)与图 17 相关。一个玩具车开始处于静止状态，之后以恒定的加速度在水平面上启动。从启动开始的位置-时间图像如图 17 所示。

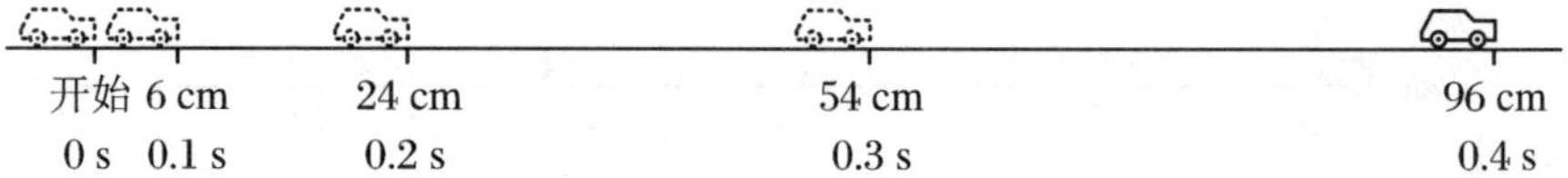

开始 6 cm　　24 cm　　　54 cm　　　　　　96 cm
0 s　0.1 s　　0.2 s　　　0.3 s　　　　　　0.4 s

图 17

(1) 在 0.1~0.3 s 之间的平均速度是多少？（　　）

  A. 0.6 m/s   B. 1.9 m/s   C. 2.4 m/s

  D. 4.8 m/s   E. 60 m/s

(2) 在 0.4 s 时的加速度是多少？（　　）

  A. 6.0 m/s²   B. 9.8 m/s²   C. 12 m/s²

  D. 25 m/s²   E. 50 m/s²

(3) 当小车运行 96 cm 时，其速度是多少？（　　）

  A. 6.0 m/s   B. 1.9 m/s   C. 2.4 m/s

  D. 4.8 m/s   E. 60 m/s

40. (2013)一个观测者站在一列静止的火车车头旁，当火车开始做匀加速直线运动时，第一节车厢经过 5 s 通过观测者，则第十节车厢通过观测者需要的时间为（　　）。

  A. 1.07 s   B. 0.98 s   C. 0.91 s

  D. 0.86 s   E. 0.81 s

41. (1994)一辆跑车停在信号灯前，在 $t=0$ 时，信号灯改变，然后跑车开始以 2.0 m/s² 的加速度匀加速行驶，在 $t=\dfrac{10}{3}$ s 时，一辆旅行车以 15 m/s 的同向速度匀速通过该信号灯。问何时旅行车追上跑车？（　　）

  A. 不会追上   B. $t=5.0$ s   C. $t=7.5$ s

  D. $t=12$ s   E. $t=21$ s

一、力学A组

42. （1995）汽车A和汽车B均以25 m/s的速度沿水平公路做匀速直线运动，车A在车B后方6 m处。某时刻，车B开始刹车，以2 m/s² 的加速度做匀减速运动。1.2 s后，车A同样以2 m/s² 的加速度做匀减速运动。当两车相碰撞时它们的相对速度是（　　）。（提示：在碰撞时，两辆车都在向前运动）

   A. 2.4 m/s　　　　B. 5.0 m/s　　　　C. 9.5 m/s
   D. 21 m/s　　　　E. 24 m/s

43. （2007）某物体由高处从静止开始做自由落体运动，第1 s下落的位移为 h，那么第2 s的下落高度是（　　）。

   A. h　　　　B. $2h$　　　　C. $3h$
   D. $4h$　　　　E. h^2

44. （1996）一个马拉松运动员以速度 v 在森林中跑步。当运动员刚好跑到松树下时，松树上距离地面高度为 h 处的一颗松果自由下落，当松果掉到地面时，运动员距离松果的水平距离是多少？（　　）

   A. $\sqrt{\dfrac{2hv^2}{g}}$　　　　B. $\sqrt{\dfrac{hv^2}{2g}}$　　　　C. $\dfrac{gh^2}{v^2}$
   D. $\dfrac{2gh^2}{v^2}$　　　　E. $\dfrac{v^2}{2g}$

45. （2010）两队搬运工正在从建筑物10楼的公寓窗户中下降一架钢琴。当钢琴降到地面上方30 m处时，绳子断了。地面上的搬运工听到楼上工人大声警报后才注意到钢琴，此时钢琴已经在距地面上方14 m处。钢琴砸到地面以前，他们还有多少时间可以逃离？（　　）

   A. 0.66 s　　　　B. 0.78 s　　　　C. 1.67 s
   D. 1.79 s　　　　E. 2.45 s

46. （2012）一个滴水的水龙头处于水槽上方10 cm处。当一滴水滴落到水槽时，恰好有一滴水正要开始掉落，还有一滴水正在空中。当下面的水滴刚好落到水槽时，空中的水滴距离水槽的高度为（　　）。

   A. 0～2 cm之间　　B. 2～4 cm之间　　C. 4～6 cm之间
   D. 6～8 cm之间　　E. 8～10 cm之间

47. （2012）如下图所示，有五根不同的绳子（每根绳子在不同的位置处系有砝码），绳子一端悬挂在天花板上，另一端刚好能碰到地面，让绳子从顶端开始释放，砝码自由下落。哪根绳子的砝码依次落地的撞击声时间间隔相同？（　　）

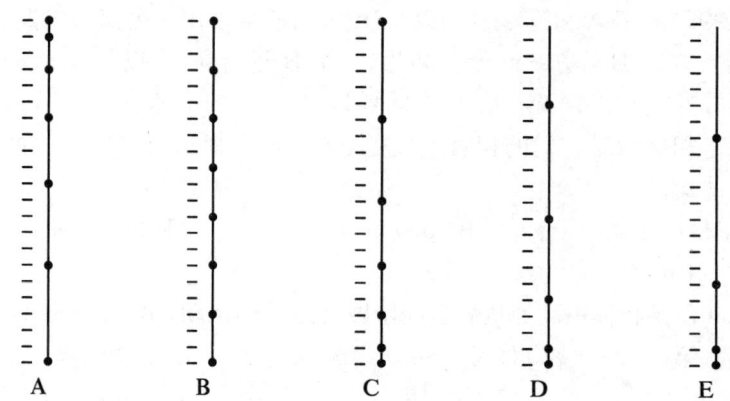

48. (1996)一个物体从水平地面以 50 m/s 的速度竖直向上抛出。不考虑空气阻力,它返回到地面所需的时间约为( )。

A. 2.5 s　　　　B. 5.0 s　　　　C. 7.5 s

D. 10 s　　　　E. 15 s

49. (1998)小孩竖直向上抛出一个小球,在空中总的时间为 T,最大的高度为 H,在 $T/4$ 时的空中高度是(不考虑空气阻力)( )。

A. $H/4$　　　　B. $H/3$　　　　C. $H/2$

D. $2H/3$　　　　E. $3H/4$

50. (1998)一个小球竖直向上抛起,达到最高点后落回到抛出点。不考虑空气阻力,下面哪些说法是正确的?( )

(1) 小球在最高点的速度为零;

(2) 小球在最高点的加速度为零;

(3) 小球在上升过程中所用的时间比下降时的大。

A. 只有(1)　　　　B. 只有(2)　　　　C. 只有(1)和(2)

D. 只有(1)和(3)　　　　E. (1)(2)(3)

51. (2004)三个质量分别为 m,$2m$,$3m$ 的石块分别以速度 v,$2v$,$3v$ 竖直向上抛出,如图18所示。按照最大高度从大到小,对三个石块进行排序应是(不考虑空气阻力)( )。

A. Ⅰ,Ⅱ,Ⅲ　　　　B. Ⅱ,Ⅰ,Ⅲ

C. Ⅲ,Ⅰ,Ⅱ　　　　D. Ⅰ,Ⅲ,Ⅱ

E. 高度相等

图 18

一、力学A组

52. (2002)一个小球以竖直向上的速度抛出,其速度为另一小球的两倍,那么它的最大高度是另一小球的多少倍?( )

    A. 8倍　　　　　　B. 4倍　　　　　　C. $2\sqrt{2}$倍

    D. 2倍　　　　　　E. $\sqrt{2}$倍

53. (1994)小球以初速度 v_0 从地面竖直向上抛出,在达到最大高度 y 后开始下落,在抛出后经过时间 t 到达地面。如果初速度变为原来的两倍,那么小球在空中运行的时间为多少?最大高度为多少?( )

    A. $t, 4y$　　　　　B. $2t, y$　　　　　C. $2t, 2y$

    D. $2t, 4y$　　　　E. $4t, 2y$

54. (1994)如果将53题中的那个球带到火星,火星表面的重力加速度约为 $4 \text{ m/s}^2 (0.4g_{地})$。将小球以相同的初速度向上抛出,小球在火星上空中运行的时间为多少?最大高度为多少?( )

    A. $0.4t, 2.5y$　　　B. $0.4t, 6.25y$　　C. $2.5t, 2.5y$

    D. $6.25t, 2.5y$　　E. $6.25t, 6.25y$

55. (1993)将一个质量为 m 的小球竖直向上抛出。空气阻力不能忽略,假设空气阻力与速度成正比,方向与速度方向相反。在最高点时,小球的加速度为( )。

    A. 0　　　　　　　B. 小于 g　　　　C. g

    D. 大于 g　　　　E. 向上

56. (2004)如图19所示,一个橡胶球在地面上反弹。每次弹起的高度是上一次下落高度的一半。如果第一次弹起与第二次弹起之间小球在空中运动的时间为1 s,那第二次弹起和第三次弹起之间的时间间隔为( )。

    A. 0.50 s　　　　　B. 0.71 s

    C. 1.0 s　　　　　 D. 1.4 s

    E. 2.0 s

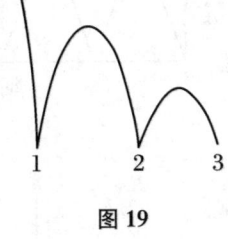

图19

57. (1996)一个球以 15 m/s 的速度从距离地面高 30 m 的房顶向下抛出,同时,另一个小球以相同的速度从水平面竖直向上抛出。以水平面作为参考系,两个小球相遇的高度为( )。

    A. 0　　　　　　　B. 5.0 m　　　　　C. 10 m

    D. 15 m　　　　　 E. 20 m

58. (2000)一个理想的弹性橡胶球从高为 2 m 处自由下落,撞击地面后弹回原来的高度。

    (1)下列哪个图像能正确描述该小球高于地面的位移与时间的关系?( )

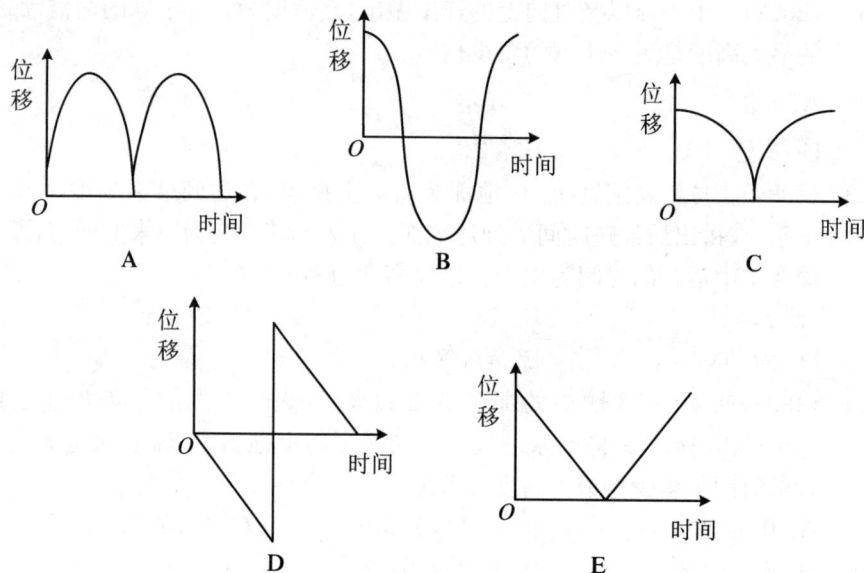

(2) 下列哪个图像能正确描述该下落小球的加速度(向上为正)与时间的关系?(　　)

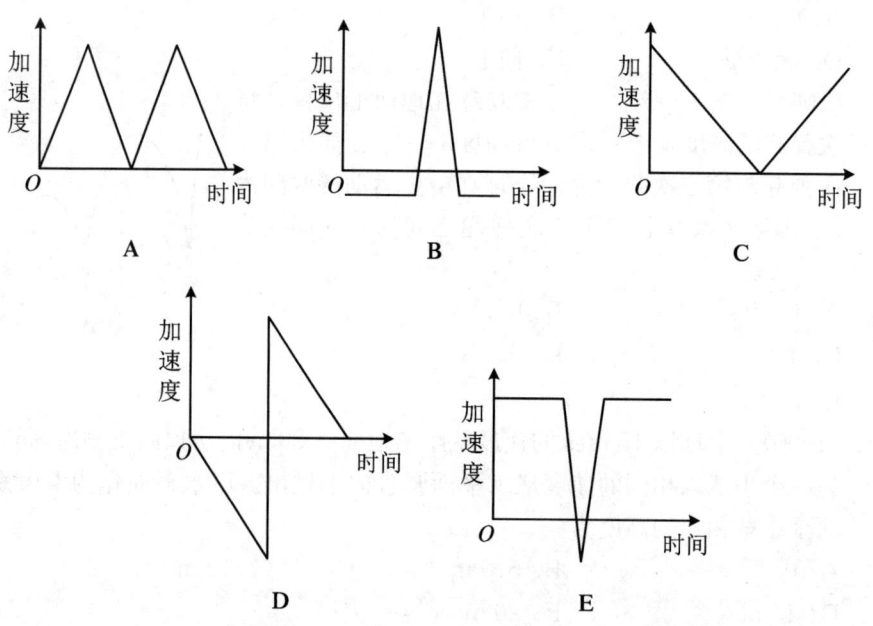

59. (2009)有一个人站在高楼上同时扔出两个苹果,一个初速度为 7 m/s,竖直上抛,另一个以相同大小的速度竖直下抛。抛出 2 s 后,两苹果间的距离为

(假设苹果都没有碰到地面)(　　)。

A. 14 m B. 20 m C. 28 m

D. 34 m E. 56 m

60.（2012）如图20所示,两座大炮竖直排列,两个炮口相互对准,相距200 m。两大炮同时发射,下方炮弹的初速度大小为25 m/s,上方炮弹的初速度大小为55 m/s。

(1) 发射后经多少时间,两炮弹会发生碰撞?(　　)

A. 2.2 s B. 2.5 s

C. 3.6 s D. 6.7 s

E. 8.0 s

(2) 两炮弹碰撞处与上方的大炮炮口之间的距离为多少?(　　)

A. 31 m B. 67 m

C. 110 m D. 140 m

E. 170 m

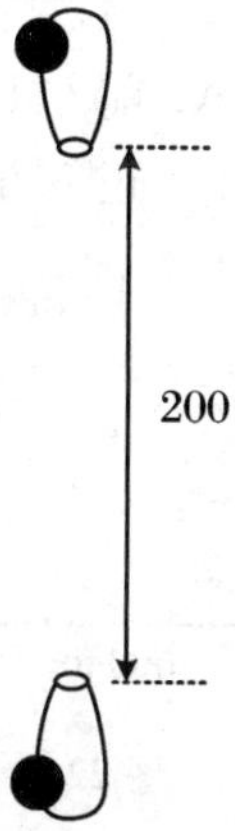

图20

61.（2004）一个质点由于重力作用从高为2 m的 A 点向下运动,下滑过程不计摩擦,如图21所示。质点以图21所示三种不同的路径从 A 点静止释放,运动到 B 点,按照时间从短到长排序为(假设在转折时物体的速度大小没有发生变化,并且没有时间损耗)(　　)。

A. $T_3<T_1<T_2$ B. $T_3=T_2<T_1$ C. $T_3<T_2<T_1$

D. $T_1<T_2=T_3$ E. $T_1<T_3<T_2$

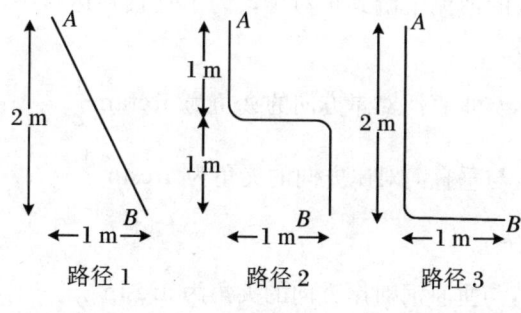

图21

62.（1993）一辆火车原来以2.0 m/s的速度向前运动,某时刻火车以0.80 m/s² 的加速度开始做加速运动,有个乘客释放了一个小球,经过0.50 s小球落到火车地板上。相对于释放点正下方地板上的位置,小球将落在(　　)。

A. 偏向火车尾部1.1 m处　　　　　　B. 偏向火车尾部1.0 m处

C. 偏向火车尾部 0.10 m 处 　　D. 释放点正下方

E. 偏向火车头部 0.90 m 处

63. (1993) 题设如 62 题所示，则相对于站在铁轨旁边静止不动的观察者，小球落在哪里？（　　）

A. 前方 1.1 m 处　　B. 前方 1.0 m 处　　C. 前方 0.10 m 处

D. 正下方　　E. 后方 0.10 m 处

64. (2015) 一条 600 m 宽的河流，其水速为 4.0 m/s。一辆小摩托艇的静水速度为 5.0 m/s，现按照如图 22 所示的方向行驶，恰好可以到达正对岸，则它渡河所需的时间最接近于（　　）。

A. 67 s　　B. 120 s

C. 150 s　　D. 200 s

E. 600 s

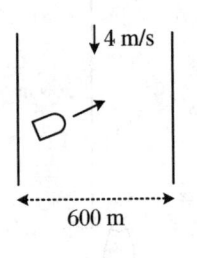

图 22

65. (2000) 某艘船在静水中的速度为 v，下列哪种航行方式将花费最少的时间？（　　）

A. 在静水中航行 $2d$

B. 沿垂直于水流速度的方向航行 $2d$

C. 先顺水航行 d，再逆水航行 d

D. 先逆水航行 d，再顺水航行 d

E. 以上所有航行将花费相同的时间

66. (1996) 已知某个游泳者在静水中的速度为 1.0 m/s。游泳者想在水流速度恒为 0.5 m/s 的河流中游到正对岸。为了垂直到达对岸，游泳者身体的角度应为（　　）。

A. 偏向上游，与垂直河对岸方向的夹角为 $\arctan \dfrac{1}{2}$

B. 偏向上游，与垂直河对岸方向的夹角为 $\arcsin \dfrac{1}{2}$

C. 垂直河对岸

D. 偏向下游，与垂直河对岸方向的夹角为 $\arcsin \dfrac{1}{2}$

E. 偏向下游，与垂直河对岸方向的夹角为 $\arctan \dfrac{1}{2}$

67. (2000) 为了应对快要到来的暴风雪，需要将成捆的干草从飞机上扔到下方的牛群中。假设飞机以 50 m/s 的速度在距离水平面 180 m 的高处飞行，并且每 2 s 投掷一捆干草。假设可以忽略空气阻力。

(1) 干草包从空中下落时它们之间的间距将( )。
A．增大   B．减小
C．保持恒定   D．取决于干草包的质量
E．以上说法都不对

(2) 干草包落地后，它们之间的距离为多少？( )
A．9 000 m   B．300 m   C．180 m
D．100 m   E．50 m

68．(1997)一个小球从一架沿水平方向以 70 m/s 的速度飞行的飞机上下落，在小球释放的同时，飞机开始以 0.75 m/s² 的加速度加速飞行。4.0 s 后，小球达到地面，假设不考虑空气阻力，相对于小球释放时竖直方向所对应的地面上的点而言，小球落在( )。
A．该点   B．该点前 6.0 m 的位置
C．该点前 274 m 的位置   D．该点前 280 m 的位置
E．该点前 286 m 的位置

69．(1997)在题 69 中，小球落在(与飞机之间的水平距离)( )。
A．飞机后方 286 m 处   B．飞机后方 6 m 处
C．飞机的正下方   D．飞机前方 12 m 处
E．飞机前方 274 m 处

70．(1995)一辆汽车沿着一条水平公路向右做匀速直线运动。当汽车通过一个悬崖时，一块石头从悬崖顶上竖直坠落，若以汽车为参考系，则石块下落的轨迹应该是( )。

71．(2009)一个橄榄球四分卫投掷橄榄球的最远距离为 80 m (同一水平面)，假设不计空气阻力，则球对应到达的最高点是( )。
A．10 m   B．20 m   C．30 m
D．40 m   E．50 m

72．(2002)一个人站在房顶，沿与水平方向成 30°角的方向向上抛出一个物体。当物体落回到与抛出点相同高度时，速率变化率是(不考虑空气阻力)( )。
A．0   B．$g\tan 30°$ C．$g\sin 30°$

D. $g\cos 30°$ E. g

73．(2001)在前场 50 码处踢起一个足球,不考虑空气阻力,当足球到达最高点时,下面哪种说法是错误的?( )

A．足球所有的动能全部转化成势能

B．当足球离开脚后,其水平速度不会发生改变

C．足球在空中已经运动的时间是总飞行时间的一半

D．球的加速度为 g

E．竖直速度分量为 0

74．(2007)一个小球(可以看作质点)在距离地面高 50.0 m 的大楼上以 10.0 m/s 的初速度水平抛出。在轨迹上的任一点都有加速度,加速度可以分解为沿轨迹的切向分量和垂直轨迹的径向分量。小球抛出多久后,加速度的切向分量是径向分量的两倍(忽略空气阻力)?( )

A．2.00 s   B．1.50 s   C．1.00 s

D．0.50 s   E．大楼不够高,不足以发生这种情况

75．(2003)如图 23 所示,四台大炮以不同的仰角发射四个质量不同的炮弹。四种情况中,发射速度的水平分量都相等。不计空气阻力,下列哪种情况炮弹的射程最远?( )

A．大炮 A   B．大炮 B   C．大炮 C

D．大炮 D   E．大炮 B 与大炮 C 的射程最远

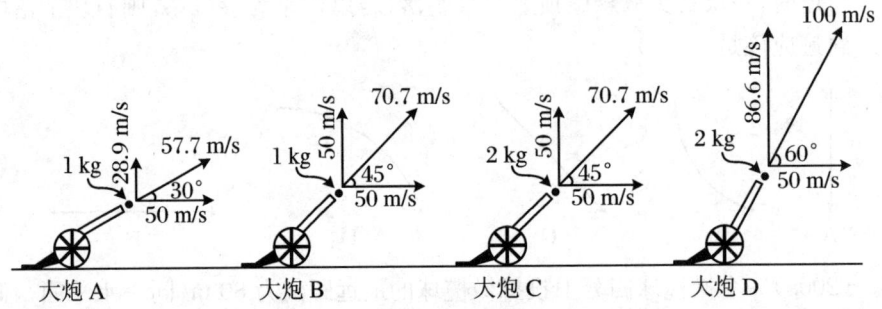

图 23

76．(2009)以大小不变的初速度 v_0 沿与水平面不同的角度 α 抛出一个物体。下列关于"物体在上升到抛出点上方某一固定高度 h 处的速度 v 与初始角度 α 的关系"说法正确的是(假设高度 h 可以达到,并且忽略空气阻力)( )。

A．v 随着 α 单调递增

B．v 将增加到临界值 v_{max},然后减小

C. v 保持恒定,与 α 无关

D. v 将减小到临界值 $v_{\min}$,然后增加

E. 以上说法都不对

77. (2008)若一座大炮在平坦的空地上发射炮弹的速度大小是不变的,发射速度与水平面的方向可以改变。已知炮弹的最大射程为 L。当发射速度与水平面间的夹角为 $\dfrac{\pi}{6}$ 时,炮弹的射程是(忽略空气阻力)( )。

A. $\dfrac{\sqrt{3}}{2}L$ B. $\dfrac{1}{\sqrt{2}}L$ C. $\dfrac{1}{\sqrt{3}}L$

D. $\dfrac{1}{2}L$ E. $\dfrac{1}{3}L$

78. (2010)如图 24 所示,从 35 m 高的崖壁上发射两个抛体。一个沿与水平面成 37°角方向向上射出,另一个沿与水平面成 37°角方向向下射出。两个抛体的初速度相等,均为 50 m/s。两个抛体飞行时间之差 $t_1 - t_2$ 大致为( )。

A. 3 s   B. 5 s   C. 6 s

D. 8 s   E. 10 s

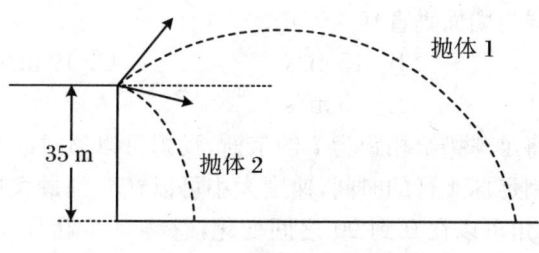

图 24

79. (2010)一抛体以与水平面为 θ 角抛出,射到平坦的地面上,运动时忽略空气阻力。它上升的最大高度为 H,水平位移为 R。请问 H/R 是( )。

A. $\tan\theta$ B. $2\tan\theta$ C. $\dfrac{2}{\tan\theta}$

D. $\dfrac{1}{2}\tan\theta$ E. $\dfrac{1}{4}\tan\theta$

80. (2012)以初速度 v_0 发射一颗炮弹。至少以与水平面多大的夹角 $\theta_{\min}$ 发射该炮弹,才能使炮弹上升的最大高度 H 大于炮弹的水平射程 R?( )

A. $\theta_{\min} = 76°$ B. $\theta_{\min} = 72°$ C. $\theta_{\min} = 60°$

D. $\theta_{\min} = 45°$ E. 不存在这样的角度使得 $H > R$

81. (2015)如图 25 所示,竖直悬崖上挂有一目标,在 150 m 处放置一台发射器,

它将一颗质量为 470 g 的铅球沿着与水平面成 60°角的方向以 100 m/s 的初速度朝目标发射出去。忽略空气阻力,铅球击中悬崖时,与目标间的距离大约是多少?(　　)

A. 1.3 m　　　B. 2.2 m　　　C. 5.0 m
D. 7.1 m　　　E. 11 m

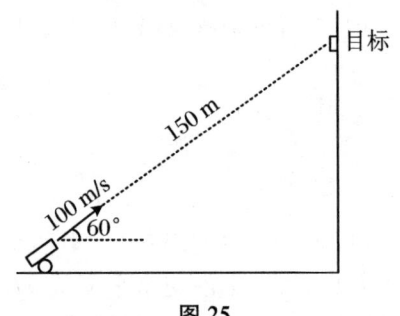

图 25

82. (2013)小飞和小莉分别站在距离同一堵墙 20 m 和 10 m 的位置,小飞将一个球沿与水平面成 30°角方向向上抛出,球与墙面发生弹性碰撞。小飞须以多大的速度抛出小球才能使小莉接到?(假设两人的身高相同,且两人所站位置连线与墙面垂直)(　　)

A. 11 m/s　　　B. 15 m/s　　　C. 19 m/s
D. 30 m/s　　　E. 35 m/s

83. (2013)汤姆将足球扔给相距为 l 的韦斯,汤姆可以通过改变抛出的速度大小和方向控制足球飞行的时间,速度大小可以在 0 到最大速度 v_{max} 之间任意变化,方向角可以在 0 到 90°之间变化,忽略空气阻力,认为两人高度相同,以下哪种说法是不正确的?(　　)

A. 如果 $v_{max} < \sqrt{gl}$,则足球一定不能传给韦斯
B. 假设足球能够传给韦斯,v_{max} 增加的同时 l 保持不变,则所需时间的最小值减小
C. 假设足球能够传给韦斯,v_{max} 增加的同时 l 保持不变,则所需时间的最大值增大
D. 假设足球能够传给韦斯,l 增加的同时 v_{max} 保持不变,则所需时间的最小值增大
E. 假设足球能够传给韦斯,l 增加的同时 v_{max} 保持不变,则所需时间的最大值增大

84. (2009)一块平板圆盘绕着一个垂直于圆盘平面的轴旋转,轴在圆盘圆心处,圆盘的角速度-时间图像如图 26 所示。

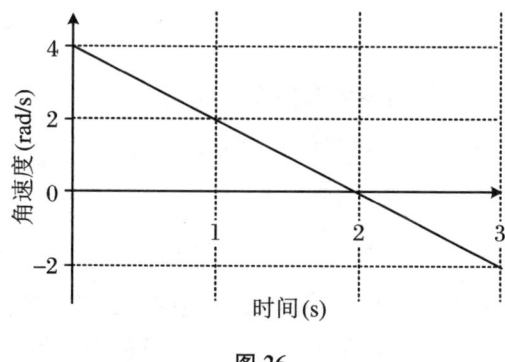

图 26

(1) 当 $t=2.0$ s 时,角加速度为多少? (   )

    A. -12 rad/s^2 B. -8 rad/s^2 C. -4 rad/s^2

    D. -2 rad/s^2 E. 0 rad/s^2

(2) 3 s 内,圆盘总共转过的角度为多少? (   )

    A. 9 rad   B. 8 rad   C. 6 rad

    D. 4 rad   E. 3 rad

(二) 动力学

1. (2004)按时间顺序(从早到晚)排列以下发生的事件,正确的是(   )。

    ① 卡文迪许实验;

    ② 牛顿提出万有引力定律;

    ③ 第谷·布拉赫观测得到天文数据;

    ④ 哥白尼提出日心说;

    ⑤ 开普勒研究火星轨道。

    A. ④③⑤②①   B. ④③②⑤①   C. ④②③⑤①

    D. ④②①③⑤   E. ③⑤④②①

2. (1999)一个大的沙滩球从 10 m 高的学校体育馆天花板下落,下列哪个图像最能表示下落速度与时间的函数关系? (   )

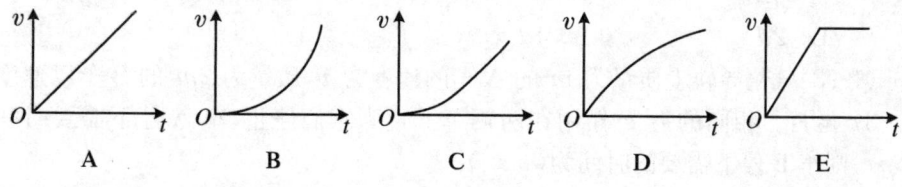

  A   B   C   D   E

3. (2007)后轮驱动的汽车在水平道路上加速时,汽车轮胎所受摩擦力的方向为( )。

A. 前轮的摩擦力向后,后轮的摩擦力向前

B. 前轮的摩擦力向前,后轮的摩擦力向后

C. 都向前

D. 都向后

E. 零

4. (2007)一个玩具箱放在雪橇上,并且没有做固定处理。当拉动雪橇加速向山上运动时,该玩具箱仍然保持静止。是什么力拖动了玩具箱加速向山上运动?( )

A. 雪橇对玩具箱的静摩擦力   B. 地面对雪橇的弹力

C. 雪橇对玩具箱的弹力   D. 作用在雪橇上的重力

E. 不需要力

5. (2004)在国际单位制中,为了纪念牛顿对物理学所做的贡献,力的单位用"牛顿"来表示。以下哪个单位与牛顿的单位相同?( )

A. kg   B. $kg\dfrac{m}{s}$ C. $kg\dfrac{m^2}{s}$

D. $kg\dfrac{m}{s^2}$ E. $kg\dfrac{m^2}{s^2}$

6. (1997)人手握着一个橡胶球,根据牛顿第三定律,重力作用在球上的反作用力是( )。

A. 球作用在地球上的力   B. 球作用在手上的力

C. 手作用在球上的力   D. 地球作用在球上的力

E. 地球作用在手上的力

7. (2000)一辆初速度为 v、质量为 m 的汽车的车轮被刹车抱死在干燥路面上滑行,经过距离 d 后停下。轮胎和干燥路面之间的动摩擦因数为 μ。

(1) 若小车质量为 $2m$,则它滑过的距离为( )。

A. $0.5d$ B. d C. $1.41d$

D. $2d$ E. $4d$

(2) 若小车的初速度为 $2v$,则它滑过的距离为( )。

A. $0.5d$ B. d C. $1.41d$

D. $2d$ E. $4d$

8. (1993)气垫导轨上质量为 m 的 A 车的速度为 v,质量为 $2m$ 的 B 车以速度 $3v$ 运行。相同的力 F 作用在两辆车上直到它们停止,车 A 停下需要时间 t,则车 B 停下需要的时间为( )。

一、力学A组

    A. $2t$ B. $3t$ C. $6t$
    D. $9t$ E. $18t$

9. (1993)在第8题中，A车停下需要滑行的距离为 d，则B车需要滑行的距离为（　　）。

    A. $2d$ B. $3d$ C. $6d$
    D. $9d$ E. $18d$

10. (2011)质量为 2.00 kg 的质点在力 $F = -(8.00\ \text{N/m})(x\bm{i} + y\bm{j})$ 的作用下运动。其中 $\bm{i}, \bm{j}$ 分别为 x 方向和 y 方向的单位矢量。质点的初速度为 $\bm{v} = (3.00\ \text{m/s})\bm{i} + (4.00\ \text{m/s})\bm{j}$，开始时位于原点。

（1）质点多长时间后可以回到原点？（　　）

    A. 0.785 s   B. 1.26 s   C. 1.57 s
    D. 2.00 s   E. 3.14 s

（2）质点离开原点的最大位移是多少？（　　）

    A. 2.00 m   B. 2.50 m   C. 3.50 m
    D. 5.00 m   E. 7.00 m

11. (2002)一个质量为 M 的物体从距离地面高 H 处落下。物体落到松软的地面后由于受到阻力的作用，继续下陷 $H/2$ 的距离后静止。不考虑空气阻力。在下陷的过程中，地面对物体施加的平均作用力是多少？（　　）

    A. 0   B. $2Mg/3$ C. Mg
    D. $2Mg$ E. $3Mg$

12. (2008)在水平面上用弹簧测力计拉木块做直线运动，记录下每次的恒定拉力及木块加速度的大小，如表1所示。

表1

拉力 F(N)	3.05	3.45	4.05	4.45	5.05
加速度 a(m/s²)	0.095	0.205	0.295	0.405	0.495

（1）木块的质量是（　　）。

    A. 3 kg   B. 5 kg   C. 10 kg
    D. 20 kg   E. 30 kg

（2）木块和水平面间的摩擦因数是（　　）。

    A. 0.05   B. 0.07   C. 0.09
    D. 0.5   E. 0.6

13. (2015)质量为 2.0 kg 的箱子放在水平面上，箱子与水平面之间的静摩擦因数为 μ_s，箱子与水平面之间的动摩擦因数 $\mu_k = 0.90\mu_s$。现有一个水平外力

P 作用在箱子上,则箱子的加速度 a 关于外力 P 的变化图像为(　　)。

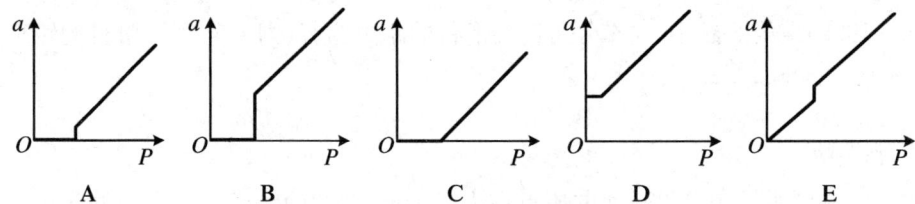

14. (2009)一位质量为 80 kg 的宇航员坐在地表附近的宇宙飞船中。该飞船的加速度大小为重力加速度大小的 5 倍,飞船向上加速。该宇航员对飞船的作用力为(　　)。

    A. 4 800 N　　　　　B. 4 000 N　　　　　C. 3 200 N
    D. 800 N　　　　　　E. 400 N

15. (2013)一名学生步入一台固定的电梯,站在其中的体重计上,然后电梯从建筑物的顶层下降至底层,该学生记录下了体重计示数与时间的变化关系,如图 1 所示。

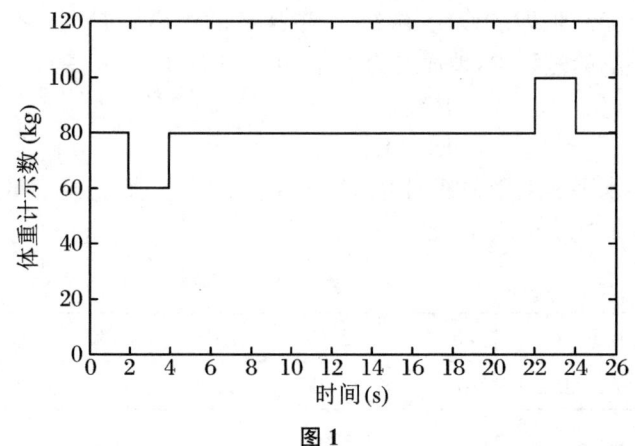

图 1

(1) 该学生在哪个时间段可以获得最大的向下速度?(　　)
    A. 在 2 s 到 4 s 之间的整个时间段　　B. 只在 4 s 这一时刻
    C. 在 4 s 到 22 s 之间的整个时间段　　D. 只在 22 s 这一时刻
    E. 在 22 s 到 24 s 之间的整个时间段

(2) 该建筑物高度为多少?(　　)
    A. 50 m　　　　　B. 80 m　　　　　C. 100 m
    D. 150 m　　　　E. 400 m

一、力学A组

16. (2007)一个满载着小孩的雪橇从一个倾斜雪坡(倾斜角度为25°)上由静止开始下滑,用时17 s,下滑85 m,忽略空气阻力。雪橇和斜坡之间的动摩擦因数为(　　)。

    A. 0.36　　　　B. 0.40　　　　C. 0.43

    D. 1.00　　　　E. 2.01

17. (2004)如图2所示,一个质量为6.0 kg的物体受到100 N的力而被压于墙面,起初速度为零。已知动摩擦因数为0.30,静摩擦因数为0.50。1 s后关于作用在物体上的摩擦力说法正确的是(　　)。

    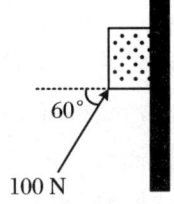

    图2

    A. 物体受到向上的静摩擦力
    B. 物体受到向上的动摩擦力
    C. 物体不受摩擦力的作用
    D. 物体受到向下的动摩擦力
    E. 物体受到向下的静摩擦力

18. (2010)一辆汽车试图加速冲上一座倾角为θ的山坡。轮胎与山坡之间的静摩擦因数$\mu > \tan\theta$。小车可以获得的最大加速度为多少(沿山坡向上的方向,忽略轮子的转动惯量)?(　　)

    A. $g\tan\theta$　　B. $g(\mu\cos\theta - \sin\theta)$　　C. $g(\mu - \sin\theta)$

    D. $g\mu\cos\theta$　　E. $g(\mu\sin\theta - \cos\theta)$

19. (2002)如图3所示,在水平桌面上一个质量为50 kg的箱子在拉力作用下以20 m/s的速度匀速运动,已知拉力与水平方向成30°角,大小为250 N,则箱子与地面之间的动摩擦因数为多少?(　　)

    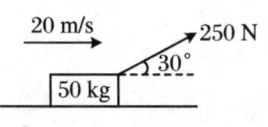

    图3

    A. 0.26　　　　B. 0.33　　　　C. 0.44

    D. 0.59　　　　E. 0.77

20. (2012)如图4所示,涵仔用一根绳子,通过定滑轮以恒定的速度v拉动箱子。箱子与地面之间的动摩擦因数$\mu < 1$;假设定滑轮没有质量,绳子与定滑轮之间没有摩擦。箱子运动过程中,下列哪些说法是正确的?(　　)

    A. 绳子上的力大小不变
    B. 箱子与地面之间的摩擦力减小
    C. 地面对箱子的支持力不断增大
    D. 箱子对地面的压力不断增大
    E. 箱子对地面的压力大小不变

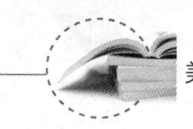

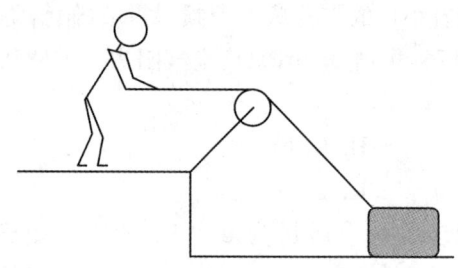

图 4

21. (1994)如图 5 所示,一个水平力 F 作用在质量为 m 的物体上,使物体沿着倾角为 θ 的斜面向上滑动。物体和斜面间的摩擦因数为 μ,则物体受到的摩擦力为( )。

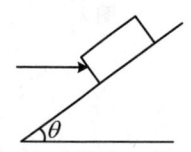

图 5

A. $\mu mg\cos\theta$
B. $\mu mg/\cos\theta$
C. $\mu(mg\cos\theta + F\sin\theta)$
D. $\mu(F\cos\theta - mg\sin\theta)$
E. $\mu F\cos\theta$

22. (2014)一个质量为 m 的滑块从光滑斜面的顶端由静止开始下滑,初始位置离斜面底端的高度为 h_1,滑到该斜面底端后,又滑上第二个斜面。小滑块和第二个斜面之间的动摩擦因数为 μ_k。如果两斜面与水平面的倾角均为 θ,则小滑块在第二个斜面上所能达到的最大高度 h_2 是多少?( )

A. $h_2 = (h_1\sin\theta)/(\mu_k\cos\theta + \sin\theta)$
B. $h_2 = (h_1\sin\theta)/(\mu_k + \sin\theta)$
C. $h_2 = (h_1\sin\theta)/(\mu_k\cos^2\theta + \sin\theta)$
D. $h_2 = (h_1\sin\theta)/(\mu_k\cos^2\theta + \sin^2\theta)$
E. $h_2 = (h_1\cos\theta)/(\mu_k\sin\theta + \cos\theta)$

23. (1994)如图 6 所示,一个质量为 m 的小球通过一根长度为 L 的细线连接到可移动的支架上,为了使摆线与竖直方向保持恒定的夹角 θ,支架应( )。

A. 向右以加速度 $a = g\tan\theta$ 做匀加速直线运动
B. 向左以加速度 $a = g\tan\theta$ 做匀加速直线运动
C. 向右以加速度 $a = g\sin\theta$ 做匀加速直线运动
D. 向右以加速度 $a = \sqrt{Lg\tan\theta}$ 做匀加速直线运动
E. 向左以加速度 $a = \sqrt{Lg\tan\theta}$ 做匀加速直线运动

24. (2010)如图 7 所示,一质量为 M 的质点用长为 L 的轻绳

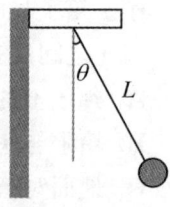

图 6

挂在汽车顶棚上。汽车由静止开始匀加速运动,可以观察到质点与竖直方向的夹角为 θ。用 θ、M、L 和 g 表示小车的加速度为（　　）。

A. $Mg\sin\theta$
B. $MgL\tan\theta$
C. $g\tan\theta$
D. $g\cot\theta$
E. $Mg\tan\theta$

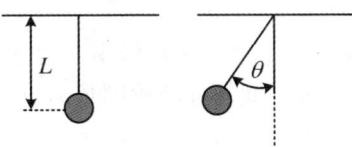

图 7

25. (1996)如图 8 所示,两个质量分别为 17 kg 和 15 kg 的物体通过一根轻绳连接放置在光滑的固定斜面上。将两物体由静止释放(滑轮光滑),T_1 和 T_2 分别表示左右两段绳子上的张力。下面哪个描述是正确的?（　　）

A. 15 kg 的物体沿斜面加速下滑
B. 17 kg 的物体沿斜面加速下滑
C. 两个物体均静止
D. $T_1 > T_2$
E. $T_1 < T_2$

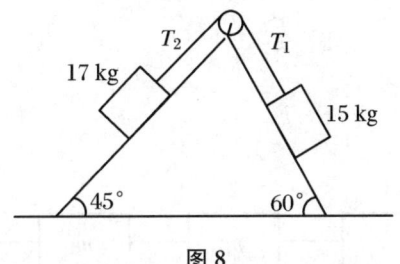

图 8

26. (2010)如图 9 所示,一个质量为 m_1 的物块叠放在质量为 m_2 的物块上方。下面的物块 m_2 放在水平面上,现用一根绳子拉下面的物块 m_2。已知所有表面之间的动摩擦因数均为 μ。若在绳子上施加一个力 F,使得物块间发生相对滑动,则下方物块的加速度为（　　）。

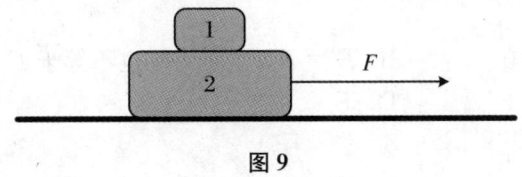

图 9

A. $a_2 = [F - \mu g(2m_1 + m_2)]/m_2$
B. $a_2 = [F - \mu g(m_1 + m_2)]/m_2$
C. $a_2 = [F - \mu g(m_1 + 2m_2)]/m_2$
D. $a_2 = [F + \mu g(m_1 + m_2)]/m_2$
E. $a_2 = [F - \mu g(m_2 - m_1)]/m_2$

27. (1993)在如图 10 所示的系统中,力 F 作用在物体 A 上,使得该系统具有加速度 a,已知物体 A 和 B 之间的静摩擦因数为 μ。那么使物体 B 不下滑的条件是什么?(　　)

   A. $a > \mu g$ B. $a < \mu g$ C. $a > g$
   D. $a > g/\mu$ E. $a < g/\mu$

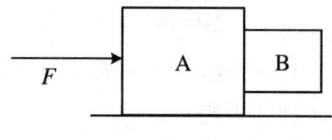

图 10

28. (1995)如图 11 所示,三个质量均为 m 的物体放置在光滑水平面上,三个物体通过轻质绳子连接,物体 3 受到一个向右的恒力 F 的作用,那么物体 2 受到的合力为(　　)。

   A. 0   B. $\dfrac{F}{3}$ C. $\dfrac{F}{2}$
   D. $\dfrac{2}{3}F$ E. F

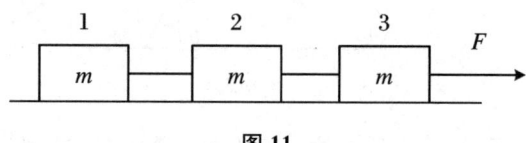

图 11

29. (1996)如图 12 所示,光滑水平面上有两个质量分别为 M 和 m 的物体($M > m$),分Ⅰ和Ⅱ两种不同情况来施加水平外力 F。F_1 为情况Ⅰ中 m 作用在 M 上的力,F_2 为情况Ⅱ中 m 作用在 M 上的力。以下哪种说法是正确的?(　　)

   A. $F_1 = F_2 = 0$ B. $F_1 = F_2$,且不为零也不等于 F
   C. $F_1 = F_2 = F$ D. $F_1 < F_2$
   E. $F_1 > F_2$

一、力学A组

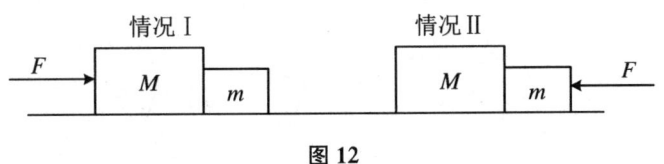

图 12

30. (2002)质量为 m 的物块叠放在质量为 $2m$ 的大物块上,如图13所示。当力 F 施加在大物块上时,两个物体(相对静止)以相同的加速度向右运动。若已知物体和物体间、物体和地面间的动摩擦因数都为 μ,则物块 m 受到的摩擦力为( )。

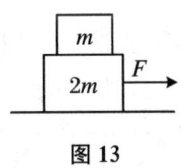

图 13

A. $\dfrac{F}{3} - mg\mu$ B. $F - 3mg\mu$ C. $F - mg\mu$

D. $\dfrac{F - mg\mu}{3}$ E. $\dfrac{F}{3}$

31. (2002)如图14所示,两个质量分别为 m_1 和 m_2 的物体用一根绳子连接,其中物体 m_1 放置在光滑的水平桌面上,不考虑细绳与滑轮之间的摩擦。将 m_2 由静止释放后,若已知拉力 T 和质量 m_1,则 m_2 可以表述为( )。

A. $\dfrac{1}{g-1}$ B. $\dfrac{1}{2}Tg$ C. $\dfrac{Tm_1}{gm_1 - T}$

D. $\dfrac{m_1 g - T}{g}$ E. $\dfrac{m_1(T-g)}{gm_1 - T}$

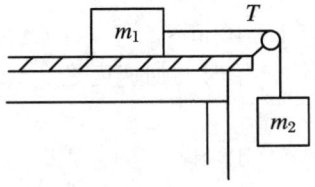

图 14

32. (1995)一辆质量为 1 000 kg 的汽车试图以 10 m/s 的速度通过一个半径为 100 m 的圆形弯道。若轮胎与地面之间的最大摩擦力为 900 N,则汽车将会( )。

A. 向内侧滑 B. 正常拐弯
C. 由于离心力而减速 D. 只有提速才可以正常转弯
E. 向外侧滑

33. (1995)下面哪幅矢量图可以准确表示出单摆运动中的加速度方向?( )

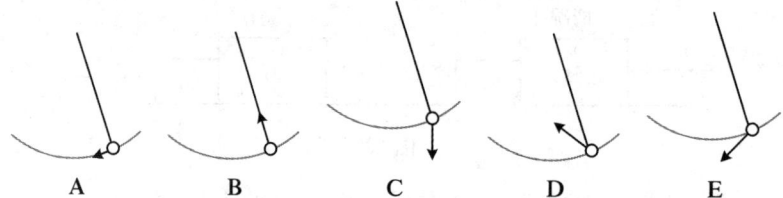

A　　　　B　　　　C　　　　D　　　　E

34. (2000)在宇宙飞船中的航天员,用绳子系住一质量为 m 的物体做匀速圆周运动。圆周半径为 r,物体速度为 v,绳子拉力为 F。若质量、半径、速度都加倍,那么保持匀速圆周运动所需的拉力变为(　　)。
   A. $F/2$　　　　B. F　　　　C. $2F$
   D. $4F$　　　　E. $8F$

35. (2001)一个质量为 5 kg 的物体放置在倾角为 30°的斜面上,如图 15 所示。

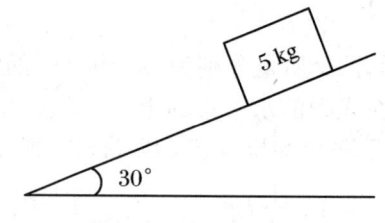

图 15

(1) 如果不计摩擦,则物体的加速度是多少?(　　)
   A. 0.5 m/s^2　　　B. 0.87 m/s^2　　　C. 5 m/s^2
   D. 8.7 m/s^2　　　E. 10 m/s^2

(2) 如果考虑摩擦,物体开始时的加速度是 2.0 m/s^2。则在物体与斜面之间的摩擦力为(　　)。
   A. 10 N　　　　B. 15 N　　　　C. 25 N
   D. 43.3 N　　　E. 50 N

36. (2003)一个跳伞运动员在打开降落伞之前达到终端速度。打开降落伞之后,她减速到更小的终端速度。关于打开降落伞前后她所受到的向上的合力的说法正确的是(　　)。
   A. 合力比值等于速度之比
   B. 合力比值等于速度的反比
   C. 降落伞的上升力取决于降落伞的大小
   D. 速度越大,降落伞的上升力越大
   E. 两种情况下,降落伞的上升力相等

37. (2003)下图中两重物用轻绳连接,绕过一个无摩擦的轻滑轮。下列几种情

况,哪种的加速度最大?( )

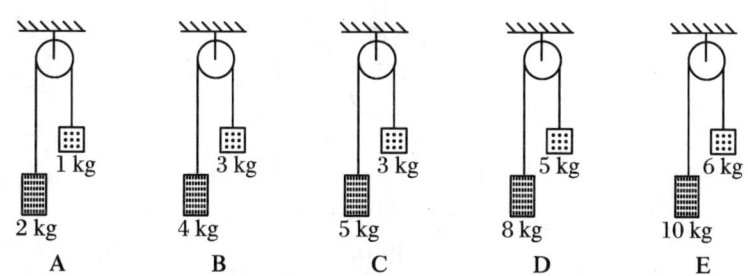

38. (1999)三个物体的质量如图 16 所示。如果大质量物体 m_2 与桌面之间的动摩擦因数为 μ,则小质量物体 m_3 向上的加速度为多少?( )(忽略绳子和滑轮的质量以及它们之间的摩擦)

   A. $\dfrac{m_1 g}{m_1 + m_2 + m_3}$ B. $\dfrac{(m_1 + m_2 \mu)g}{m_1 + m_2 + m_3}$

   C. $\dfrac{(m_1 + m_2 + m_3)g\mu}{m_1 - m_2 - m_3}$ D. $\dfrac{(m_1 - m_2 - m_3)g\mu}{m_1 + m_2 + m_3}$

   E. $\dfrac{g(m_1 - m_2\mu - m_3)}{m_1 + m_2 + m_3}$

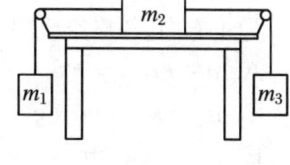

图 16

39. (2007)斜面放置在光滑的水平面上,如图 17 所示。一个粗糙的木块沿斜面由静止下滑。在木块下滑过程中,木块和斜面系统的质心( )。

   A. 不动   B. 水平匀速运动   C. 水平加速运动
   D. 竖直加速运动   E. 水平和竖直方向都运动

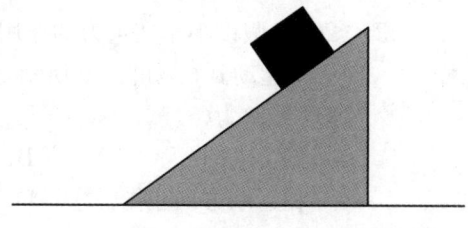

图 17

40. (2008)如图 18 所示,一个质量为 m 的物体静止悬挂在一根劲度系数为 k、原长为 L 的轻质弹簧上。当电梯以加速度 a 向上做匀加速直线运动。物体由平衡位置向下移动的距离是( )。

   A. $(a/g)L$ B. $(g/a)L$ C. $m(g+a)/k$
   D. $m(g-a)/k$ E. ma/k

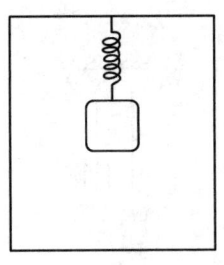

图 18

41. (2008)一根劲度系数为 k 的轻质弹簧竖直放置,弹簧下端固定在地面上,上端处于自由状态。一个质量为 m 的小球竖直下落到弹簧上,并且粘在弹簧上,此后小球竖直上下振动,以处于原长状态的弹簧上端点为坐标原点,则小球坐标位置为 y 时,其加速度 a 的方程可以表示为(　　)。(设向上为正方向,忽略空气阻力,重力加速度为 g)

A. $a = mv^2/y + g$
B. $a = mv^2/k - g$
C. $a = (k/m)y - g$
D. $a = -(k/m)y + g$
E. $a = -(k/m)y - g$

42. (2007)一个质量为 m 的小球被发射到空中,忽略空气阻力,假设沿着 $-x$ 方向有大小恒为 F_0 的风力。为了让小球重新回到发射点,发射速度与 $+x$ 轴之间的夹角是(用风力 F_0 和重力加速度 g 表示)(　　)。

A. $\arctan(F_0/mg)$ B. $\arctan(mg/F_0)$
C. $\arcsin(F_0/mg)$ D. 发射角度与发射速度有关
E. 不存在这样的角度

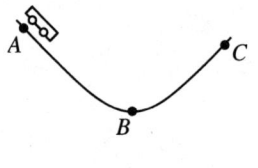

图 19

43. (2002)假设小车在重力的作用下沿着光滑的轨道从 A 运动到 C,如图 19 所示,则小车在 B 点的加速度方向为(　　)。

A. 向上 B. 向下
C. 和运动方向相同 D. 和运动方向相反
E. 无加速度

44. (1994)如图 20 所示,一个空心的圆柱体半径为 R,绕着中心轴以角速度 ω 转动,为了使质量为 m 的物体随着圆柱一起转动而不发生相对滑动,那么物体和圆柱之间的静摩擦因数最小值是(　　)。

A. $\dfrac{gR}{\omega^2}$ B. $\dfrac{\omega^2 g}{R}$

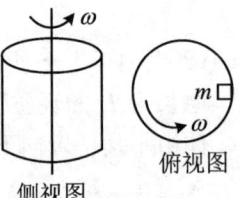

图 20

C. $\dfrac{\omega^2 R}{g}$ D. $\dfrac{\omega^2}{gR}$ E. $\dfrac{g}{\omega^2 R}$

45. (2008)嘉年华里一个游客背靠在半径为 8.0 m 的圆形房间(转盘)墙壁上。当转盘以 45 rev/min① 的转速绕中心转轴旋转时,转盘底板下降不再给游客提供支持力。为了使游客不下滑,游客与墙壁的静摩擦因数的最小值是( )。
   A. 0.001 2 B. 0.056 C. 0.11
   D. 0.53 E. 8.9

46. (1999)一个质量为 4 kg 的质点连接在长为 2 m 的绳子的一端。如果质点在竖直平面内做圆周运动,质点到最高点时的速度为 5 m/s,则此时绳子上的张力为( )。
   A. 5.4 N B. 10.8 N C. 21.6 N
   D. 50 N E. 65.4 N

47. (2012)下列哪一组器材不能用来测量当地的重力加速度 g?( )
   A. 一根弹簧秤(标有力刻度),一个已知质量的重物
   B. 一根长度已知的杆子,一个质量未知的重物,一只秒表
   C. 一个倾角已知的斜面,几种已知质量(质量不同)的推车,一只秒表
   D. 一个已知发射初速度的炮弹发射器,一个质量已知的抛射物,一根米尺
   E. 一台已知输出功率的发动机,一个质量已知的重物,一根长度未知的绳子,一只秒表

48. (2010)一个充满氦气的气球用轻绳绑在汽车的地板上;汽车是密封的,因此在汽车运动过程中,外界空气不会影响气球。如果汽车做匀速圆周运动,俯视图如图 21 所示,那么绳上的气球朝什么方向倾斜?( )
   A. A B. B C. C
   D. D E. 仍保持竖直向上

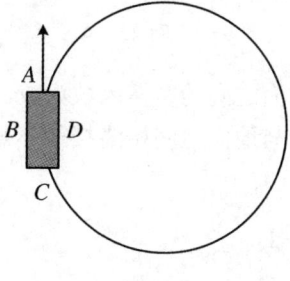

图 21

---

① 1 rev/min = 1 r/min = 2π/60 rad/s。

49. (2004)一块橡胶块受到 5.0 N 的向心力在水平面上做匀速圆周运动。如果力的大小不变但是半径减小,那么频率 f 和速度 v 会发生怎样的变化?( )

A. v 增大,f 增大   B. v 减小,f 减小   C. v 增大,f 减小

D. v 减小,f 增大   E. 没有改变

50. (2012)三个质量均为 m 的质点用理想弹簧连接在一起。当三个质点在水平面上静止时,形成一个边长为 l 的等边三角形。当该系统绕中心以角速度 ω 进行旋转时,质点围成的三角形的边长变为 $2l$。则该弹簧的劲度系数 k 为( )。

A. $2m\omega^2$ B. $\dfrac{2}{\sqrt{3}}m\omega^2$ C. $\dfrac{2}{3}m\omega^2$

D. $\dfrac{1}{\sqrt{3}}m\omega^2$ E. $\dfrac{1}{3}m\omega^2$

51. (2007)质量为 M 的自行车的简化模型如图 22 所示,两个轮胎与地面各有一个接触点,两个轮胎轴心之间的距离(也即轮胎与地面接触点之间的距离)为 w。质心处于轮胎中间,距离地面的高度为 h,自行车向右做加速度为 a 的匀减速运动,忽略空气阻力。

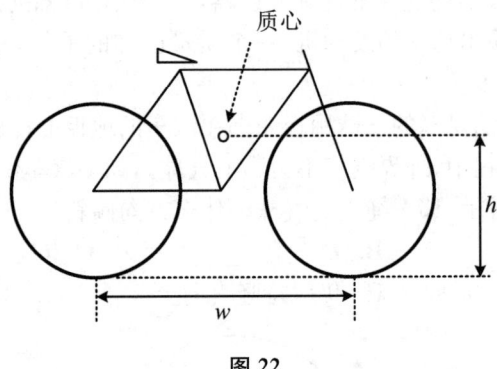

图 22

(1) 假设每个轮胎与地面之间的摩擦因数为 μ,只考虑滑动摩擦,在减速过程中为了保证轮胎与地面之间始终接触不悬空,则 μ 的最大值(用 w, h, M, g 表示)为( )。

A. $\dfrac{w}{2h}$ B. $\dfrac{h}{2w}$ C. $\dfrac{2h}{w}$

D. $\dfrac{w}{h}$ E. 以上都不对

(2) 在减速过程中为了保证轮胎与地面之间始终接触不悬空,则加速度 a 的最大值为( )。

A. $\dfrac{wg}{h}$　　　　　B. $\dfrac{wg}{2h}$　　　　　C. $\dfrac{hg}{2w}$

D. $\dfrac{h}{2wg}$　　　　　E. 以上都不对

(3) 假设两个轮胎与地面之间的动摩擦因数不同,前轮为 μ_1,后轮为 μ_2,且 $\mu_1 = 2\mu_2$。若两个轮胎都做无滚滑动,为了保证轮胎与地面之间始终接触不悬空,则加速度 a 的最大值为(　　)。

A. $\dfrac{wg}{h}$　　　　　B. $\dfrac{wg}{3h}$　　　　　C. $\dfrac{2wg}{3h}$

D. $\dfrac{hg}{2w}$　　　　　E. 以上都不对

52. (1999)如图 23 所示,一个质量为 2 kg 的匀质圆柱体放置在实验小车上。圆柱体与小车之间的静摩擦因数为 0.5。如果圆柱体的直径为 4 cm,高为 10 cm,要使圆柱体发生翻倒,推小车的加速度最小为(　　)。

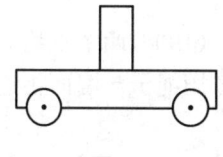

图 23

A. 2 m/s²　　B. 4 m/s²　　C. 5 m/s²

D. 6 m/s²　　E. 以上所有的加速度,小车都会翻倒

53. (2014)一个骑独轮自行车者在半径为 30 m 的水平圆形轨道上以 10 m/s(真是快!)的速率做匀速圆周运动,问自行车和竖直平面向左(或向右)成多少度角才能避免摔倒?(假设人的大小相对于圆轨道半径可忽略)(　　)

A. 9.46°　　　　　B. 9.59°　　　　　C. 18.4°

D. 19.5°　　　　　E. 70.5°

（三）力的平衡

1. (2011)一根劲度系数为 10 N/m 的弹簧原长为 2.0 m。小欢用 3 N 的力拉住弹簧的一端,同时小梅也用 3 N 的力拉住弹簧的另一端,则拉伸弹簧的长度是(　　)。

A. 1.7 m　　　　　B. 2.0 m　　　　　C. 2.3 m

D. 2.6 m　　　　　E. 8.0 m

2. (2012)如图 1 所示,一个弹簧系统设置如下:将重力为 10 N 的平台放在两根弹簧顶端,每根弹簧的劲度系数都为 75 N/m。平台上方放置劲度系数也为 75 N/m 的第三根弹簧。如果将一个重力为 5.0 N 的小球放置在第三根弹簧顶端,然后系统缓慢下降,则该弹簧系统将会下降(　　)。

　　A. 0.033 m　　　　B. 0.067 m　　　　C. 0.100 m

　　D. 0.133 m　　　　E. 0.600 m

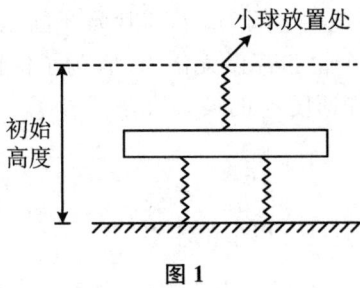

图1

3. (1998)两个重均为 W 的相同物块按照如图2所示的方式放置,上面的物块用绳子与墙面相连接,下面的物块受到一个水平向右的力 F 的作用。所有表面的静摩擦因数均为 μ,为保证两个物块没有发生相对滑动,施加在下面物块上的力 F 的最大值为(　　)。

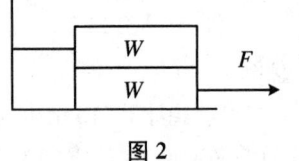

图2

　　A. μW　　　　　　　　B. $3/2\mu W$

　　C. $2\mu W$　　　　　　　D. $2.5\mu W$

　　E. $3\mu W$

4. (1995)如图3所示,两个质量均为 m 的物体通过一根轻质细绳放置在无摩擦的两个滑轮上,如果物体都处于静止状态,那么绳子上的张力是(　　)。

　　A. 小于 mg　　　　B. 等于 mg　　　　C. 大于 mg 小于 $2mg$

　　D. $2mg$　　　　　　E. 大于 $2mg$

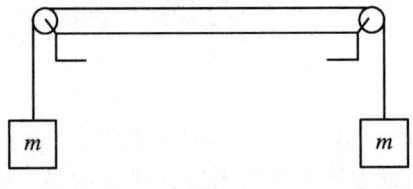

图3

5. (2001)10 N 的力和6 N 的力合成,合力可能为(　　)。

　　A. 0 N　　　　　　B. 2 N　　　　　　C. 8 N

　　D. 20 N　　　　　E. 60 N

6. (2009)一学生拖着一质量为22.0 kg 的行李箱以大小为1.10 m/s 的恒定速度沿直线穿过机场大厅,准备前往墨西哥参加第40届IPhO大赛。施加在手柄上的拉力大小为 1.00×10^2 N，方向为与水平面成 $30.0°$ 角斜向上。则行李箱与地面间的动摩擦因数为（　　）。

A. $\mu_k = 0.013$　　　B. $\mu_k = 0.394$　　　C. $\mu_k = 0.509$

D. $\mu_k = 0.866$　　　E. $\mu_k = 1.055$

7. (1997)如图 4 所示，斜面与水平面之间的夹角为 θ，力 F 垂直作用在质量为 m 的物体上，物体与斜面之间的动摩擦因数为 μ。为使物体与斜面相对静止，力 F 的最小值为（　　）。

A. μmg　　　　　　B. $\mu mg\cos\theta$

C. $mg\sin\theta$　　　　D. $(mg/\mu)\sin\theta$

E. $(mg/\mu)(\sin\theta - \mu\cos\theta)$

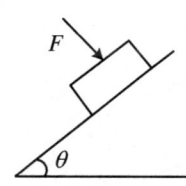

图 4

8. (1996)如图 5 所示，一个重力为 10 N 的物体以恒定速度向上运动的过程中，绳子上的张力为（　　）。

A. 3.5 N　　　　B. 5.0 N　　　　C. 7.1 N

D. 10 N　　　　E. 14 N

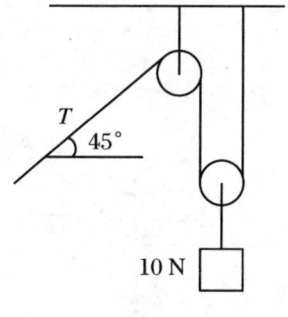

图 5

9. (2014)一架直升机在水平方向匀速运动，一根质量分布均匀的电缆被固定在飞机下方，电缆受到的空气阻力不可忽略。问以下哪幅图像可以最好地描述在飞机运行时电缆的形状？（　　）

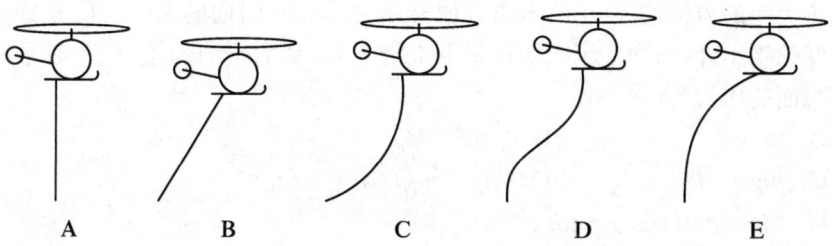

A　　　　B　　　　C　　　　D　　　　E

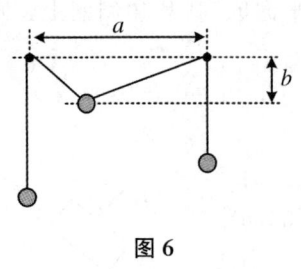

图 6

10. (2010)如图 6 所示,三个质量相等的物体由轻绳连接,放置在两个定滑轮上。滑轮很小,绳子质量不计,忽略摩擦。假设系统处于平衡状态,那么 a/b 为( )。(下图不是按比例绘制)

A. 1/2   B. 1
C. $\sqrt{3}$ D. 2
E. $2\sqrt{3}$

11. (2012)如图 7 所示,两个小圆环 A,B 可以绕固定竖直大环旋转。两根轻绳分别与小圆环相连。两轻绳在大环圆心 O 点处相连,并在 O 点悬挂一个重物 G。轻绳不可伸长,起初 OA 是水平的,现在将圆环 A 沿顺时针缓慢转过 $90°$,使 OA 竖直,同时保持轻绳之间的夹角不变,并保持重物处于静止状态。关于轻绳的弹力 T_1 与 T_2,下列说法正确的是( )。

A. T_1 一直在减小   B. T_1 一直在增大
C. T_2 一直在增大   D. 当 OA 竖直时,T_2 变为零
E. T_2 先增大,后减小

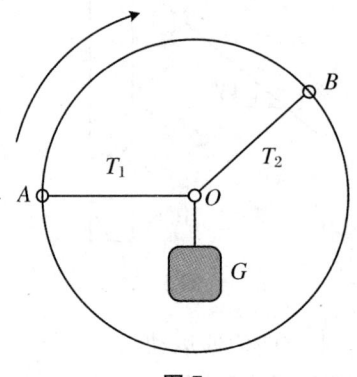

图 7

12. (2014)如图 8 所示,一质量为 M 的直角三角形木质斜面静止在平面上。两个更小的质量均为 m 的木质方块开始时静止在斜面的两侧。所有接触面摩擦均不计,当两个小物块从斜面上滑下后,斜面仍旧静止,则此时系统对桌面的压力为( )。

A. $2mg$ B. $2mg + Mg$
C. $mg + Mg$ D. $Mg + mg(\sin\alpha + \sin\beta)$
E. $Mg + mg(\cos\alpha + \cos\beta)$

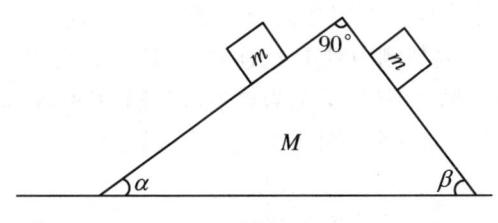

图8

13. (2014)图9是一架纸质的玩具直升机,机翼长为 r,机身重为 W,飞机在离地 h 处被释放,已知空气密度为 ρ。假设机身很快达到最终的稳定速度,下落时间 T 可以写成如下函数关系式:

$$T = k h^\alpha r^\beta \rho^\delta W^\omega$$

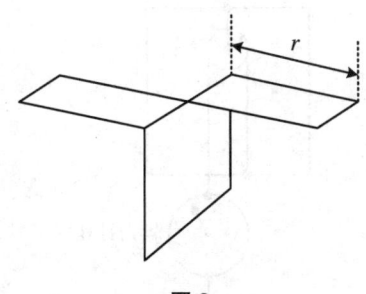

图9

其中 k 是无量纲的常数(实际上 $k = 1.164$),α,β,δ 及 ω 为待定常数。

(1) α 的数值为(　　)。

  A. -1　　　　　B. $-1/2$　　　　　C. 0

  D. $1/2$　　　　　E. 1

(2) β 的数值为(　　)。

  A. $1/3$　　　　　B. $1/2$　　　　　C. $2/3$

  D. 1　　　　　E. 在现有的已知条件下无法确定其数值

14. (2008)杨氏模量 E 是描述固体材料抵抗形变能力的物理量,E 越大代表材料越硬。有一根实心的矩形钢梁,一端水平(插入)固定在墙上,在自身的重力作用下发生形变。钢梁的长度为 L,竖直厚度为 h,宽度为 w,密度为 ρ,杨氏模量为 E;重力加速度为 g。钢梁另一端形变下垂的距离是(　　)。

A. $he^{\frac{\rho g L}{E}}$　　　　B. $2\dfrac{\rho g h^2}{E}$　　　　C. $\sqrt{2Lh}$

D. $\dfrac{3}{2}\dfrac{\rho g L^4}{E h^2}$　　　　E. $\sqrt{3}\dfrac{EL}{\rho g h}$

15. (2014)图10所示装置由一个盒子及两只测力计构成,测力计 A 通过轻绳与盒子相连,一个滑轮被固定在盒子顶部,另一根轻绳绕过滑轮,一端固定在盒子底部,另一端与测力计 B 相连,两只测力计可以分别测出绳上张力 T_A 和 T_B,刚开始时 A,B 两只测力计示数分别为 30 N 和 20 N。如果在测力计 B 上加一个额外的力使得其示数变为 30 N,则测力计 A 的示数将变为( )。

A. 35 N　　　　B. 40 N　　　　C. 45 N
D. 50 N　　　　E. 60 N

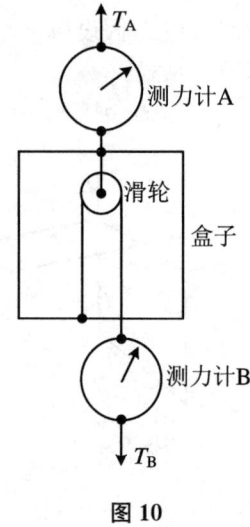

图 10

16. (2012)如图 11 所示,一个半径为 a 的匀质圆柱体最初重力为 80 N。在偏离轴线 $\dfrac{2}{5}a$ 处挖去一个小圆柱孔后,其重力变为 65 N。原圆柱体和圆柱孔的轴线平行,中心等高。为了维持中空圆柱体的静止状态,在圆柱体上方水平施加一个外力 F,这个力的大小最接近于( )。

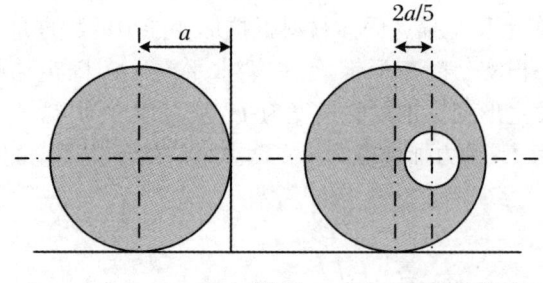

图 11

A. 6 N B. 10 N C. 15 N
D. 30 N E. 38 N

17. (2014)一根长为1 m的均质长杆可以绕距离末端30 cm的支点转动,当在杆上距离末端点20 cm处固定有质量为50 g的质点时,杆可以保持完美的平衡,则杆的质量为(　　)。
A. 35.7 g B. 33.3 g C. 25.0 g
D. 17.5 g E. 14.3 g

18. (2008)一块匀质的圆形桌面,直径为4.0 m,质量为50.0 kg。桌子的高度为1.0 m,桌腿质量不计,等间隔分布,间距为3.0 m。如图12所示,有一个木匠坐在桌子的边缘部分,假设木匠作用在桌边的力竖直向下。为了让桌子保持在静止状态,木匠的最大质量为(　　)。
A. 67 kg B. 75 kg C. 81 kg
D. 150 kg E. 350 kg

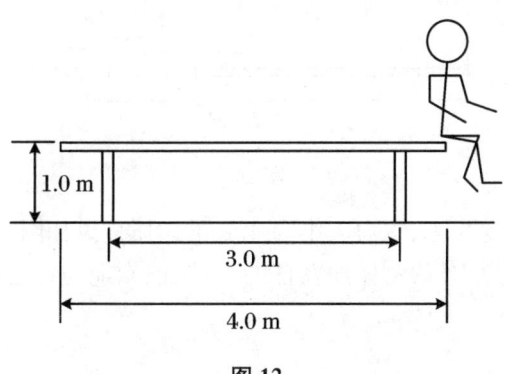

图 12

19. (2003)一根米尺两末端各用一根弹簧秤支撑着。将一个重物悬挂在该米尺上,米尺左端的弹簧秤读数是右端弹簧秤读数的4倍。若米尺的质量相对于重物可以忽略不计,该重物悬挂的位置与米尺右端之间的距离为(　　)。
A. 25 cm B. 50 cm C. 67 cm
D. 75 cm E. 80 cm

20. (2007)用轻绳把一块质量为2 kg的石块悬挂在一根米尺的一端。如图13所示,当支点距离石块的距离为0.2 m时米尺刚好平衡,则米尺的质量是(　　)。
A. 0.20 kg B. 1.00 kg C. 1.33 kg
D. 2.00 kg E. 3.00 kg

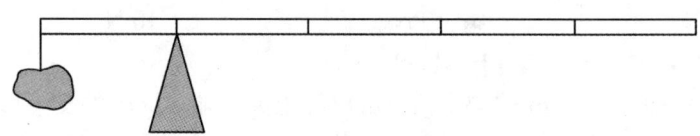

图13

21. (1995)如图14所示,一根重力大小为 W、长为 L 的重杆被两根细绳水平悬挂起来。绳1连接在杆的最左端,绳2连接在距离杆最右端为 $L/4$ 处,则绳2的张力为( )。

   A. $\frac{1}{2}W$ B. $\frac{1}{4}W$ C. $\frac{1}{3}W$

   D. $\frac{2}{3}W$ E. W

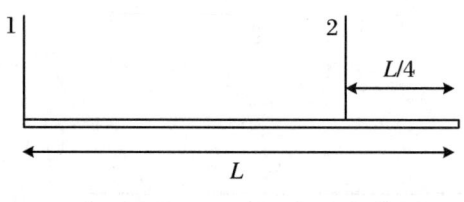

图14

22. (1994)一根长度为 L、重力大小为 W_R 的匀质杆以如图15所示方式悬挂,一个重力大小为 W 的物体加在杆的一端,已知绳与杆之间的夹角为 θ,则绳上的张力为( )。

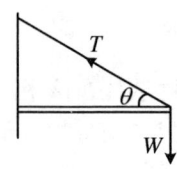

图15

   A. $T = \dfrac{W}{\sin\theta}$ B. $T = W + W_R$

   C. $T = W + \dfrac{1}{2}W_R$ D. $T = \dfrac{W + \dfrac{1}{2}W_R}{\sin\theta}$

   E. $T = \dfrac{W + W_R}{\sin\theta}$

23. (2011)图16所示为一线轴,中间的圆柱轴半径为 1 cm,两端圆盘的半径为 2 cm,线轴在水平面上能发生无滑滚动。现将一根轻线缠绕在中心轴上,当用与水平方向成 90° 的力拉线(即竖直上拉)时,线轴向右滚动。为使线轴不向右滚动,拉线(与水平方向)的最大角度是( )。

   A. $\theta = 15°$ B. $\theta = 30°$ C. $\theta = 45°$

   D. $\theta = 60°$ E. 不存在,无论如何线轴都会向右运动

一、力学A组

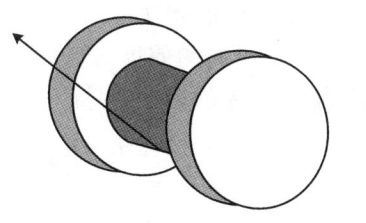

图16

24.（1993）如图17所示，有一个可以绕中心光滑轴自由转动的线轴，中心轴垂直于纸面。图中的三个力均作用在线轴的切线方向。该线轴受到的合力矩为（ ）。

A. $1.5FR$ B. $1.9FR$
C. $2.3FR$ D. $2.5FR$
E. $3.5FR$

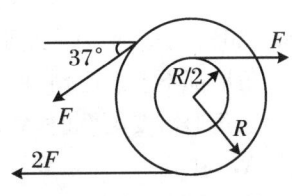

图17

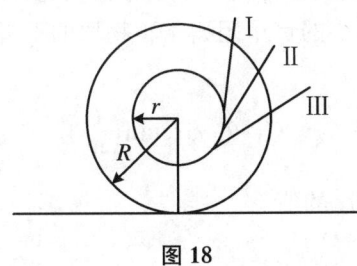

图18

25.（1996）如图18所示，一个线轴外半径为 R，内半径为 r，一根绳子绕在线轴的转轴上，可以按着如图Ⅰ，Ⅱ，Ⅲ三个方向拉绳。问：哪种情况下拉动绳子，可以使线轴在水平面上向右无滑滚动？（ ）

A. 只有Ⅰ   B. 只有Ⅱ
C. 只有Ⅲ   D. 只有Ⅰ和Ⅱ
E. 只有Ⅱ和Ⅲ

26.（1998）一段绳子缠绕在一个重力大小为 W 的线轴上，线轴的内径为 r，外径为 R，如图19所示。绳子受到角度为 θ 的拉力 T 的作用。问：下面哪种条件可以保证线轴做无滚滑动？（ ）

A. $\cos\theta = r/R$ B. $\sin\theta = r/R$ C. $T = W$
D. $T = W\sin\theta$ E. $T = W\cos\theta$

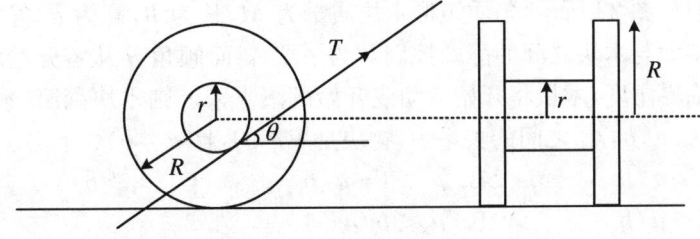

图19

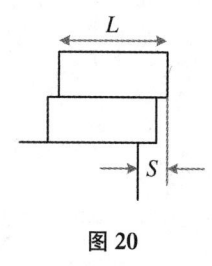

图20

27. (1998)两块长为 L 的砖块堆叠在桌面上,如图20所示。在保持砖块平衡的前提下,设上面砖块距桌面边缘的距离为 S,则 S 的最大值是(　　)。

   A. $\dfrac{L}{2}$　　　　　　B. $\dfrac{2}{3}L$

   C. $\dfrac{3}{4}L$　　　　　　D. $\dfrac{7}{8}L$

   E. L

28. (2012)一个等边三角形静止在斜面上。由于斜面十分粗糙,任何情况下三角形都不会发生滑动,但是当斜面过陡时,三角形会发生"翻滚"下坡。当三角形恰要翻倒时,斜面倾角为(　　)。

   A. 30°　　　　B. 45°　　　　C. 60°

   D. 只要角度超过 0°,三角形就会翻倒

   E. 只要三角形不发生滑动,它就不会翻倒

29. (2004)如图21所示,一个长为 L、宽为 w 的长方体物块从一个倾角为 θ 的光滑斜面上滑下。假设在 P 点有一个非常小的钉子阻碍了小物块的下滑,小物块发生翻滚时的角度为(　　)。

   A. $\theta = \arcsin\left(\dfrac{L}{w}\right)$　　B. $\theta = \arccos\left(\dfrac{L}{w}\right)$　　C. $\theta = \arctan\left(\dfrac{L}{w}\right)$

   D. $\theta = \text{arccot}\left(\dfrac{L}{w}\right)$　　E. 必须知道 w 和 L 的值

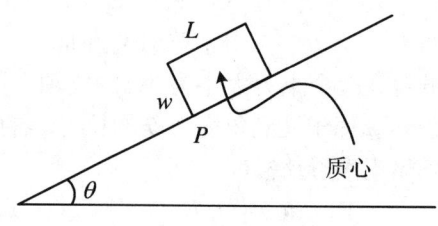

图21

30. (2009)如图22所示,匀质矩形木块质量为 M,长为 b,高为 a,静止在斜面上。斜面与木块之间的静摩擦因数为 μ_s。斜面倾角 θ 从零开始增加。在某些临界角度,木块将开始滑动或开始翻滚下来。则木块翻滚(不是滑动)下来时,a,b,μ_s 之间的关系为(物块是矩形的,且 $a \neq b$)(　　)。

   A. $\mu_s > a/b$　　　　B. $\mu_s > 1 - a/b$　　　　C. $\mu_s > b/a$

   D. $\mu_s < a/b$　　　　E. $\mu_s < b/a - 1$

一、力学A组

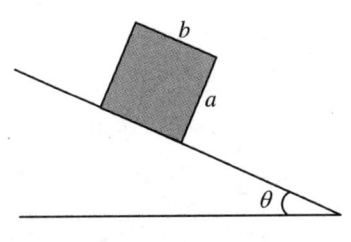

图 22

31. (1997) 如图 23 所示,一个长度为 L 的匀质梯子,静止放置在墙角处。已知墙面光滑,地面和梯子之间的静摩擦因数为 μ。当梯子与水平面之间的夹角为 θ 时,刚好要发生滑动,则角度 θ 为( )。

A. $\theta = \dfrac{\mu}{L}$ B. $\tan\theta = 2\mu$

C. $\tan\theta = \dfrac{1}{2\mu}$ D. $\sin\theta = \dfrac{1}{\mu}$

E. $\cos\theta = \mu$

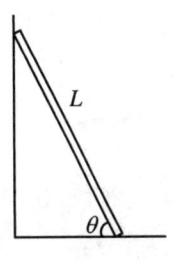

图 23

32. (2003) 如图 24 所示,一个匀质的梯子静止靠在光滑墙面上。梯子长为 L,质量为 M。梯子与水平地面之间的夹角为 $30°$,则梯子与地面之间的静摩擦因数满足的条件为( )。

A. $\mu_s \geq \dfrac{1}{\sqrt{3}}$ B. $\mu_s \geq \dfrac{1}{2}$ C. $\mu_s \geq \dfrac{2}{\sqrt{3}}$

D. $\mu_s \geq \sqrt{3}$ E. $\mu_s \geq \dfrac{\sqrt{3}}{2}$

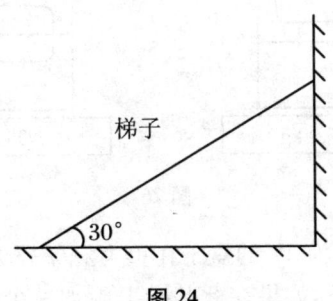

图 24

33. (2014) 图 25 是脚的简化模型,当一名质量为 60 kg 的学生单脚踮起,则跟腱内部的张力最接近( )。

A. 600 N B. 1 200 N C. 1 800 N
D. 2 400 N E. 3 000 N

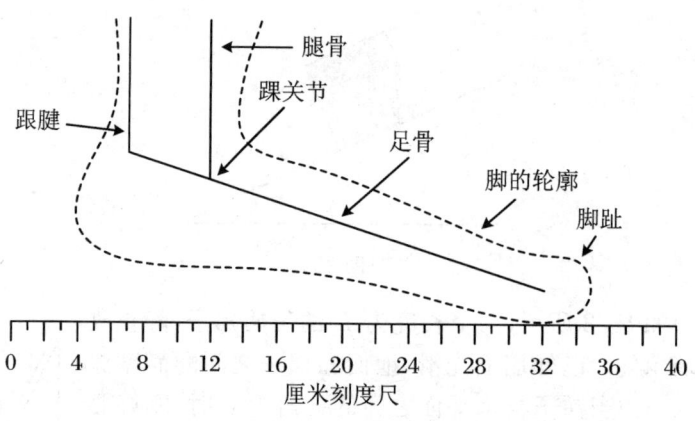

图25

34. (2012)如图26所示,一个装有水的容器静止在台秤上,台秤的读数 $M_1 = 45$ kg。一个木块悬挂在弹簧秤上,弹簧秤的读数 $M_2 = 12$ kg。已知木块的密度为 0.6 g/cm³,水的密度为 1 g/cm³。将木块放入水中,直到木块的一半都在水面以下,则两个秤的读数为( )。

A. $M_1 = 45$ kg, $M_2 = 2$ kg B. $M_1 = 45$ kg, $M_2 = 6$ kg
C. $M_1 = 45$ kg, $M_2 = 10$ kg D. $M_1 = 55$ kg, $M_2 = 6$ kg
E. $M_1 = 55$ kg, $M_2 = 2$ kg

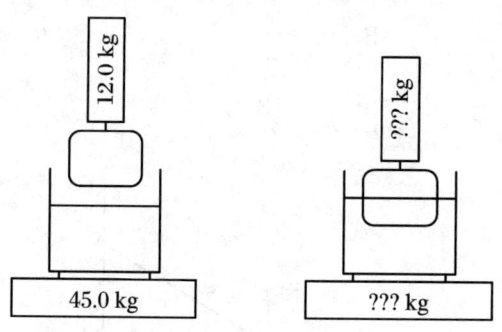

图26

35. (2014)一个重力大小为 W 的盒子在重力和摩擦力的共同作用下从倾角为 $30°$ 的斜面上匀速滑下,如果在此基础上施加一个水平力 P,使得盒子可以沿斜面向上做匀速运动,则 P 的大小为( )。

A. $P = W/2$ B. $P = 2W/\sqrt{3}$ C. $P = W$
D. $P = \sqrt{3}W$ E. $P = 2W$

36. (2014)图27所示装置中的两根均质杆通过无摩擦的铰链连接,杆与地面的

静摩擦因数为 μ，以下哪个关系可以正确描述图中角度 θ 的最大值？（　　）

A. $\sin\theta = 2\mu$ B. $\sin(\theta/2) = \mu/2$ C. $\tan(\theta/2) = \mu$

D. $\tan\theta = 2\mu$ E. $\tan(\theta/2) = 2\mu$

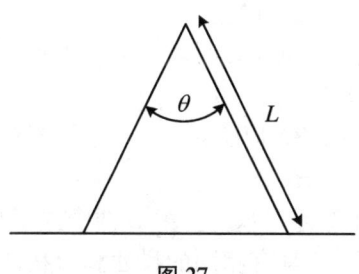

图 27

37.（2014）如图 28 所示，一根均质杆悬浮在水中，杆的密度为水的 5/9，上端用光滑的铰链连接在天花板上，在平衡状态下，杆在水面以上部分占其总长度的（　　）。

A. 0.25   B. 0.33   C. 0.5

D. 0.67   E. 0.75

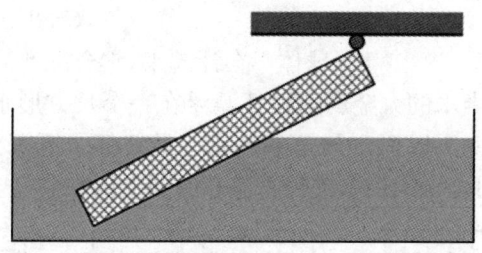

图 28

38.（2014）一个密度均匀的物体悬浮在水面上，水面上部分占总体积的 20%，在物体上竖直向下施加一个 3 N 的力可以使物体完全浸没在水中，则该物体的体积是（　　）。（已知水的密度 $\rho_{H_2O} = 1\,000\text{ kg/m}^3$）

A. $V_{物体} = 0.3\text{ L}$ B. $V_{物体} = 0.67\text{ L}$ C. $V_{物体} = 1.2\text{ L}$

D. $V_{物体} = 1.5\text{ L}$ E. $V_{物体} = 3.0\text{ L}$

39.（2011）将重力为 30 N 的木块完全没入水中，水给木块的浮力为 50 N。将木块释放后，木块将浮出水面，则稳定后木块浮出水面的体积和总体积的比值为（　　）。

A. 1/15   B. 1/5   C. 1/3

D. 2/5   E. 3/5

40. (2003)一个立方体铝块边长为 0.10 m。它掉入一个深游泳池里,池内水的密度为 1.00×10^3 kg/m³。立方体铝块缓慢地沉到水池底部,停下来。铝的密度为 2.7×10^3 kg/m³,则作用在铝块上的浮力为(　　)。

   A. 26.6 N　　　　　　B. 9.8 N　　　　　　C. 2.7 N
   D. 1.0 N　　　　　　E. 0 N

41. (2001)当没入在水中时,每立方厘米纯金的表观质量为 18.3 g。则其在空气中的质量为(　　)。

   A. 16.3 g　　　　　　B. 17.3 g　　　　　　C. 18.3 g
   D. 19.3 g　　　　　　E. 20.3 g

42. (2004)三个钓鱼浮子漂浮在水上。A,B 两个浮子具有相同的质量和密度,形状不同。浮子 B 和 C 具有相同的尺寸和形状,C 的质量和密度比 B 小。如果在三个浮子上挂上相等的质量,且使三个浮子都完全淹没在水面下,哪一个浮子排开的水的体积最多?(　　)

   A. A　　　　　　　　B. B　　　　　　　　C. C
   D. A 和 B　　　　　E. 三个浮子排开的水体积相等

43. (2015)一颗浮在水面上的小球有 2/3 的体积沉在水中。把小球转移到密度为水的 3/4 的油中。如果它能漂浮,那么有多少体积沉在油中?(　　)

   A. 1/12　　　　　　B. 1/2　　　　　　　C. 8/9
   D. 17/12　　　　　E. 球体不会浮起来,它会沉到油中

44. (2011)装有一半水的大金属圆柱杯漂浮在一个长方形水槽中,拧开金属圆柱杯身上的水龙头以恒定的速率放水。最终杯子下沉到底部且被完全淹没,下列那幅图可以代表水槽的水位和时间的函数关系?(　　)

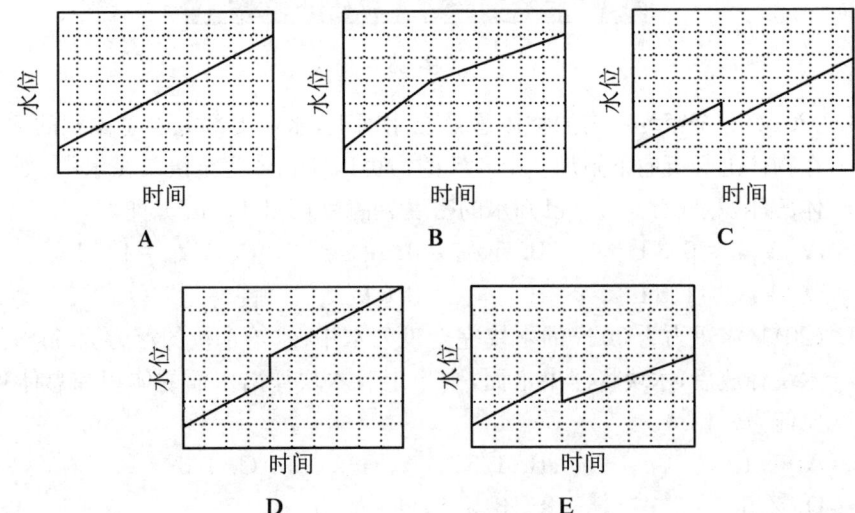

45. (2004)如图 29 所示,液体在横截面积变化的管子中流动。问:在哪个截面处,液体的压强最小?(　　)
   A. Ⅰ   B. Ⅱ   C. Ⅲ
   D. Ⅳ   E. 压强都相等

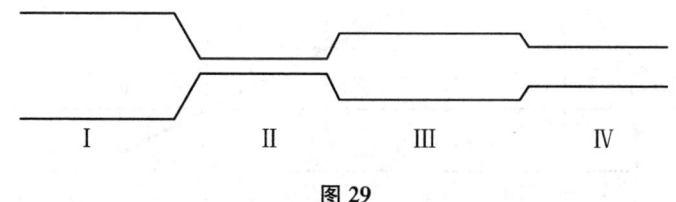

图 29

46. (2010)如图 30 所示,两束水流流经 U 形管。左侧管子横截面积为 A,水流速度为 v;右侧管子横截面积为 $A' = \frac{1}{2}A$。若管子上的合力为零,右侧的水流速度 v' 必须为(　　)。(忽略重力,假设管子中流入和流出的水流速度相等)
   A. $v/2$ B. v C. $\sqrt{2}v$
   D. $2v$ E. $4v$

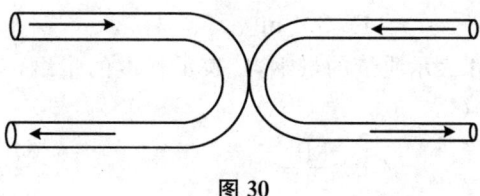

图 30

(四)动量、动能

1. (2009)质量 $M = 100$ kg 的蝙蝠侠爬到 30 m 高的大楼屋顶,然后他降下一根轻绳给他的助手罗宾。之后蝙蝠侠开始把质量 $m = 75$ kg 的罗宾拉到屋顶。等罗宾到达屋顶时,蝙蝠侠做的总功大约为(　　)。
   A. 60 J   B. 7×10^3 J   C. 5×10^4 J
   D. 600 J   E. 3×10^4 J

2. (2009)一个质量为 2.25 kg 的物体的加速度-位移关系如图 1 所示,则该物体做的功为(　　)。

A. 36 J　　　　　B. 22 J　　　　　C. 5 J
D. −17 J　　　　 E. −36 J

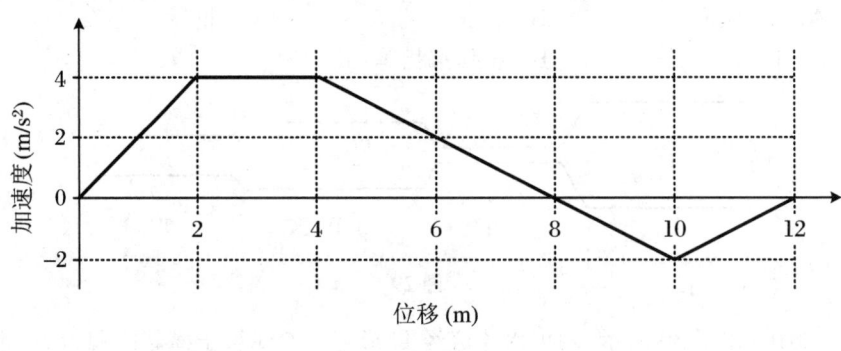

图 1

3. (2015)一个质量为 2.0 kg 的物体从 5.0 m 高处静止下落,掉落在一个由劲度系数 $k = 72$ N/m 的轻弹簧支撑的质量为 6.0 kg 的物体上。碰撞后,两物体黏合在一起,使得物体-弹簧系统发生振动。与碰撞前 6.0 kg 物体的初始位置相比,两物体碰撞后最大位移的大小为(　　)。

A. 0.27 m　　　　B. 1.1 m　　　　C. 2.5 m
D. 2.8 m　　　　 E. 3.1 m

4. (2002)如果用 M 表示质量的量纲,L 表示长度的量纲,T 表示时间的量纲,则功率的量纲为(　　)。

A. $\dfrac{ML}{T^2}$　　　　B. $\dfrac{ML^2}{T^2}$　　　　C. $\dfrac{ML^2}{T^3}$

D. $\dfrac{ML}{T}$　　　　　E. $\dfrac{ML^2}{T}$

5. (2002)一辆汽车发动机提供给驱动轮的功率为 24 000 W(约 32 马力),如果汽车最后做速度为 30 m/s 的匀速直线运动,则此时汽车受到的阻力大小为(　　)。

A. 800 N　　　　B. 960 N　　　　C. 1 950 N
D. 720 000 N　　 E. 1 560 000 N

6. (1999)一位驾驶质量为 1 500 kg 的跑车的司机想要从另一条平行道路上超过一辆缓慢行驶的卡车,若跑车加速在 3 s 内速度从 20 m/s 变到 40 m/s,则跑车的平均功率为(　　)。

A. 10 000 W　　　B. 20 000 W　　　C. 100 000 W
D. 300 000 W　　 E. 400 000 W

7. (2012)一辆质量为 m 的汽车,其发动机的输出功率恒为 P。忽略阻力,该汽车

在与水平面夹角为 θ 的斜面上行驶时,能达到的恒定的最大速度 v_{max} 为(　　)。

A. $v_{max} = \dfrac{P}{mg\sin\theta}$ B. $v_{max} = \dfrac{P^2\sin\theta}{mg}$ C. $v_{max} = \sqrt{\dfrac{2P}{mg\sin\theta}}$

D. 没有恒定的最大速度

E. 该恒定最大速度取决于斜面的长度

8. (2015)水平飞行的飞机受到的摩擦力 $F_f = kv^2$,其中 k 是常数,v 是飞机的速度。发动机的输出功率为 P_0;飞机能达到的速度为 v_0。如果发动机的输出功率提升至 $2P_0$,则飞机将能达到的速度为(　　)。

A. $1.12v_0$　　　　B. $1.26v_0$　　　　C. $1.41v_0$

D. $2.82v_0$　　　　E. $8v_0$

9. (2012)一台功率为 1 500 W 的电动机通过一根圆柱水管将被淹地下室的水泵到 2.0 m 高的地方。水以 2.5 m/s 的速度从管子末端喷出。忽略摩擦,假设电动机的能量全部传递给水,下列最接近于管子半径的是(　　)。(已知水的密度 $\rho = 1\,000\text{ kg/m}^3$)

A. $\dfrac{1}{3}$ cm　　B. 1 cm　　C. 3 cm

D. 10 cm　　E. 30 cm

10. (2011)图 2 为假想的一台汽油发动机的输出扭矩随发动机转速变化的函数关系图,发动机不能在该图范围以外运行。在什么转速(每分钟)时发动机的输出功率最大?(　　)

A. Ⅰ　　　　　　　B. 在Ⅰ和Ⅱ之间的某点

C. Ⅱ　　　　　　　D. 在Ⅱ和Ⅲ之间的某点

E. Ⅲ

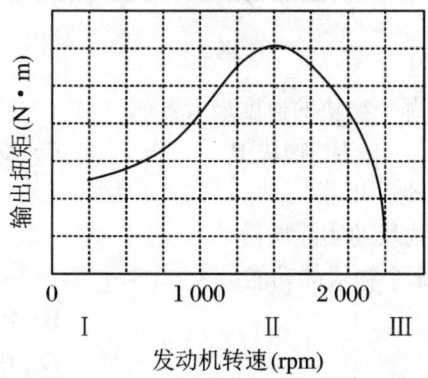

图 2

11. (2008)已知汽车发动机的输出功率一定,在 $t = 0$ 时由静止开始加速,在 $t = t_0$ 时加速度达到 a_0。那么当 $t = 2t_0$ 时的加速度是(　　)。(忽略摩擦引起的能量损失)

    A. $\dfrac{1}{2}a_0$ B. $\dfrac{1}{\sqrt{2}}a_0$ C. a_0

    D. $\sqrt{2}a_0$ E. $2a_0$

12. (2007)一辆玩具车通过把电池里的化学能转化为动能,由静止加速到 2 mph(英里/小时),然后再从 2 mph 加速到 4 mph。不考虑由于摩擦和空气阻力耗散的能量。"从 2 mph 加速到 4 mph 所需要的能量"是"从 0 mph 加速到 2 mph 所需要的能量"的(　　)。

    A. 一半   B. 相同   C. 2 倍

    D. 3 倍   E. 4 倍

13. (2003)如图 3 所示,用相同的力 F 推三个物块(A,B,C),在光滑水平面上直线前进了 2 m。物块 A 的质量大于物块 B,物块 B 的质量大于物块 C。

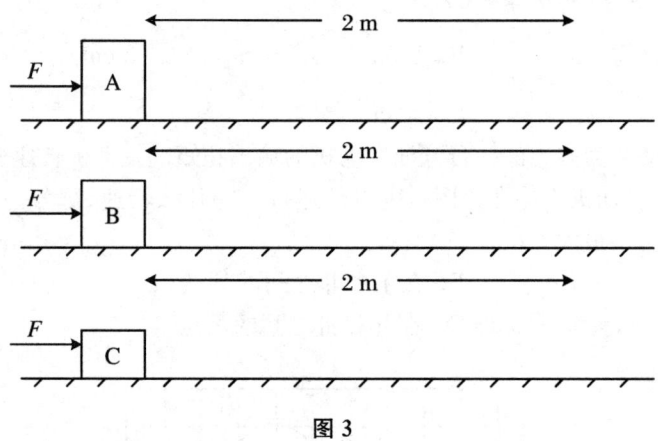

图 3

(1) 运动 2 m 后,哪个物块的速度最大?(　　)

    A. 物块 A   B. 物块 B   C. 物块 C

    D. 所有物块速度相等

    E. 这取决于物块的实际质量

(2) 运动 2m 后,哪个物块的动能最大?(　　)

    A. 物块 A   B. 物块 B

    C. 物块 C   D. 所有物块动能相等

    E. 这取决于物块的实际质量

(3) 运动过程中,哪个物块受到的冲量最大?(　　)

A. 物块 A B. 物块 B
C. 物块 C D. 所有物块冲量相等
E. 这取决于物块的实际质量

14. (2012)在水平面上,一个质量 $m = 3.0$ kg 的物块朝着一根劲度系数 $k = 80.0$ N/m 的轻质弹簧运动。物块与水平面之间的动摩擦因数 $\mu = 0.50$。当物块第一次与弹簧接触时,它的速度为 2.0 m/s。则弹簧将被压缩(　　)。

A. 0.19 m B. 0.24 m C. 0.39 m
D. 0.40 m E. 0.61 m

15. (2011)如图4所示,桥边有一只装有小喵的吊篮,一根绳子通过固定栏杆钩在吊篮上。小呆推一本(不计质量和摩擦)物理教科书将绳子压紧在固定栏杆上,使得吊篮不下落。已知绳子和栏杆之间的静摩擦因数为 μ_s,绳子和栏杆之间的动摩擦因数为 μ_k,$\mu_k < \mu_s$;吊篮和小喵的总质量为 M;吊篮底部距地面的高度为 H(不计绳子的质量)。

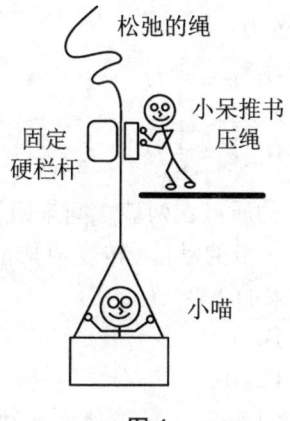

图 4

(1) 小呆需要在物理书上施加多大的力才能使绳子不滑动?(　　)

A. Mg B. $\mu_k Mg$ C. $\mu_k Mg / \mu_s$
D. $(\mu_k + \mu_s)Mg$ E. Mg / μ_s

(2) 小呆施加的正压力恰使得绳子不发生滑动。小喵轻轻跳跃了一下,刚刚离开吊篮底部,下落到吊篮时发生了撞击,这使得绳子从小呆手中开始滑动,则吊篮撞到地面的速度为(　　)。(假设小呆施加的正压力不变)

A. $\sqrt{2gH(\mu_k / \mu_s)}$ B. $\sqrt{2gH(1 - \mu_k / \mu_s)}$
C. $\sqrt{2gH(\sqrt{\mu_k / \mu_s})}$ D. $\sqrt{2gH(\sqrt{1 - \mu_k / \mu_s})}$
E. $\sqrt{2gH(\mu_s - \mu_k)}$

16. (2011)质量 $m=3$ kg 的物体从高于水平面 $h_1=1.0$ m 的位置沿着一个斜坡滑下,然后滑上另一个斜坡,物体与两个斜坡之间的动摩擦因数均为 $\mu_k=0.4$。两个斜面的倾角均为 30°。物体在第二个斜面上升的高度是( )。

    A. 0.18 m   B. 0.52 m   C. 0.59 m

    D. 0.69 m   E. 0.71 m

17. (2014)一名男子脚踝上固定弹性绳,从高桥上跳下进行蹦极运动,该男子下落最大距离为 H 之后瞬时速度变为 0,然后又开始上升。蹦极所用绳索具有很好的弹性,遵循胡克定律且劲度系数为 k,原长为 L_0,伸长量用 h 表示。该过程中绳子达到的最大张力为男子重力的四倍。

  (1) 弹性绳的劲度系数 k 为( )。

    A. $k=\dfrac{mg}{h}$ B. $k=\dfrac{2mg}{h}$ C. $k=\dfrac{mg}{H}$

    D. $k=\dfrac{4mg}{H}$ E. $k=\dfrac{8mg}{H}$

  (2) 弹性绳的最大伸长量为( )。

    A. $h=\dfrac{1}{2}H$ B. $h=\dfrac{1}{4}H$ C. $h=\dfrac{1}{5}H$

    D. $h=\dfrac{2}{5}H$ E. $h=\dfrac{1}{8}H$

18. (2007)一个初动能为 E 的质点在两墙之间来回做无摩擦的水平运动,每次与墙面发生碰撞将损失一半的动能(转变成热能)。当质点与墙面碰撞多少次后其速度减少为原来的 1/8?( )

    A. 3   B. 4   C. 6

    D. 8   E. 16

19. (2003)一辆质量为 m 的实验室小车以速度 v 冲向固定的弹簧缓冲器。若该弹簧的劲度系数为 k,则弹簧的最大压缩量为( )。

    A. $v\sqrt{\dfrac{m}{k}}$ B. $\sqrt{\dfrac{mv}{k}}$ C. $\dfrac{mv^2}{2k}$

    D. $mv\sqrt{k}$ E. $\sqrt{\dfrac{mv}{2k}}$

20. (2000)以初速度 v 和初动能 E_k 竖直上抛一个小球。当小球运动到距离最高点的一半位置处时,它的速度和动能分别为( )。

    A. $\dfrac{v}{2},\dfrac{E_k}{2}$ B. $\dfrac{v}{\sqrt{2}},\dfrac{E_k}{2}$ C. $\dfrac{v}{4},\dfrac{E_k}{2}$

    D. $\dfrac{v}{2},\dfrac{E_k}{\sqrt{2}}$ E. $\dfrac{v}{\sqrt{2}},\dfrac{E_k}{\sqrt{2}}$

一、力学A组

21. (1996)某人乘坐过山车以速度 v_A 通过 A 点，B 点距离 A 点的竖直高度为 H，假设在整个过程中没有摩擦且没有发动机做功，那么在 B 点的速度为（   ）。

    A. $\sqrt{v_A^2 - 2gH}$ B. $v_A - \sqrt{2gH}$ C. $v_A - 2gH$

    D. $v_A + \sqrt{2gH}$ E. $\sqrt{v_A^2 + 2gH}$

22. (2003)一过山车沿着如图5所示的轨道运行。过山车在 A 点的速度为 10 m/s。不计摩擦阻力，过山车在 B 点的速度为（   ）。

    A. 14 m/s   B. 20 m/s   C. 22 m/s

    D. 26 m/s   E. 31 m/s

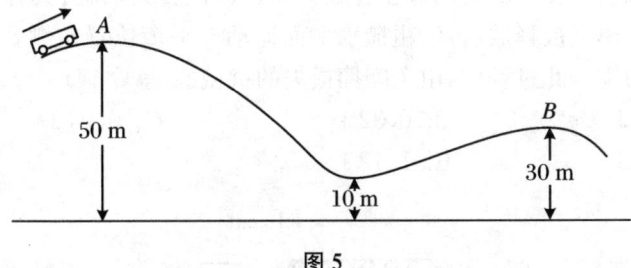

图5

23. (2004)两个完全相同的保龄球从高塔上静止落下。球 A 比球 B 早 1 s 下落。不考虑空气阻力，在球 B 落地后、球 A 撞到地面前，两个球的机械能变化量为（   ）。

    A. 球 A 和球 B 的机械能差值在变大

    B. 球 A 和球 B 的动能差值在变大

    C. 只有两个球的势能差保持不变

    D. 只有两个球的动能差保持不变

    E. 两个球的动能差和势能差都保持不变

24. (2002)图6所示为三个相同长度的过山车轨道，假设三辆过山车从静止开始沿着不同的轨道无摩擦滑下。

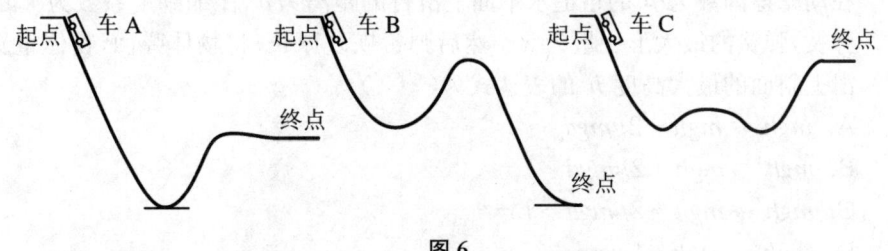

图6

(1) 如果三辆车起点的位置如图 6 所示，到终点时的速度最大的为（　　）。

A. 车 A　　　　　B. 车 B　　　　　C. 车 C

D. 三辆车到终点的速度一样

E. 需要更多的信息才能确定

(2) 如果三辆车起点的位置如图 6 所示，哪辆车可以最先到终点？（　　）

A. 车 A　　　　　B. 车 B　　　　　C. 车 C

D. 三个车同时到终点

E. 需要更多的信息才能确定

25. (1995) 如图 7 所示，一个质点连接在一个水平放置的轻质弹簧一端，在偏离平衡位置右侧 16 cm 处由静止释放。在释放位置处，弹簧具有 1.28 J 的弹性势能。质点被释放后，沿粗糙水平面运动至平衡位置左侧 8 cm 处时，它的速度为零。此过程中，由于摩擦损失的机械能是（　　）。

A. 0.16 J　　　　　B. 0.32 J　　　　　C. 0.64 J

D. 0.96 J　　　　　E. 1.12 J

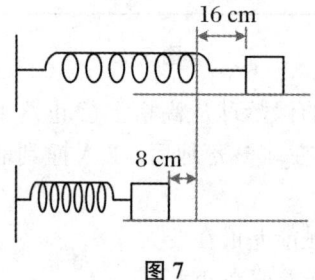

图 7

26. (1997) 有一根系有小球的绳子，已知小球在竖直平面以半径 R 做圆周运动，不考虑空气阻力，小球在最低和最高点时绳子上的力的差值是（　　）。

A. mg　　　　　B. $2mg$　　　　　C. $4mg$

D. $6mg$　　　　　E. $8mg$

27. (1993) 一个质量为 m 的物体从光滑斜面上高度为 h 处开始由静止下滑，它在动摩擦因数为 μ 的粗糙水平面上滑行的距离为 d，压缩劲度系数为 k 的弹簧，弹簧的最大形变量为 x。然后弹簧恢复原长，将物体弹回，物体重新滑上斜面的最大高度 h' 的表达式为（　　）。

A. $mgh' = mgh - 2\mu mgd$

B. $mgh' = mgh + 2\mu mgd$

C. $mgh' = mgh + 2\mu mgd + kx^2$

D. $mgh' = mgh - 2\mu mgd - kx^2$

E. $mgh' = mgh - 2\mu mgd - kx^2 - mv^2/2$

一、力学A组

28.（1994）一个质量为 m 的小物块静止在高度为 $4R$ 的 1 处,其中 R 是圆形轨道半径,小物块经过光滑的轨道到达圆形轨道的最高点 2,轨道作用在小物块上的支持力约为重力的多少倍?（　　）

A. 1　　　　　　B. 2　　　　　　C. 3
D. 4　　　　　　E. 5

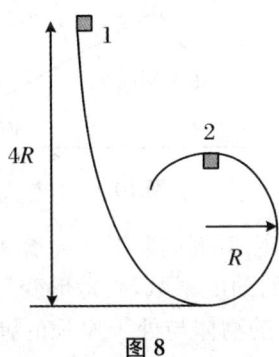

图 8

29.（1996）如图 9 所示,一个质量为 m 的小物体静止放在一个半径为 R 的固定圆形轨道的顶部。物体受到轻微干扰后下滑,当 θ 为多少时,小物体将脱离轨道表面?（　　）(不考虑所有的摩擦)

A. $\theta = 0°$　　　　B. $\theta = \arccos(1/3)$　　　C. $\theta = \arccos(2/3)$
D. $\theta = 60°$　　　E. $\theta = 90°$

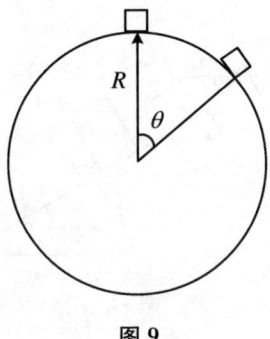

图 9

30.（2007）小冰块从静止开始沿光滑抛物面滑下,如图 10 所示。抛物面从 A 点起变为倾角为 30°的粗糙斜面,此后保持不变,摩擦因数变为 μ_k,斜面的长度为 $3h/2$。已知冰块在斜面末端处的速度减为零,则摩擦因数 μ_k 为（　　）。

A. 0.866　　　　B. 0.770　　　　C. 0.667
D. 0.385　　　　E. 0.333

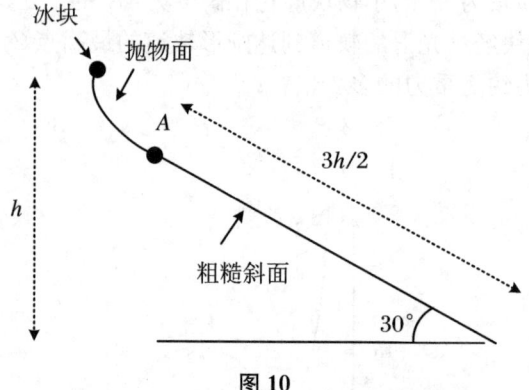

图 10

31. (2007)一根不遵循胡克定律的弹簧,其产生弹力与其形变量的关系为 $F = -kx^2$。其中 k 是弹簧的劲度系数,x 是形变量(相对于原长位置)。如图 11 所示,一个质量为 m 的物体与处于原长的弹簧相连,放在倾角为 30° 的斜面上,现让物体由静止开始释放,当它的速度为零时,弹簧的伸长量为(   )。(忽略一切摩擦)

A. $\left(\dfrac{3mg}{2k}\right)^{1/2}$ B. $\left(\dfrac{mg}{k}\right)^{1/2}$ C. $\left(\dfrac{2mg}{k}\right)^{1/2}$

D. $\left(\dfrac{\sqrt{3}mg}{k}\right)^{1/2}$ E. $\left(\dfrac{3\sqrt{3}mg}{2k}\right)^{1/2}$

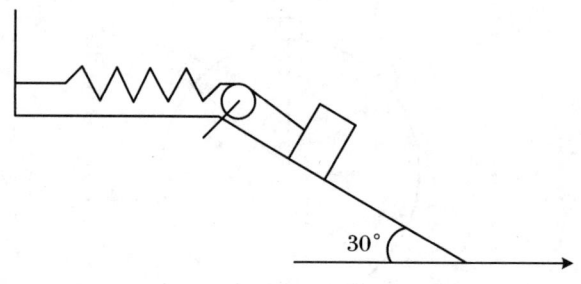

图 11

32. (2012)一辆质量为 4.0 kg 的购物车所受力的 x 方向上的分量与其 x 轴方向上的位移之间的关系图如图 12 所示,当 $x = 0$ 时,速度为 -3.0 m/s(负方向)。下列哪个数据最接近于购物车的最大速度?(   )

A. 1.6 m/s   B. 2.5 m/s   C. 3.0 m/s

D. 4.0 m/s   E. 4.2 m/s

一、力学A组

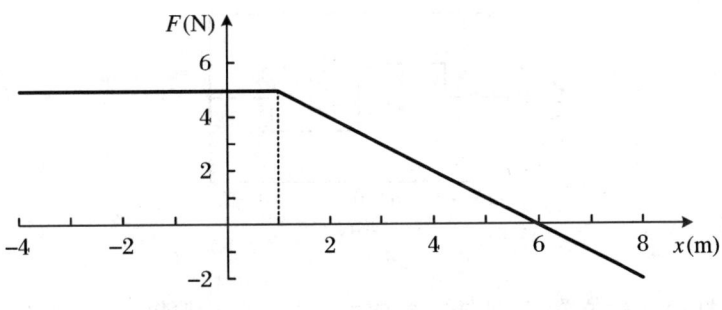

图 12

33.（2010）有一势能图像如图 13 所示。

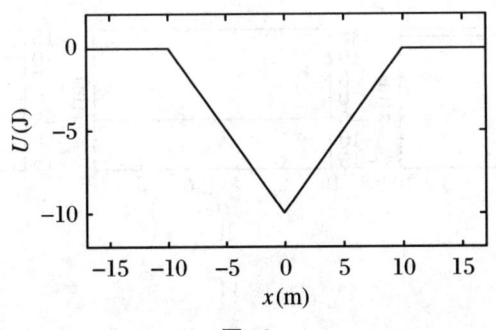

图 13

（1）下面和势能图对应的力的图像为（　　）。

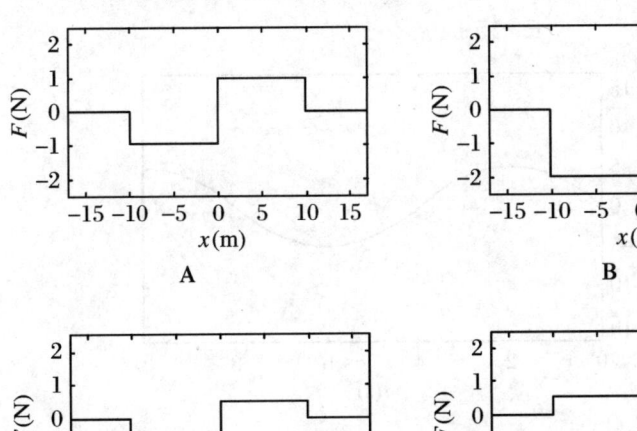

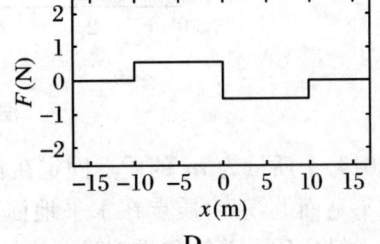

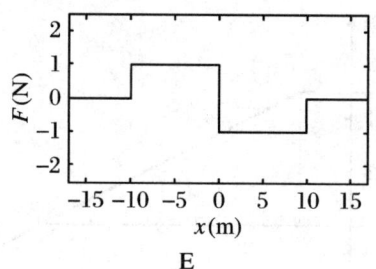
E

(2) 图 14 中的位置-时间图像,哪幅可以表示给定势能的粒子运动?(　　)

A. Ⅰ B. Ⅲ C. Ⅰ 和 Ⅱ
D. Ⅰ 和 Ⅲ E. Ⅰ,Ⅱ 和 Ⅲ

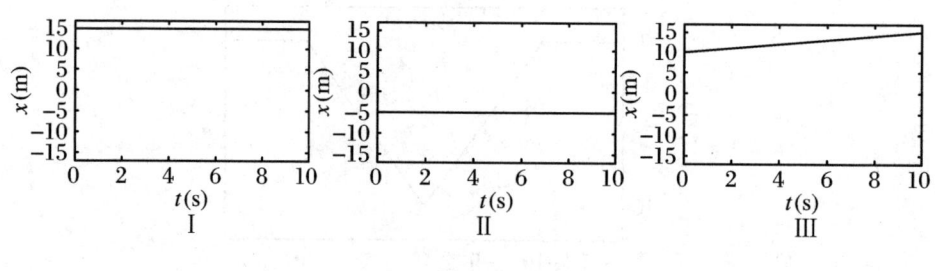

图 14

(3) 图 15 是某个给定势能的粒子运动的 x-t 图像。则粒子的总能量为(　　)。

A. -5 J B. 0 J C. 5 J
D. 10 J E. 15 J

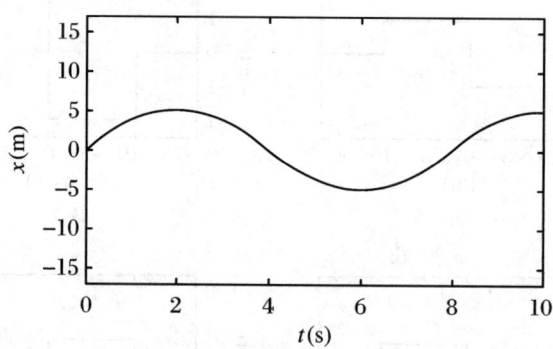

图 15

34.(2014)一质量为 m 的质点固定在轻质弹簧的一端,弹簧另一端固定在光滑水平地面上,现将质点在水平地面上拉开一小段距离后释放,以下哪一个图像描述质点动能和弹簧弹性势能间的函数关系最恰当?(　　)

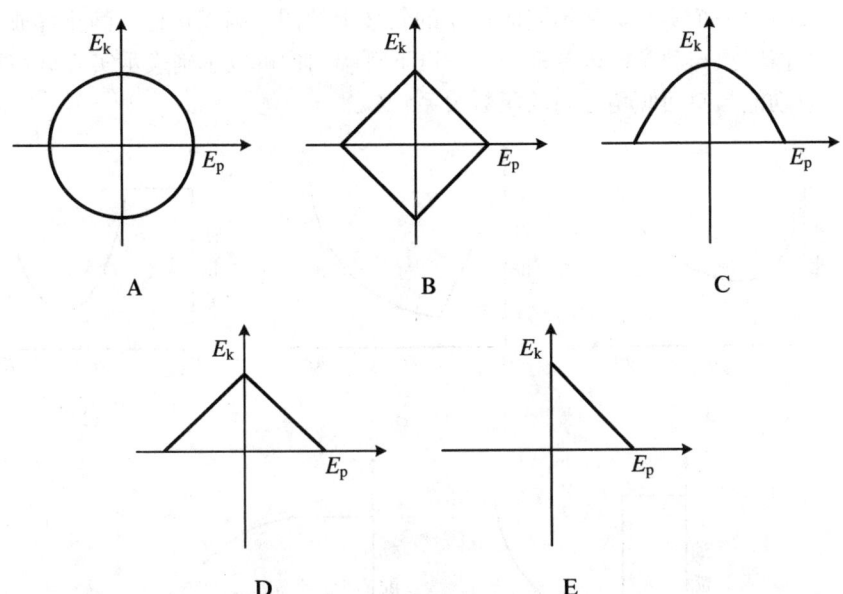

A B C

D E

35. (2015)一个质量为 0.50 kg 的物体的势能-位置图像如图 16 所示。在 0 cm<x<6 cm 的范围内,下列说法错误的是(　　)。

A. 物体在 $x=1$ cm 与 $x=3$ cm 时,处于平衡态

B. 物体总机械能的最小值可能为 -10 J

C. 物体在 4 cm 处时,受到的外力接近于 1 000 N

D. 如果物体的总机械能为 0 J,那么物体的最小动能为 10 J

E. 物体在 $x=2$ cm 时,其加速度接近于 4 cm/s²

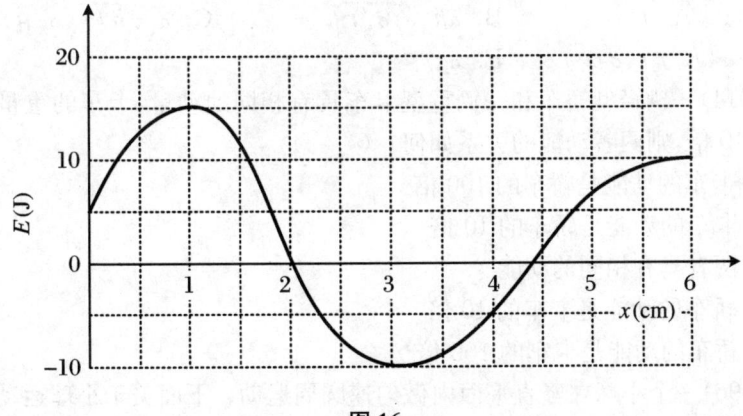

图 16

36. (2015)一个实心球从不同倾角 θ 的斜坡上的同一高度 h 处由静止释放。静摩擦因数与动摩擦因数都为 μ。以下哪幅图像可以正确表示实心球在底部总动能与斜面倾角之间的函数关系?(　　)

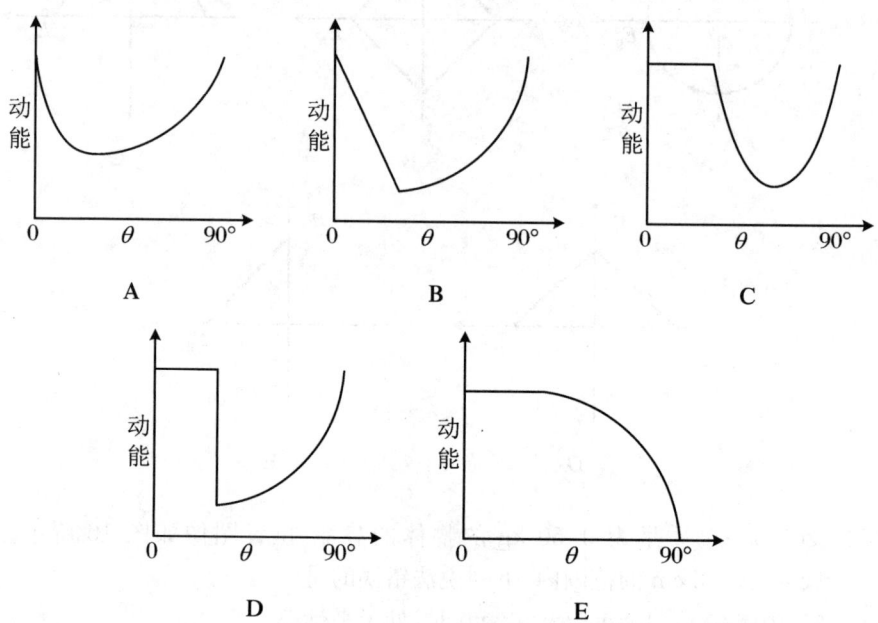

37. (2015)飞轮通过旋转来储存动能。飞轮是一个半径为 r、厚度为 h 的均质圆盘,其材料密度为 ρ,抗拉强度为 σ(单位为 Pa),以最大角速度转动恰好不会破裂。下列能正确表达飞轮每千克可以储存的最大动能的是(　　)。(假设 α 是一个无量纲常数)

A. $\alpha \sqrt{\rho\sigma/r}$　　　　B. $\alpha h \sqrt{\rho\sigma/r}$　　　　C. $\alpha \sqrt{h/r}(\sigma/\rho)^2$

D. $\alpha(h/r)(\sigma/\rho)$　　E. $\alpha\sigma/\rho$

38. (2014)一辆轻型轿车和一辆重型卡车具有相同的动量,卡车的重量是轿车的 10 倍,则两者动能的关系如何?(　　)

    A. 卡车的动能是轿车的 100 倍
    B. 卡车的动能是轿车的 10 倍
    C. 两者具有相同的动能
    D. 轿车的动能是卡车的 10 倍
    E. 轿车的动能是卡车的 100 倍

39. (1996)一个小球在竖直平面内做匀速圆周运动。下面关于小球运动的三个物理量:(1)动能,(2)势能,(3)动量,在圆周运动的过程中会发生变化的是(　　)。

A. (1)(2) B. (1)(3) C. (2)
D. (3) E. (2)(3)

40. (2001)一个质量为 50 kg 的体操运动员从距蹦床上 4 m 高处自由下落,与蹦床接触后以原速度竖直向上弹起,蹦床对体操运动员施加的平均作用力为( )。

A. 50 N B. 200 N C. 500 N
D. 2 000 N E. 信息不足

41. (2002)有两个实验用的小车具有不同的质量,但是具有相同的初动能,有以下三种说法:
Ⅰ. 质量最大的小车动量最大;
Ⅱ. 将两辆小车从静止加速时需要相同的冲量;
Ⅲ. 将两辆小车停下来需要做的功相等。
哪种说法是正确的?( )

A. Ⅰ B. Ⅱ C. Ⅲ
D. Ⅰ和Ⅱ E. Ⅰ和Ⅲ

42. (1999)力-时间的变化关系图像如图 17 所示。在 $t=4\,\text{s}$ 时物体的速度最接近于( )。

A. 2.2 m/s B. 3.5 m/s C. 5.8 m/s
D. 7.0 m/s E. 11.5 m/s

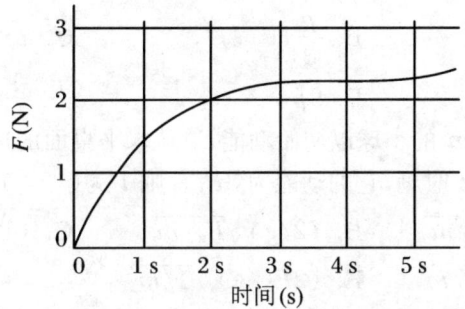

图 17

43. (2014)如图 18 所示,一个 5 kg 的物体受到随时间变化的力的作用,如果在 $t=0$ 时刻,物体的速度为 $+1.0\,\text{m/s}$,则在 $t=7\,\text{s}$ 时,物体的速度为( )。

A. 2.45 m/s B. 2.50 m/s C. 3.50 m/s
D. 12.5 m/s E. 15.0 m/s

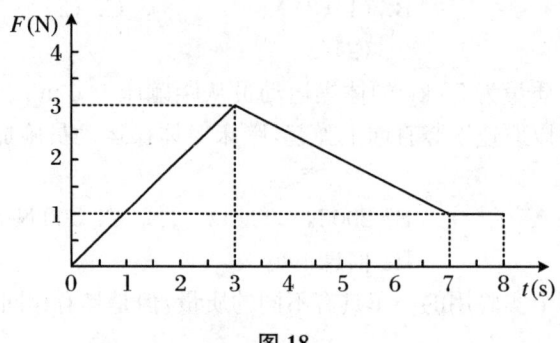

图 18

44. (2009)一个质量为 0.3 kg 的苹果从水平面上高为 40 cm 处由静止下落。碰撞于水平面发生,苹果在 0.1 s 内变为静止,已知与水平面撞击的接触面积为 4 cm²。则碰撞时,苹果受到的平均压强为(   )。(忽略空气阻力)

   A. 67 000 Pa   B. 21 000 Pa   C. 6 700 Pa
   D. 210 Pa   E. 67 Pa

45. (2007)在引力场可以忽略不计的太空中有两个火箭,所有的观察都由在同一个参考系的观察者完成。开始时,火箭处于静止状态,两个火箭的质量分别为 m 和 $9m$。恒力 F 作用在火箭 m 上使其前进了距离 d 后,火箭的动量为 p。如果相同的恒力 F 作用在火箭 $9m$ 上使其前进了相同的距离 d 后,则该火箭的动量为(   )。

   A. $\dfrac{p}{9}$ B. $\dfrac{p}{3}$ C. p
   D. $3p$ E. $9p$

46. (2010)质量为 m 的小球以初始动能 E_k 从水平桌面的边缘水平射出。离开桌子边缘后的 t 时刻,它的动能为 $3E_k$。则 t 为(   )。(忽略空气阻力)

   A. $(3/g)\sqrt{E_k/m}$ B. $(2/g)\sqrt{E_k/m}$ C. $(1/g)\sqrt{8E_k/m}$
   D. $(E_k/g)\sqrt{6/m}$ E. $(2E_k/g)\sqrt{1/m}$

47. (2014)一辆卡车开始时以速度 v 运行,司机踩刹车使车停下来,制动阻力为 F,卡车在刹车后行驶距离 x 后停下,所需时间为 t。

   (1) 以下哪个表达式与卡车初动能(即卡车刹车前的动能)相等?(   )
      A. Fx B. Fvt C. Fxt
      D. Ft E. A,B 两个选项均正确

   (2) 以下哪个表达式与卡车初动量(即卡车刹车前的动量)相等?(   )
      A. Fx B. $Ft/2$ C. Fxt
      D. $2Ft$ E. $2Fx/v$

一、力学A组

48. (2008)一个处于静止状态的粒子可能会衰变成两个(子)粒子或者三个(子)粒子。下面哪种情况在"两粒子情景"是成立的,在"三粒子情景"是不成立的?(　　)(没有外力)

A. 新粒子的速度矢量必须位于同一平面

B. 根据系统的总动能和每个新粒子的质量,可以确定每个新粒子的速度

C. 根据除了某个粒子以外所有其他粒子的速度,可以确定这粒子的速度

D. 新粒子的总动量为零

E. 以上都不对

49. (2008)一个质量为 m_1 的小球以初速度 v_0 沿 x 轴正方向运动。它与一个质量为 m_2 的静止小球发生碰撞。在碰撞后,质量为 m_1 的小球速度变成 $v_{1x}\boldsymbol{x} + v_{1y}\boldsymbol{y}$,质量为 m_2 的小球的速度变成 $v_{2x}\boldsymbol{x} + v_{2y}\boldsymbol{y}$。有以下五种表述:

Ⅰ. $0 = m_1 v_{1x} + m_1 v_{2x}$;

Ⅱ. $m_1 v_0 = m_1 v_{1y} + m_2 v_{2y}$;

Ⅲ. $0 = m_1 v_{1y} + m_2 v_{2y}$;

Ⅳ. $m_1 v_0 = m_1 v_{1x} + m_1 v_{1y}$;

Ⅴ. $m_1 v_0 = m_1 v_{1x} + m_2 v_{2x}$。

在上面的五种表述中,系统必须满足的是(　　)。

A. Ⅰ和Ⅱ　　　　B. Ⅲ和Ⅴ　　　　C. Ⅱ和Ⅴ

D. Ⅲ和Ⅳ　　　　E. Ⅰ

50. (1998)有两个滑冰运动员,一个是200磅的男选手,另一个是120磅的女选手。开始时他们在光滑的水平冰面上拥抱着,在推离对方10 s后,他们之间的距离是8 m。此时女运动员运动的距离是(　　)。

A. 8 m　　　　B. 6.5 m　　　　C. 5.0 m

D. 4.0 m　　　　E. 3.0 m

51. (1999)两个滑冰运动员站在光滑的冰面上互推对方。一个滑冰者的质量为 M,他比另一个质量为 m 的运动员大得多。过了一段时间后两个运动员之间的距离为 d,此时质量较轻的运动员由初始位置运动的距离为(　　)。

A. d　　　　B. $d\left(\dfrac{M}{m}\right)$　　　　C. $d\left(\dfrac{m}{M}\right)$

D. $d\left(\dfrac{m}{M+m}\right)$　　　　E. $d\left(\dfrac{M}{M+m}\right)$

52. (1995)在光滑冰面上一个质量为 70 kg 的猎人用绳子牵拉一只质量为 350 kg 的北极熊。开始时人和熊均处于静止状态,两者相隔 30 m。当猎人用绳子将北极熊拉到身边时,北极熊的移动距离是(　　)。

A. 5 m　　　　B. 6 m　　　　C. 15 m

D. 24 m　　　　　　E. 25 m

53. (2001)两辆质量不同的玩具车开始处于静止状态,它们中间有被压缩的弹簧,弹簧弹开后,下面哪种表述是不正确的?(　　)

　　A. 两辆车动量大小相等,方向相反

　　B. 两辆车动能相同

　　C. 质量大的车速度小

　　D. 质量小的车加速度大

　　E. 以上说法都正确

54. (2000)某学生最初静止在光滑的冰面上,向某一方向扔出一个质量为 1 kg 的锤子。扔出后,锤子向前运动,学生向反方向运动。在上述情况中,下列哪种说法是正确的?(　　)

　　A. 锤子具有更大的动量

　　B. 学生具有更大的动量

　　C. 锤子具有更大的动能

　　D. 学生具有更大的动能

　　E. 锤子与学生具有相等却相反的动能

55. (2008)平底雪橇以 2.0 m/s 的速度在雪地上向前行驶。雪橇和滑雪者总质量为 120 kg。另一个质量为 40 kg 的小孩以速度 −5.0 m/s 从对面跳上雪橇,跳上后雪橇的速度是(　　)。(忽略一切阻力)

　　A. 0.25 m/s　　　　B. 0.33 m/s　　　　C. 2.75 m/s

　　D. 3.04 m/s　　　　E. 3.67 m/s

56. (2011)小波在光滑的湖面上以速度 v_c 滑行,他迎头撞上另一个静止在冰面上的胖孩子小梁,小梁的质量是小波的三倍。两个孩子碰撞后手拉手一起滑动,则两个孩子最终的速度是(　　)。

　　A. $2v_c$　　　　　B. v_c　　　　　C. $v_c/2$

　　D. $v_c/3$　　　　E. $v_c/4$

57. (2004)如果有两个气体分子发生碰撞,那么(　　)。

　　A. 总动量始终保持不变　　　　B. 速度发生交换

　　C. 两个分子的速度都会变大　　D. 总动能会增大

　　E. 速度始终不变

58. (2004)一个物体质量为 m,速度为 v,与一个质量为 $2m$ 的静止物体发生碰撞。如果两个物体发生完全非弹性碰撞且粘到了一起,最终它们的速度是(　　)。

　　A. $v/3$　　　　　B. $v/2$　　　　　C. $2v/3$

一、力学A组

D. v E. $3v/2$

59. (2014)一辆质量为 m 的卡车以 12 m/s 的速度向右与另一辆质量为 4.0 kg 的静止的卡车发生弹性碰撞。在发生碰撞之后,质量为 m 的卡车速度变为 6 m/s,方向向左。假设弹性碰撞发生在一维上,则在碰撞前两车质心速度 v_{cm} 是（   ）。

A. 2.0 m/s   B. 3.0 m/s   C. 6.0 m/s
D. 9.0 m/s   E. 18.0 m/s

60. (2012)一个静止的微粒,在不受任何外力的情况下,爆炸成三个质量相等的微粒。其中两个微粒的速度大小相等,均为 v,速度方向相互垂直。则第三个微粒的速度为（   ）。

A. v B. $\sqrt{2}v$ C. $2v$
D. $2\sqrt{2}v$ E. 第三个微粒可以有一系列不同的速度大小

61. (2012)一个质量为 12 kg 的物块以 4 m/s 的速度向东运动,与以 2 m/s 的速度向西运动的质量为 6 kg 的物块相撞。碰撞后,两物块一起运动。碰撞中动能损失了（   ）。

A. 36 J   B. 48 J   C. 60 J
D. 72 J   E. 96 J

62. (2015)如图19所示,三辆手推车可以在一条光滑的水平轨道上自由运动。A车质量为 1.9 kg,初速度大小为 1.7 m/s,方向向右;B车质量为 1.1 kg,初速度大小为 2.5 m/s,方向向左;C车质量为 1.3 kg,初速度为零。此后,A车与B车发生完全弹性碰撞;B车与C车发生完全非弹性碰撞。最后一次碰撞后,三车系统质心的速度为（   ）。

A. 0.11 m/s   B. 0.16 m/s   C. 1.4 m/s
D. 2.0 m/s   E. 3.23 m/s

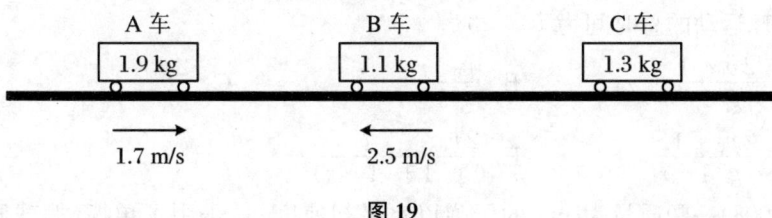

图 19

63. (2015)如图20所示,一条很长的光滑水平轨道上有 A,B,C 三辆小车。三辆车的质量分别为 m,$3m$,$9m$。起初,B车静止在 1.0 m 处,C车静止在 2.0 m 处。A车处于 0 m 处,以速度 v_0 朝着B车运动。

(1) 假设所有的碰撞都是完全非弹性碰撞,那么C车的末速度为（   ）。

A. $v_0/13$　　　　B. $v_0/10$　　　　C. $v_0/9$
   D. $v_0/3$　　　　E. $2v_0/5$

   (2) 假设所有的碰撞都是完全弹性碰撞,那么C车的末速度为(　　)。
   A. $v_0/8$　　　　B. $v_0/4$　　　　C. $v_0/2$
   D. v_0　　　　　E. $2v_0$

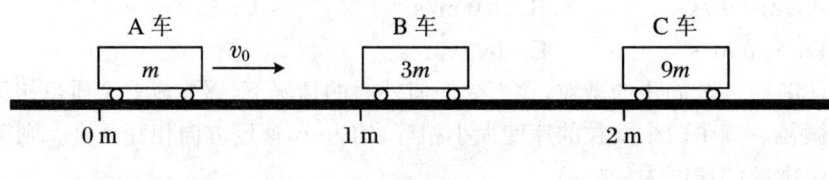

图20

64. (2015)质量为0.650 kg、速度为5.00 m/s 的小球与质量为0.750 kg 的静止小球相撞。撞击后,质量为0.750 kg 的小球的运动速度为4.00 m/s,质量为0.650 kg 的小球的运动方向垂直于质量为0.750 kg 的小球的运动方向。

   (1) 质量为0.650 kg 的小球的末速度为多少?(　　)
   A. 1.92 m/s　　　B. 2.32 m/s　　　C. 3.00 m/s
   D. 4.64 m/s　　　E. 5.77 m/s

   (2) 定义碰撞中总动能的变化量为 $\Delta K = K_f - K_i$,其中 K_f 是最终总动能,K_i 是初始总动能。下列说法正确的是(　　)。
   A. $\Delta K = (K_i + K_f)/2$　　　　B. $K_f < \Delta K < K_i$
   C. $0 < \Delta K < K_f$　　　　　　　D. $\Delta K = 0$
   E. $-K_i < \Delta K < 0$

65. (2008)一个小球从地面上以初速度 v_0 竖直向上发射。每次落回地面后,由于和地面发生碰撞会损失部分能量。若落地时的速度为 v,与地面碰撞弹起后的速度为 rv,其中 $r<1$,是一个常数。忽略小球与地面碰撞的时间,则小球运动的总时间为(　　)。

   A. $\dfrac{2v_0}{g}\dfrac{1}{1-r}$　　B. $\dfrac{v_0}{g}\dfrac{r}{1-r}$　　C. $\dfrac{2v_0}{g}\dfrac{1-r}{r}$
   D. $\dfrac{2v_0}{g}\dfrac{1}{1-r^2}$　　E. $\dfrac{2v_0}{g}\dfrac{1}{1+(1-r)^2}$

66. (2008)一颗质量为 m_1 的子弹以水平初速度 v_0 击中了单摆,摆球质量为 m_2,摆长为 L,碰撞为完全非弹性碰撞,即子弹陷在摆球中。为了让带有子弹的摆球可以在竖直平面内完成完整的圆周运动,v_0 的最小值为(　　)。
   A. $2\sqrt{Lg}$　　　　　　　　　　B. $\sqrt{5Lg}$
   C. $(m_1+m_2)2\sqrt{Lg}/m_1$　　　D. $(m_1-m_2)\sqrt{Lg}/m_2$

E. $(m_1+m_2)\sqrt{5Lg/m_1}$

67. (2010)在水平面上,一个速度为 8.0 m/s,质量为 5.0 kg 的物块滑行 2.0 m 后和另一个质量为 15.0 kg 的静止物块发生对心、完全弹性碰撞。碰撞后 15.0 kg 的物块还能滑行多远?(　　)(已知两物块与水平面间的动摩擦因数都为 0.35)

   A. 0.76 m   B. 1.79 m   C. 2.29 m
   D. 3.04 m   E. 9.14 m

68. (2010)如图 21 所示,质量为 m 的小物块以初速度 v_0 在水平桌面上运动。之后平滑地滑上质量为 M 的斜面。斜面也可以在水平面上运动。不计一切摩擦。

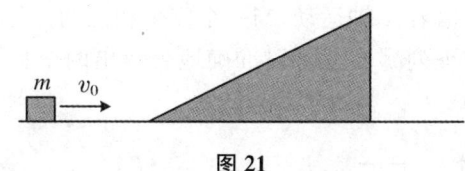

图 21

(1) 小物块 m 滑上斜面 M 的最大高度 h 为(　　)。

A. $\dfrac{v_0^2}{2g}$ B. $\dfrac{1}{g}\dfrac{Mv_0^2}{m+M}$ C. $\dfrac{1}{2g}\dfrac{Mv_0^2}{m+M}$

D. $\dfrac{1}{2g}\dfrac{mv_0^2}{m+M}$ E. $\dfrac{v_0^2}{g}$

(2) 小物块离开斜面之后的速度 v 为(　　)。

A. v_0 B. $\dfrac{m}{m+M}v_0$ C. $\dfrac{M}{m+M}v_0$

D. $\dfrac{M-m}{m}v_0$ E. $\dfrac{M-m}{m+M}v_0$

69. (2007)棒球在篮球上方坠落。篮球与地面接触后弹起的速度为 4 m/s,与向下以 4 m/s 运动的棒球发生碰撞。碰撞后,棒球向上运动,而篮球速度为零,如图 22 所示。棒球的质量为 0.2 kg,篮球的质量为 0.5 kg。忽略空气阻力以及重力在碰撞瞬间引起的速度变化,在与向上运动的篮球碰撞后,棒球的速度为(　　)。

   A. 4.0 m/s   B. 6.0 m/s   C. 8.0 m/s
   D. 12.0 m/s   E. 16.0 m/s

图 22

70. (2007)一根轻质弹性绳(遵循胡克定律)张力超过 T_{max} 时将会断裂。绳子的一端固定,另一端系有一个质量为 $3m$ 的物体,如果第二个质

量为 m 的物体以初速度 v_0 撞击质量为 $3m$ 的物体,且两个物体粘在一起,绳子被拉伸直到断裂,断裂时两物动能恰好为零。如果两个物体发生完全弹性碰撞,当绳子断裂时质量为 $3m$ 的物体以速度 v_f 运动。以上所有的运动都发生在光滑水平面内。所有弹撞为一维的,则比值 v_f/v_0 为(　　)。

  A. $1/\sqrt{12}$ B. $1/\sqrt{2}$ C. $1/\sqrt{6}$

  D. $1/\sqrt{3}$ E. 以上都不对

71. (2007)上题中,在完全弹性碰撞、绳子断裂后的两个质量系统的总动能和碰撞前物体 m 初始动能之比为(　　)。

  A. 1/4   B. 1/3   C. 1/2

  D. 3/4   E. 以上都不对

72. (2007)一个粒子沿着 x 轴运动,与一个完全相同的并处于静止的粒子发生正面弹性碰撞。下列哪幅图可以准确地表示出两个粒子动量随时间的变化关系?(　　)

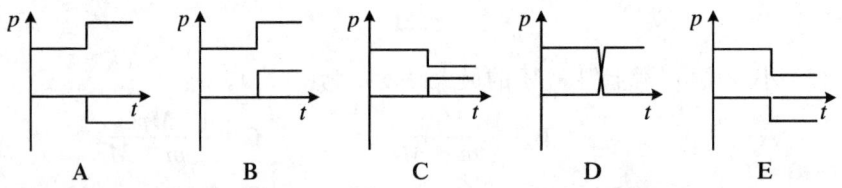

73. (2009)如图 23 所示,三个完全相同的物块放在光滑桌面上。中间的物块静止,两侧的物块以大小相同的速度 v 向中间物块运动。最初,中间物块与左侧物块的距离比右侧物块近。所有的运动都发生在同一个水平面上。

图 23

(1) 假设所有的碰撞都是瞬间发生的,并且都为弹性碰撞。过了很长一段时间之后,下列说法正确的是(　　)。

  A. 中间的物块向左运动
  B. 中间的物块向右运动
  C. 中间的物块静止在其初始位置左侧的某个位置
  D. 中间的物块静止在其初始位置
  E. 中间的物块静止在其初始位置右侧的某个位置

(2) 假设所有的碰撞都是瞬间发生的,并且都是完全非弹性碰撞。过了很长一段时间之后,下列说法正确的是(　　)。

A. 中间的物块向左运动

B. 中间的物块向右运动

C. 中间的物块静止在其初始位置左侧的某个位置

D. 中间的物块静止在其初始位置

E. 中间的物块静止在其初始位置右侧的某个位置

74. (2009)假设两块黏性物体发生完全非弹性碰撞。物块1的质量为 m，最初以速度 v_0 径直向北运动。物块2的质量为 $3m$，最初以速度 $v_0/2$ 径直向东运动。碰撞后,物块的最终速度为多少？（　　）(忽略两者间的万有引力,碰撞后两物块粘在一起)

A. $\dfrac{7}{16}v_0$ B. $\dfrac{\sqrt{5}}{8}v_0$ C. $\dfrac{\sqrt{13}}{8}v_0$

D. $\dfrac{5}{8}v_0$ E. $\sqrt{\dfrac{13}{8}}v_0$

75. (2000)一辆质量为 $2m$ 的汽车以速度 v 撞击另一辆质量为 $3m$ 的静止小车。两辆车一起运动,运动速度为(　　)。

A. $\dfrac{v}{5}$ B. $\dfrac{2v}{5}$ C. $\dfrac{3v}{5}$

D. $\dfrac{2v}{3}$ E. $\left(\dfrac{2}{5}\right)^{\frac{1}{2}}v$

76. (1995)一颗质量为 m 的子弹射入一块质量为 M 且最初静止的木块中。子弹进入木块前的速度为 v，子弹最终陷入到木块中。碰撞后木块的速度是（　　）。

A. $\dfrac{Mv}{M+m}$ B. $\dfrac{(m+M)v}{m}$ C. $v\sqrt{\dfrac{m}{m+M}}$

D. $v\sqrt{\dfrac{M+m}{m}}$ E. $\dfrac{mv}{M+m}$

77. (1993)三辆气垫导轨小车初始位置如图24所示。A车的质量为 m，初速度为 v，方向向右。质量为 m 的B车和质量为 $4m$ 的C车开始都处于静止状态。A先与B发生完全弹性碰撞,然后B与C发生完全弹性碰撞。碰撞后,C的速度为 $0.4v$，方向向右。忽略一切摩擦,最终A和B的速度为（　　）。

A. A的速度为 $0.6v$,方向向左;B处于静止状态

B. A的速度为 $1.4v$,方向向左;B处于静止状态

C. A的速度为 v,方向向左;B的速度为 $0.6v$,方向向左

D. A的速度为 $0.4v$,方向向左;B的速度为 v,方向向左

E. A的速度为1.6v,方向向左;B的速度为 v,方向向右

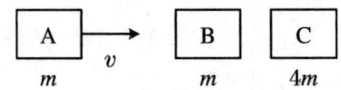

图 24

78. (1994)三辆气垫车处于如图25所示的位置,所有的车具有相同的质量 m。车2和车3开始处于静止状态,车1以速度 v 向右运动,与车2发生碰撞并且粘到一起。忽略一切摩擦,组合车1-2与车3发生完全弹性碰撞,在碰撞后,组合车1-2的最终速度约为(　　)。

A. 0.17v　　　　　B. 0.50v　　　　　C. 0.67v

D. 0.80v　　　　　E. 1.0v

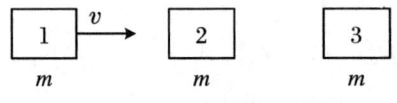

图 25

79. (1996)一个恒力 F 作用在质量为 m 的物体上,时间 t 后物体通过的距离为 d,速度达到 v。如下关于 F 的表达式,正确的是(　　)。

(1) $(mv^2)/(2d)$;

(2) $(2md)/t^2$;

(3) $(mv)/t$。

A. (2)　　　　　B. (3)　　　　　C. (1)(2)

D. (2)(3)　　　　E. (1)(2)(3)

80. (1996)三辆气垫导轨车 A,B,C 起初位置如图26所示。A 的质量为 m,初速度为 v。B 的质量为 m,C 的质量为 4m,均处于静止状态。A 和 B 之间发生完全弹性碰撞,然后 B 与 C 发生完全弹性碰撞。忽略摩擦,在碰撞后,B 静止,A 和 C 最终的速度是(　　)。

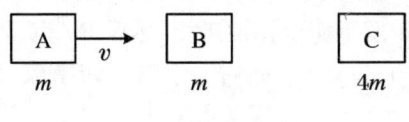

图 26

A. A的速度大小为0.6v,方向向左;C的速度大小为0.4v,方向向右

B. A的速度大小为2.6v,方向向左;C的速度大小为0.4v,方向向右

C. A是静止的;C的速度大小为0.5v,方向向右

D. A 是静止的;C 的速度大小为 $0.25v$,方向向右

E. A 是静止的;C 的速度大小为 v,方向向右

81. (1997)如图 27 所示,质量同为 m 的三辆气垫导轨车,其中车 2 和 3 开始处于静止状态,车 1 向右的速度为 v,车 1 与 2 碰撞后粘在一起,1-2 车联合体再与车 3 发生弹性碰撞,车 3 的最终速度是(　　)。(忽略摩擦)

A. $0.17v$　　　　B. $0.50v$　　　　C. $0.67v$

D. $0.80v$　　　　E. $1.0v$

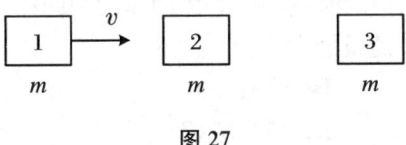

图 27

82. (1997)一个质量为 $2m$ 的小球(可看成质点)连接在长度为 L 的轻杆的末端,轻杆另一端可以绕固定转轴转动。如图 28 所示,起初轻杆处于静止状态,另一个质量为 m 的小球以速度 v 与质量为 $2m$ 的小球发生完全非弹性碰撞,碰撞后两小球的切向速度为(　　)。

A. $v/3$　　　　B. $v/2$　　　　C. $v/\sqrt{3}$

D. $v/\sqrt{2}$　　　　E. $2v/\sqrt{3}$

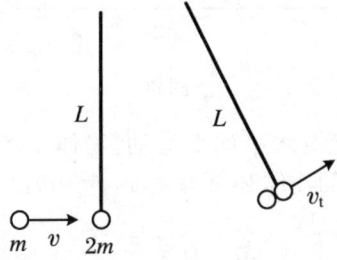

图 28

83. (1998)气垫导轨上滑块 Z 的质量为 1.5 kg,滑块 R 的质量为 2.0 kg,如图 29 所示。有一个弹簧连接在滑块 R 上,起初滑块 R 处于静止状态,滑块 Z 向右运动。当两滑块间隔最小时,有(　　)。

A. 滑块 R 仍然处于静止状态

B. 滑块 Z 速度为零

C. 两个滑块具有相同的动能

D. 两个滑块具有相同的动量

E. 系统的动能达到最小值

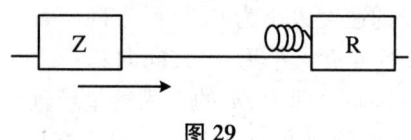

图 29

84. (1998)图 30 为两个物体 R 和 S 发生弹性碰撞的速度-时间图像。如下陈述,正确的是(　　)。
(1) R 和 S 碰撞后的运动方向相同;
(2) 在碰撞过程的中间时刻两个物体的速度相同;
(3) S 的质量比 R 的质量大。

A. 只有(1)　　　　B. 只有(2)　　　　C. 只有(1)(2)
D. 只有(2)(3)　　E. (1)(2)(3)

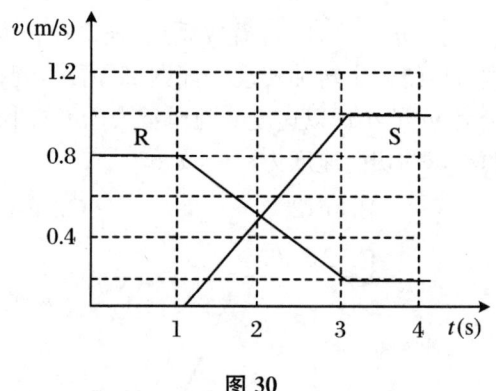

图 30

85. (1998)两个物体在光滑水平面上运动,物体 1 的质量为 m_1,初始速度为 v_0,与处于静止状态的物体 2(质量为 $m_2 = 9m_1$)发生完全非弹性碰撞。碰撞后两个物体的速度是(　　)。

A. v_0　　　　B. $\frac{9}{10}v_0$　　　　C. $\frac{8}{9}v_0$
D. $\frac{1}{9}v_0$　　E. $\frac{1}{10}v_0$

86. (1998)上题中,碰撞后系统中约有多大比例的动能转化成其他形式的能(发热、发声)?(　　)
A. 1%　　　　B. 10%　　　　C. 50%
D. 90%　　　E. 99%

87. (2014)图 31 为两颗质量均为 1 kg 的质点的初始状态。在系统演化的过程中只存在系统内部相互作用力,以下哪幅图可以认为是系统一段时间后的状态?(　　)

一、力学A组

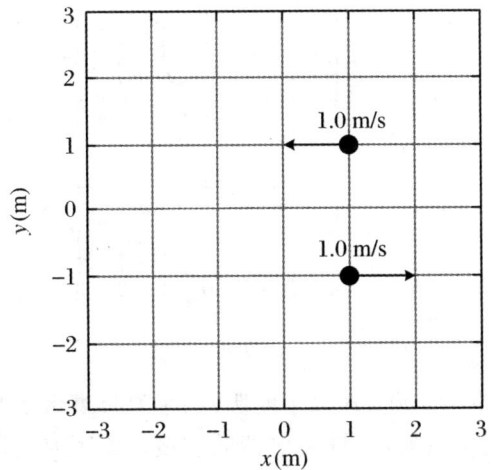

图31

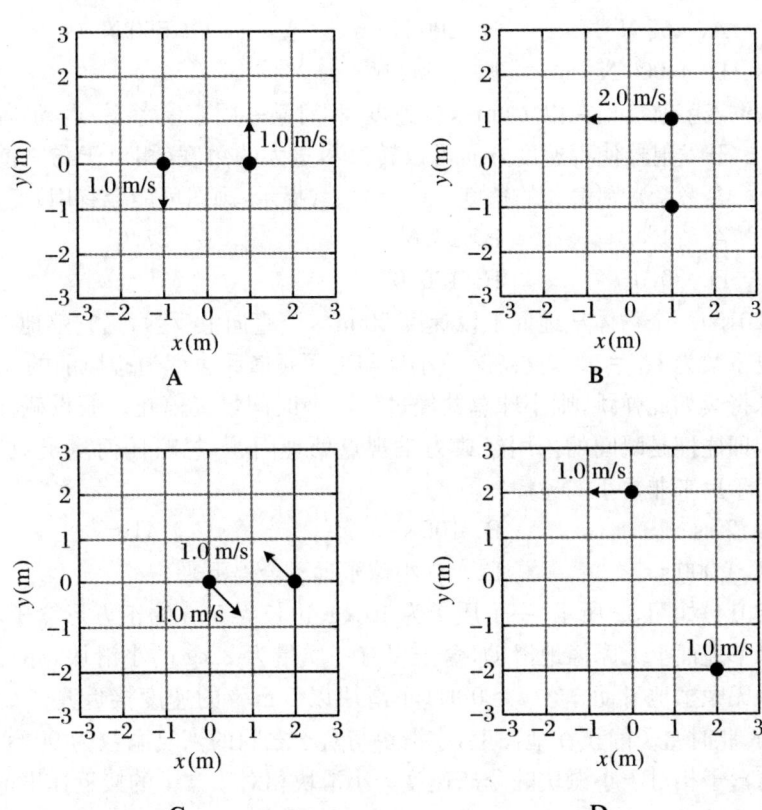

A

B

C

D

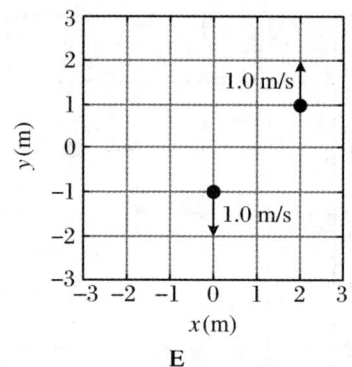

E

88. (2014)一名质量为 100 kg(含宇航服)的宇航员携带了装载一个有质量为 10 kg 保龄球的发射器,不计发射器的质量。该宇航员发现发射器可以使得保龄球以相对自己 50 m/s 的速度远离。

(1) 发射器在发射过程中给宇航员的冲量为( )。

 A. 455 N·s   B. 500 N·s   C. 550 N·s
 D. 5 000 N·s   E. 5 500 N·s

(2) 该宇航员正在以 10 m/s 的速度(相对某一固定参考系)运动,他希望打开发射器使得速度方向可以转过尽量大的角度(相对于与之前同样的参考系),则最大的角度为( )。(提示:画图可能会有用)

 A. 24.4°   B. 26.6°   C. 27.0°
 D. 30.0°   E. 180.0°

89. (2015)一个物体从地面上以速度 50 m/s 竖直向上反弹,当它落地碰撞时恢复系数为 $C_R = 0.9$,这意味着小球与地面碰撞后速度为碰撞前的 90%。小球持续如此弹跳,则小球总共经过( )时间最终停止。假设碰撞时间为 0,即碰撞是瞬间的。用经典力学观点处理问题,忽略任何量子效应(即使对于后来非常小的碰撞)。

 A. 71 s   B. 100 s   C. 141 s
 D. 1 000 s   E. ∞(小球永远不会停下来)

90. (2014)如图 32 所示,一个质量为 10 kg、边长为 5 m 的正方形盒子,可以在水平地面上无摩擦地滑动,盒子里有一质量为 2 kg 的小滑块,亦可以在其中无摩擦地滑动。在 $t = 0$ 时,小滑块以 5 m/s 的速度接近盒子的一个侧面,此时盒子静止在地面上,小滑块与盒子之间的恢复系数为 90%,这意味着盒子相对于小滑块的分离速度为小滑块相对于盒子的接近速度的 90%。一分钟后,小滑块相对于地面上最初位置的位移为 x,下列哪个选项最接近 x?( )

A. 0 m B. 50 m C. 100 m
D. 200 m E. 300 m

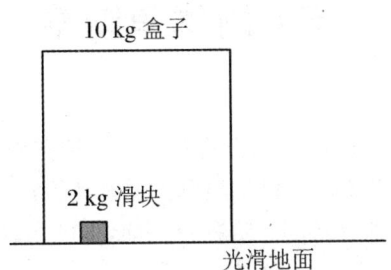

图 32

91. (2014) 一质量为 m_1 的物体以 v_0 的初速度与另一质量为 m_2 的静止物体发生碰撞,其中 $m_2 = \alpha m_1, \alpha < 1$。碰撞可分为完全弹性碰撞、完全非弹性碰撞以及非完全弹性碰撞。碰撞后两物体速度分别为 v_1 和 v_2。假设碰撞在一维上进行,以及一个物体不可能穿过另一个物体。则在碰撞之后,物体 1 碰撞前后速度之比 $r_1 = v_1/v_0$ 的取值范围是( )。

A. $(1-\alpha)/(1+\alpha) \leqslant r_1 \leqslant 1$

B. $(1-\alpha)/(1+\alpha) \leqslant r_1 \leqslant 1/(1+\alpha)$

C. $\alpha/(1+\alpha) \leqslant r_1 \leqslant 1$

D. $0 \leqslant r_1 \leqslant 2\alpha/(1+\alpha)$

E. $1/(1+\alpha) \leqslant r_1 \leqslant 2/(1+\alpha)$

92. (2014) 一个静止的粒子发生爆炸变为多个新粒子,假设爆炸过程中粒子不受任何外力且认为 $N=1$ 表示没有产生新的粒子。下列表述中,关于新粒子个数的字母的正确数值分别是( )。

(1) 如果一个粒子爆炸变成 N_1 个或者更少的已知质量的粒子,且这些新粒子的总动能是已知的,每个新粒子的动能都是完全确定的;

(2) 如果一个粒子爆炸变成 N_2 个或者更少的粒子,新粒子的速度必须位于同一直线上;

(3) 如果一个粒子爆炸变成 N_3 个或者更少的粒子,新粒子的速度必须位于同一平面内。

A. $N_1 = 2, N_2 = 1, N_3 = 1$ B. $N_1 = 1, N_2 = 2, N_3 = 3$

C. $N_1 = 2, N_2 = 2, N_3 = 3$ D. $N_1 = 3, N_2 = 2, N_3 = 3$

E. $N_1 = 2, N_2 = 3, N_3 = 4$

（五）刚体角动量

1. (2010)德拉克·马尔福施展魔咒将哈利·波特粘在距离旋转木马中心 2.0 m 处,并使木马开始绕轴旋转。已知哈利的质量为 50.0 kg,可以承受最多 5 倍的重力加速度,超过则会晕倒。哈利晕倒前,他的角动量大小为(　　)。
   A. 200 kg·m²/s　　　　B. 330 kg·m²/s　　　　C. 660 kg·m²/s
   D. 1 000 kg·m²/s　　　E. 2 200 kg·m²/s

2. (2009)如图 1 所示,在某行星的共面轨道上有三个质量相等的卫星 A,B,C。以地球为参考点的角动量大小为 L_A,L_B,L_C。下列说法正确的是(　　)。
   A. $L_A > L_B > L_C$　　　B. $L_C > L_B > L_A$
   C. $L_B > L_C > L_A$　　　D. $L_B > L_A > L_C$
   E. 在不同时刻,大小关系不同

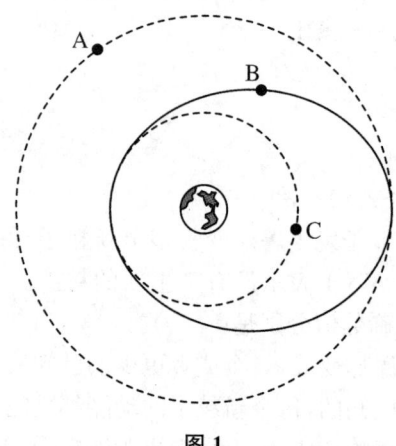

图 1

3. (1994)一个陀螺的旋转方向如图 2 所示,其转轴与竖直方向有 15°的倾角,忽略摩擦,陀螺的角动量大小和方向会如何变化?(　　)

   A. 增加,俯视为逆时针方向进动
   B. 增加,没有进动
   C. 不变,没有进动
   D. 不变,俯视为顺时针方向进动
   E. 不变,俯视为逆时针方向进动

图 2

4. (2014)一辆右转的汽车在做匀速圆周运动,从司机的角度,汽车相对于圆心的角动量 X 以及加速度 Y 的方向各是什么?(　　)

　　A. X 向左,Y 向左　　B. X 向前,Y 向右　　C. X 向下,Y 向前

　　D. X 向左,Y 向右　　E. X 向下,Y 向右

5. (2014)如图3所示,小球从斜面上无滑滚动下来,下面哪个选项最能代表小球受到的合力方向?(　　)

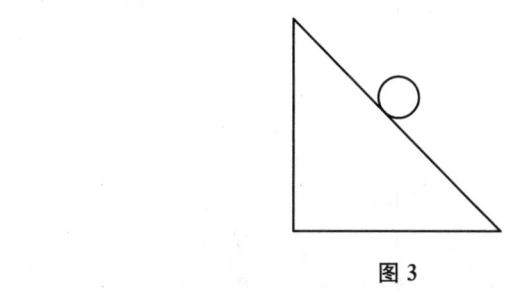

图 3

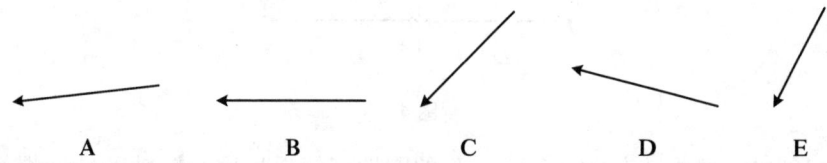

　　A　　　　　　B　　　　　　C　　　　　　D　　　　　　E

6. (2009)小涵(质量为33.1 kg)、小健(质量为63.7 kg)、小琪(质量为24.3 kg)依次相距2.74 m坐在轻质跷跷板上,保持跷跷板平衡。谁在跷跷板上产生的力矩最大?(　　)(忽略跷跷板的质量)

　　A. 小健　　　　　　B. 小涵　　　　　　C. 小琪

　　D. 他们的力矩一样大　　　　　　E. 条件不足,无法回答

7. (2007)如果某球体绕中心轴的转动惯量为 I。则半径增加为两倍、密度不变的另一个球体绕中心轴的转动惯量为(　　)。

　　A. $2I$　　　　　　B. $4I$　　　　　　C. $8I$

　　D. $16I$　　　　　　E. $32I$

8. (2008)一个匀质的圆盘沿着垂直于盘面的中心轴以恒定的角速度旋转,其动能为 E,如果一个相同的圆盘绕着边缘上的轴(仍然垂直于盘面)旋转,那么其动能为(　　)。

　　A. $\frac{1}{2}E$　　　　　　B. $\frac{3}{2}E$　　　　　　C. $2E$

　　D. $3E$　　　　　　E. $4E$

9. (1999)一个质量为 m、半径为 r 的薄圆环在地板上无滑滚动的速度为 v。下列最接近旋转圆环所具有的动能的是(　　)。

A. mv^2　　　　　　B. $\dfrac{1}{2}mv^2$　　　　　　C. $\dfrac{1}{4}mv^2$

D. $\dfrac{1}{2}mv^2 + \dfrac{mv^2}{r}$　　　　E. $\dfrac{1}{2}mv^2 + m\dfrac{r^2}{t^2}$

10. (1998)三个质量均为 M 的质点固定在一根长度为 L 的轻杆上，如图 4 所示。当质点组绕着中心轴转动的时候，其转动惯量为(　　)。

A. $\dfrac{1}{2}ML^2$　　　　B. ML^2　　　　C. $\dfrac{5}{4}ML^2$

D. $\dfrac{3}{2}ML^2$　　　　E. $3ML^2$

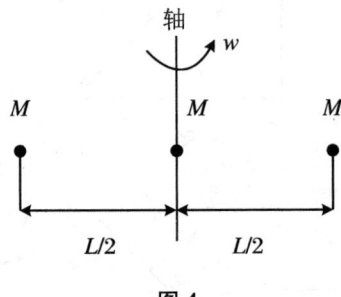

图 4

11. (1994)一根质量为 M、长度为 L 的刚性杆绕通过质心转轴的转动惯量为 $\dfrac{1}{12}ML^2$，一个质量为 m、半径为 R 的实心小球绕通过质心转轴的转动惯量为 $\dfrac{2}{5}mR^2$。如图 5 所示，将小球固定在杆的一端，则这个杆球组合系统绕通过杆子另一端的转轴的转动惯量为(　　)。

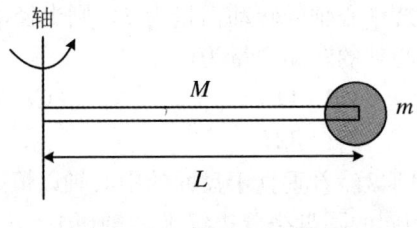

图 5

A. $I = \dfrac{1}{12}ML^2 + \dfrac{2}{5}mR^2$

B. $I = \dfrac{1}{12}ML^2 + \dfrac{2}{5}mR^2 + mL^2$

C. $I = \frac{1}{3}ML^2 + \frac{2}{5}mR^2 + mL^2$

D. $I = \frac{1}{12}ML^2 + mL^2$

E. $I = \frac{1}{3}ML^2 + mL^2$

12. (2010)图 6(a)为一块半径为 R、质量为 M 的匀质圆盘,圆盘关于垂直于圆盘平面的中心轴的转动惯量为 $I = \frac{1}{2}MR^2$。如图 6(b)所示在圆盘上挖一个孔。已知原始圆盘的半径 R 与质量 M,则后来所得的物体绕图 6(c)所示轴的转动惯量为( )。

A. $\frac{15}{32}MR^2$ B. $\frac{13}{32}MR^2$ C. $\frac{3}{8}MR^2$

D. $\frac{9}{32}MR^2$ E. $\frac{15}{16}MR^2$

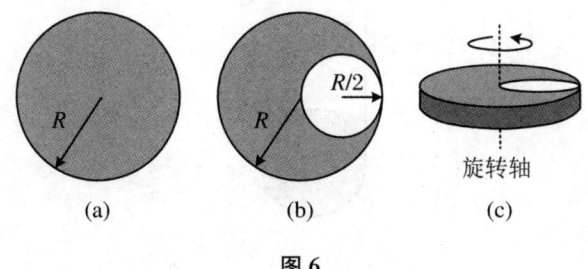

图 6

13. (2014)以下哪种方法可以用来区分两个半径和质量均相同的空心球和实心球?( )

A. 通过分析计算试探物体绕两球做圆周运动的轨道

B. 通过分析计算两球从斜面上同一位置滚下斜面所需时间

C. 通过测量两球对液体施加的潮汐力

D. 通过观察两球漂浮在水中的区别

E. 通过分析计算两球在同一个均匀重力场中受到的重力

14. (2007)如图 7 所示,用一根轻绳将质量为 m 的小球(可看成质点)连接到一个半径为 R 的圆柱体上。在 $t = 0$ 时,小球初速度大小为 v_0,方向垂直于轻绳,轻绳的长度为 L_0。运动发生在一个光滑的水平面上。圆柱体在水平面上保持静止状态不发生转动。在小球如图运动时,轻绳将慢慢地绕上圆柱,当张力超过 T_{max} 时轻绳会断裂。

(1) 在轻绳断裂瞬间,小球相对于圆柱体轴线的角动量是( )。

A. mv_0R B. $\dfrac{m^2v_0^3}{T_{max}}$ C. mv_0L_0

D. $\dfrac{T_{max}R^2}{v_0}$ E. 以上都不对

(2) 轻绳断裂瞬间,小球动能是(　　)。

A. $\dfrac{mv_0^2}{2}$ B. $\dfrac{mv_0^2}{2L_0}$ C. $\dfrac{mv_0^2R^2}{2L_0^2}$

D. $\dfrac{mv_0^2L_0^2}{2R^2}$ E. 以上都不对

(3) 轻绳断裂时的长度是(　　)。

A. $L_0-\pi R$ B. $L_0-2\pi R$ C. $L_0-\sqrt{18}\pi R$

D. $\dfrac{mv_0^2}{T_{max}}$ E. 以上都不对

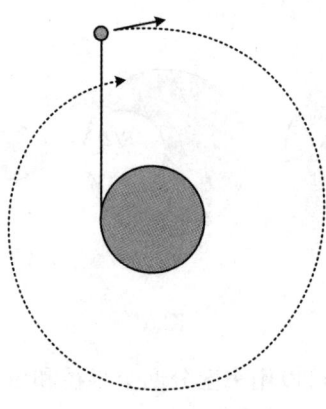

图 7

15. (2004)如图 8 所示,两个质量相同的匀质圆盘 1 和 2 绕着固定的中心轴转动。开始时,两圆盘都是静止的。盘的半径 $r_1 < r_2$,在两个圆盘的边缘施

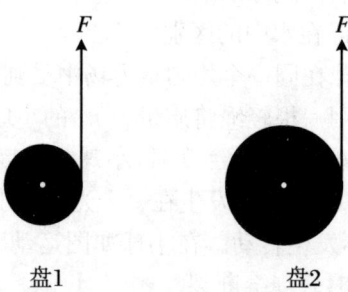

图 8

加一个相同的力 F,不考虑摩擦力。关于两个圆盘的动能 K 和角动量 L,以下说法正确的是(   )。

A. $L_1 = L_2, K_1 < K_2$ B. $L_1 = L_2, K_1 = K_2$

C. $L_1 < L_2, K_1 > K_2$ D. $L_1 < L_2, K_1 < K_2$

E. $L_1 < L_2, K_1 = K_2$

16. (1995)一个重力为 200 N 的实心圆柱有一个固定转轴,用绳子缠绕圆柱的表面。现用大小为 200 N 的力拉绳,则绳的加速度约为(   )。

A. 10 m/s²   B. 20 m/s²   C. 30 m/s²

D. 40 m/s²   E. 50 m/s²

17. (2014)一辆遥控赛车被固定在一根长为 3.00 m 的绳子的一端,小车在水平地面上绕绳子的另一端做圆周运动,小车的初角速度为 1.00 rad/s,稳定的角加速度为 4.00 rad/s²,当小车向心加速度达到 2.43×10^2 m/s² 时,绳子将会断掉,则小车在绳子断掉之前可以行驶多久?(   )

A. 0.25 s   B. 0.50 s   C. 1.00 s

D. 1.50 s   E. 2.00 s

18. (1996)一根质量为 M、长度为 L 的匀质旗杆可以通过一个固定在地面上的铰链无摩擦地转动。已知旗杆绕一端转动的转动惯量为 $\frac{1}{3}ML^2$,如果旗杆从如图9所示的位置(旗杆与水平方向的夹角为 θ)开始下落,则杆末端处 P 点的线加速度为(   )。

A. $\frac{2}{3}g\cos\theta$ B. $\frac{2}{3}g$ C. g

D. $\frac{3}{2}g\cos\theta$ E. $\frac{3}{2}g$

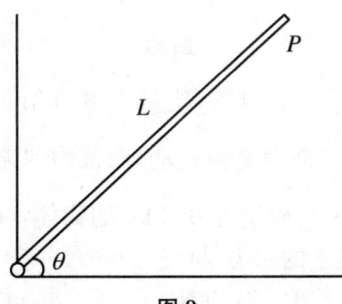

图 9

19. (2007)两个质量均为 1 kg、中心转轴固定的轮子,分别受到如图10所示的作用力。假设中心轴和辐条的质量可以忽略不计,则转动惯量为 $I = mR^2$。为了使两个轮子具有相同的角加速度,那么 F_2 的大小应该为(   )。

A. 0.25 N　　　　　B. 0.5 N　　　　　C. 1 N
D. 2 N　　　　　　E. 4 N

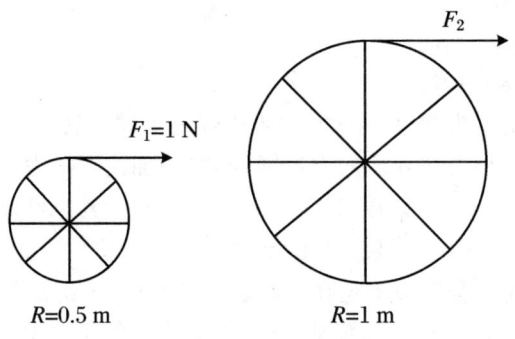

图 10

20. (2007)匀质的光盘、薄环和球具有相同的质量和相同的外径,它们都可以绕着中心固定轴自由地转动,假设环是通过一个轻质的辐条固定到中心转轴的。同时施加相同的力让三个物体都从静止开始转动,受到的力如图 11 所示。在作用时间 t 后,物体动能由小到大的排序为(　　)。

　　A. 光盘,环,球　　　B. 球,光盘,环　　　C. 环,球,光盘
　　D. 光盘,球,环　　　E. 环,光盘,球

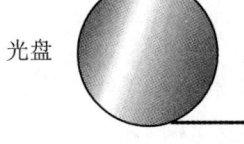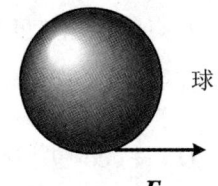

图 11

21. (2007)如图 12 所示,一个匀质(质量为 8.0 kg)滑轮的转动惯量为 $I = \frac{1}{2}MR^2$,它可以绕着一个固定轴转动,摩擦力忽略不计。一根细绳缠绕在滑轮上,另一端挂着一个质量为 6.0 kg 的物体,绳子与滑轮间没有相对滑动,当物体下落时,绳子的张力是(　　)。

　　A. 20.0 N　　　　　B. 24.0 N　　　　　C. 34.3 N
　　D. 60.0 N　　　　　E. 80.0 N

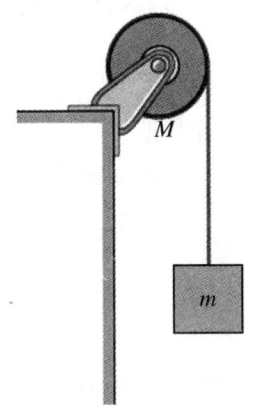

图 12

22. （2011）一个薄壁圆筒（如卫生纸筒）和一个物体静止放置在倾角为 θ 的斜面顶端，圆筒从斜面上无滑滚动下来，而物块从斜面滑下。我们发现圆筒和物块同时到达斜面的底部，物体与斜面间的动摩擦因数是（　　）。

   A. 0　　　　　　B. $\dfrac{1}{3}\tan\theta$　　　　　　C. $\dfrac{1}{2}\tan\theta$

   D. $\dfrac{2}{3}\tan\theta$　　　　E. $\tan\theta$

23. （2012）四个物体静止放在一个斜面的顶端，它们可以无滑滚动到斜面底端，忽略滚动阻力与空气阻力：

   物体 A 是一个直径为 d 的实心黄铜球；

   物体 B 是一个直径为 $2d$ 的实心黄铜球；

   物体 C 是一个直径为 d 的空心黄铜球；

   物体 D 是一个直径为 d 的实心铝球（铝的密度比黄铜小）。

   这些球运动过程中质心的位移相等。测量出每个物体运动需要的时间 T。下列说法正确的是（　　）。

   A. $T_B > T_C > T_A = T_D$　　　　　　B. $T_A = T_B = T_C > T_D$

   C. $T_B > T_A = T_C = T_D$　　　　　　D. $T_C > T_A = T_B = T_D$

   E. $T_A = T_B = T_C = T_D$

24. （1997）质量都为 M 的三个物体，同时从距离地面高 h 的斜面顶部由静止开始滑下，物体有以下几种情况：

   Ⅰ. 边长为 R 的立方体；

   Ⅱ. 半径为 R 的实心圆柱体；

   Ⅲ. 半径为 R 的空心圆柱体。

假设圆柱体做无滑滚动,立方体与斜面之间无摩擦。问:哪个物体先到达地面?(　　)

A. Ⅰ B. Ⅱ C. Ⅲ
D. Ⅰ和Ⅱ E. Ⅱ和Ⅲ

25. (1993)三个质量都是 M 的圆柱体,从高为 H 的斜面上无滑滚动下来,圆柱体有以下特点:

Ⅰ. 半径为 R,空心;

Ⅱ. 半径为 $R/2$,实心;

Ⅲ. 半径为 R,实心。

如果三个圆柱体同时从同一高度释放,最先到达底部的是(　　)。

A. Ⅰ B. Ⅱ C. Ⅲ
D. Ⅰ和Ⅱ E. Ⅱ和Ⅲ

26. (2014)如图 13 所示,有一个均质圆盘,相对于圆心的转动惯量为 I,质量为 M,半径为 R,有一根绳子紧紧地绕在上面。圆盘可以绕其一侧自由地滑动,俯视图如图 13 所示,在绳子末端施加一个恒力,圆盘将沿着光滑的地面被加速。

在圆盘被加速一段距离之后,其平动动能和总动能的比值 $E_{k平动}/E_{k总}$ 为(　　)。

A. $\dfrac{I}{MR^2}$ B. $\dfrac{MR^2}{I}$ C. $\dfrac{I}{3MR^2}$

D. $\dfrac{I}{MR^2+I}$ E. $\dfrac{MR^2}{MR^2+I}$

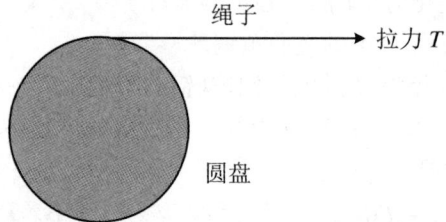

图 13

27. (2014)如图 14 所示,两个滑轮由密度为 ρ 的同种物质制成,滑轮 A 是半径为 R 的均质圆盘,滑轮 B 与 A 相比,中间被镂空了半径为 $R/2$ 的小圆盘,质量分别为 m,M 的两个盒子通过轻绳相连,分别挂在两个滑轮两端无滑运动,其中 $M=\alpha m(\alpha>1)$,则 A 系统和 B 系统的加速度之比为(　　)。(已知滑轮 A 的质量为 $m+M$)

A. $a_A/a_B = 47/48$ B. $a_A/a_B = 31/32$ C. $a_A/a_B = 15/16$
D. $a_A/a_B = 9/16$ E. $a_A/a_B = 3/4$

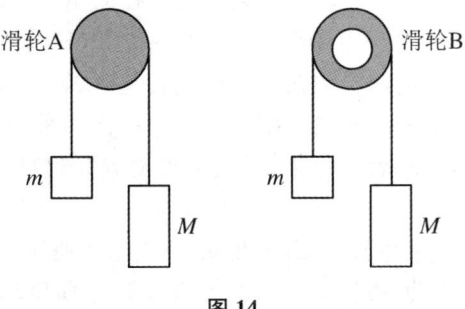

图 14

28. (2010)一个质量为 M、半径为 R 的小球,其转动惯量为 $I = \frac{2}{5}MR^2$。小球从静止释放,沿斜面无能量损失地滚下。如图 15 所示,小球拐弯后竖直抛出,则脱离后能上升的最大高度 y_{max} 为(　　)。(以 h 为单位表示)

A. h B. $\frac{25}{49}h$ C. $\frac{2}{5}h$

D. $\frac{5}{7}h$ E. $\frac{7}{5}h$

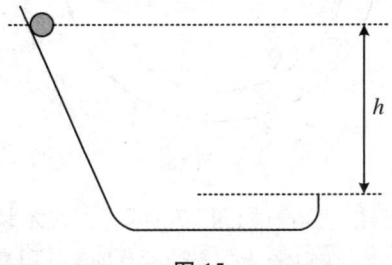

图 15

29. (2014)一个空心球壳中充满了黏滞力不计的液体,球壳和其中液体质量均为 M,球壳半径为 R。其在与水平面倾角为 θ 的斜面上被静止释放,无滑滚动下来,则在释放瞬间球壳的加速度为(　　)。(假设自由落体加速度为 g,质量为 m、半径为 r 的薄球壳相对于中心轴的转动惯量 $I = \frac{2}{3}mr^2$。质量为 m、半径为 r 的实心球相对于中心轴的转动惯量 $I = \frac{2}{5}mr^2$)

A. $a = g\sin\theta$ B. $a = \frac{3}{4}g\sin\theta$ C. $a = \frac{1}{2}g\sin\theta$

D. $a = \dfrac{3}{8} g\sin\theta$ E. $a = \dfrac{3}{5} g\sin\theta$

30. (2011)如图 16 所示,一个转盘放置在内半径为 R、外半径为 $R+\delta$ 的特氟龙(聚四氟乙烯)环上。由于摩擦,要保持转盘匀速转动,必须给它提供一定的功率。转盘制造商希望在不改变旋转速率、转盘质量或特氟龙表面动摩擦因数的情况下减小所供功率。工程师提出两种解决方案:增大轴承的宽度(即增大 δ),或者增大内半径(即增大 R),这些变化的影响是什么?(   )

A. 增大 δ 对所供功率没有影响,增大 R 会增大所供功率

B. 增大 δ 对所供功率没有影响,增大 R 会减小所供功率

C. 增大 δ 会增大所供功率,增大 R 对所供功率没有影响

D. 增大 δ 会减小所供功率,增大 R 对所供功率没有影响

E. 两种变化都对所供功率没有影响

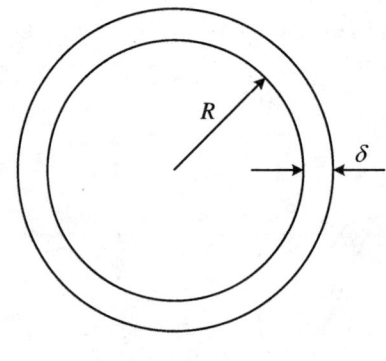

图 16

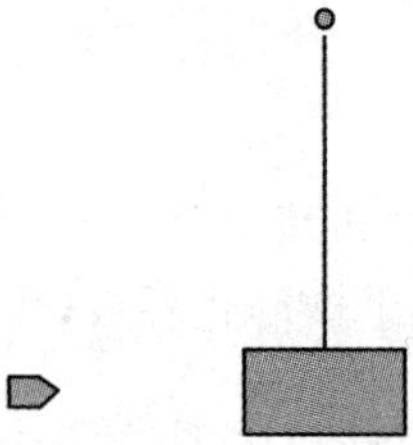

31. (2009)如图 17 所示,一块木块(质量为 M)用轻绳挂在钉子上。当 $t=0$ 时,一颗高速飞行的子弹(质量为 m,初速度为 v_0)击中木块,并嵌在里面。若木块与子弹组成的系统为 S。在撞击之前的 10 s 到撞击之后的 10 s 后的过程中,什么量是守恒的?(   )

A. S 的总动量

B. S 的动量的水平分量

C. S 的机械能

D. S 相对垂直于钉子的轴的角动量

E. 以上都不对

图 17

32. (2015)一根长为 3.0 m 的轻杆绕中点以角速度 4.0 rad/s 水平自由旋转。两个质量为 5.0 kg 的质点穿过轻杆最初位于杆两端;它们可以在光滑轻杆

上自由滑动,由于不可伸长的轻杆的连接,它们不会飞离轻杆。
假设整个系统无摩擦;忽略系统中任何不稳定因素。

(1) 绳上的初始张力为(　　)。

 A. 60 N   B. 106 N   C. 120 N

 D. 240 N   E. 480 N

(2) 在一个质点上放置一台无质量的电动机,它可以将绳子慢慢收紧。现在电动机缓慢拉动两个质点,使其更接近旋转杆的中心。把两个质点从轻杆两端对称拉至距离旋转中心 0.5 m 处,需要做功为(　　)。

 A. 120 J   B. 180 J   C. 240 J

 D. 1 440 J   E. 1 620 J

33. (2003)花样滑冰运动员双臂伸展时所具有的转动惯量为 $4.0\ \text{kg}\cdot\text{m}^2$。她开始旋转时双臂伸展角速度为 $3.0\ \text{rad/s}$,然后她将双手收拢紧抱身体,她的旋转角速度在 $2.5\ \text{s}$ 内增加到 $7.0\ \text{rad/s}$。忽略摩擦阻力以及空气阻力。

(1) 当她将双手收拢紧抱身体时,有多大的力矩作用在她身上,使其自旋加速?(　　)

 A. $2.7\ \text{N}\cdot\text{m}$ B. $4.0\ \text{N}\cdot\text{m}$ C. $5.3\ \text{N}\cdot\text{m}$

 D. $9.3\ \text{N}\cdot\text{m}$ E. 没有力矩作用在她身上

(2) 当她将双手收拢紧抱身体时的转动惯量为(　　)。

 A. $0.73\ \text{kg}\cdot\text{m}^2$ B. $1.7\ \text{kg}\cdot\text{m}^2$ C. $2.8\ \text{kg}\cdot\text{m}^2$

 D. $7.5\ \text{kg}\cdot\text{m}^2$ E. $9.4\ \text{kg}\cdot\text{m}^2$

34. (1995)一个旋转滑冰者最初的转动动能为 $\frac{1}{2}I\omega^2$。她展开手臂后,转动惯量下降到 $\frac{1}{4}I$。此时她的角速度为(　　)。

 A. $\omega/4$ B. $\omega/2$ C. ω

 D. 2ω E. 4ω

35. (2011)溜冰者小君将她的手臂张直,在冰面上绕垂直轴以 ω_0 的角速度旋转,然后她将手臂收回,抱紧身体,其角速度变为 $2\omega_0$,不考虑任何外力矩。她后来的转动动能与初始转动动能的比值为(　　)。

 A. $\sqrt{2}$ B. 2   C. $2\sqrt{2}$

 D. 4   E. 8

36. (1997)一根长度为 $2R$ 的轻杆可以绕着中心轴在竖直平面内转动,如图 18 所示。当两个质量为 m 的物体和轴心相距 R 时,系统转动的角速度为 ω。物体同时受到沿着杆的力,并被同时推到距离中心轴 $R/2$ 处。此时系统的角速度为(　　)。

A. ω/4 B. ω/2 C. ω
D. 2ω E. 4ω

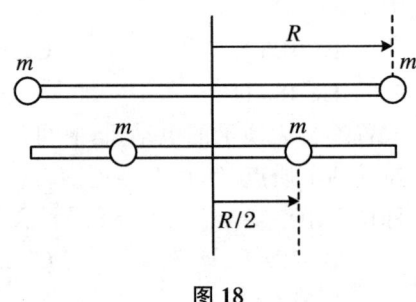

图 18

37. (2008)某种宇宙飞船的储能装置由两个质量相等、用系绳连接的物体组成，物体绕着它们的质心旋转，附加能量储存在系绳中(绳子可以被卷轴卷起来或者放出来)，系统没有外力作用。装置具有的初动能为 E，转动角速度为 ω。装置能量增加直至其角速度变为 2ω，该装置新的动能为(　　)。

A. $\sqrt{2}E$ B. $2E$ C. $2\sqrt{2}E$
D. $4E$ E. $8E$

38. (2001)花样滑冰运动员可以通过收拢自己的胳膊和腿来提高旋转速率。在这个过程中，运动员的角动量和动能如何变化？(　　)

A. 转动动能增加，角动量保持不变
B. 转动动能减小，角动量保持不变
C. 转动动能和角动量都保持不变
D. 转动动能保持不变，角动量增加
E. 转动动能和角动量都增加

39. (1994)一个质量为 M 的小孩，站在一个半径为 R、转动惯量为 I 的旋转圆盘边缘处。最初旋转圆盘和小孩均处于静止状态。若小孩在旋转圆盘边缘处以速度大小 v(相对于地面)做圆周运动，则旋转圆盘相对于地面的角速度大小为(　　)。

A. 0 B. $\omega = \dfrac{MRv}{I}$ C. $\omega = \dfrac{v}{R}$

D. $\omega = \dfrac{MRv}{I - MR^2}$ E. $\omega = \dfrac{MRv}{I + MR^2}$

40. (1996)一个质量为 m 的小孩站在一个转盘的边缘，转盘的转动惯量为 I，半径为 R，最初的角速度为 ω，如图 19 所示。小孩在边缘处以相对于地面为 v 的线速度跳出，此时转盘新的角速度为(　　)。

A. ω
B. $\sqrt{\dfrac{I\omega^2 - mv^2}{I}}$
C. $\sqrt{\dfrac{(I+mR^2)\omega^2 - mv^2}{I}}$
D. $\dfrac{I\omega - mvR}{I}$
E. $\dfrac{(I+mR^2)\omega - mvR}{I}$

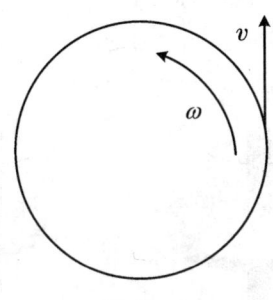

图 19

41. (2007) 如图 20 所示,空间站由两边的生活舱和中央枢纽组成,两边生活舱和中央枢纽之间的走廊长度相等。每个生活舱中居住着 N 个质量相等的宇航员。与里面宇航员的总质量相比,空间站的质量可以忽略不计,中央枢纽和生活舱的尺寸和走廊长度相比可以忽略不计。为了让宇航员感觉就像处于地球重力场(重力加速度 g)中一样,空间站绕中心旋转。其中两边生活舱分别有一个宇航员爬进了中央枢纽,现在剩余的宇航员感受到的"重力加速度"为 g',那么 $\dfrac{g'}{g}$ 为( )。

A. $2N/(N-1)$
B. $N/(N-1)$
C. $\sqrt{(N-1)/N}$
D. $\sqrt{N/(N-1)}$
E. 上述都不对

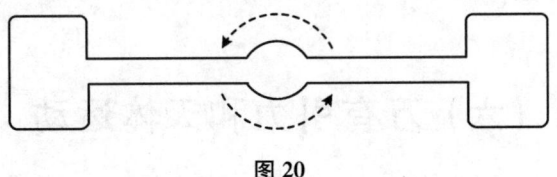

图 20

42. (1993) 如图 21 所示,两个完全相同的圆盘中心都穿过一根竖直轴。下面圆盘旋转的角速度为 ω_0,其转动动能为 k_0。上面圆盘从静止开始坠落,与下面的盘子粘在一起。碰撞后系统的转动动能为( )。

A. $k_0/4$
B. $k_0/2$
C. k_0

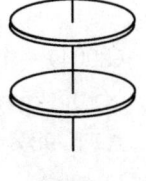

图 21

D. $2k_0$ E. $4k_0$

43. (2009)如图22所示,把两根轻质直棒分别插入两片光盘的中央小孔。在任意时刻,直棒轴都是竖直的,光盘可以无摩擦绕棒轴旋转。两光盘厚度相同,材料相同,但是半径不同,分别为 r_1 与 r_2。给予光盘不同的角速度 ω_1 与 ω_2,把两片光盘的边缘相互靠近。通过两光盘之间的相互摩擦作用,两光盘最终完全停止。下列哪一项成立(忽略竖直棒的影响)? (   )

    A. $\omega_1^2 r_1 = \omega_2^2 r_2$ B. $\omega_1 r_1 = \omega_2 r_2$ C. $\omega_1 r_1^2 = \omega_2 r_2^2$
    D. $\omega_1 r_1^3 = \omega_2 r_2^3$ E. $\omega_1 r_1^4 = \omega_2 r_2^4$

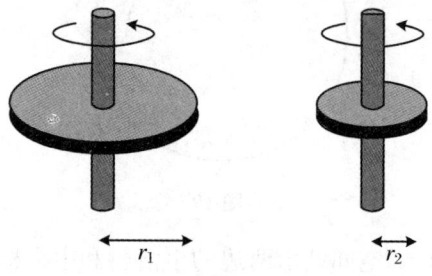

图 22

44. (2001)假设单引擎飞机的发动机的螺旋桨沿着顺时针方向旋转(相对于飞行驾驶员)。当飞行员试图向左急转弯时,运动部件的陀螺效应将使飞机朝哪个方向运动? (   )

    A. 绕着飞机的长轴方向顺时针方向旋转
    B. 绕着飞机的长轴方向逆时针方向旋转
    C. 升起
    D. 俯冲
    E. 以上都不是

(六) 万有引力和天体运动

1. (2004)一个质量为20 kg的巨石静止在地球表面。假设地球的质量为 5.98×10^{24} kg, $g = 10$ m/s²。那么巨石对地球的万有引力为(   )。
    A. 5.98×10^{25} N   B. 5.98×10^{24} N   C. 200 N
    D. 20 N   E. 巨石对地球没有吸引力

一、力学A组

2. (2003)在派克峰顶(海拔 14 100 英尺①),课本所受重力为 40 N。同一本课本被带到两倍高的海拔处,其重力将接近于(   )。
   A. 5 N   B. 10 N   C. 20 N
   D. 40 N   E. 80 N

3. (1999)两个质量忽略不计的购物袋相距 2 m,每个袋子中装有 15 个橘子。若将一个袋子中的 10 个橘子移到另一个袋子中,那么两个袋子之间的引力会(   )。
   A. 增大到原来的 3/2   B. 减小到原来的 2/5   C. 增大到原来的 5/3
   D. 减小到原来的 5/9   E. 不改变

4. (2011)现有一些完全相同的小球和轻杆。如图1(a)所示,若两个小球连在一根轻杆两端,由于两球间的相互吸引,轻杆受到的压力的大小为 F。如图1(b)所示,若将三个小球和轻杆组成等边三角形,则轻杆受到的压力为(   )。

   A. $\dfrac{1}{\sqrt{3}}F$ B. $\dfrac{\sqrt{3}}{2}F$ C. F
   D. $\sqrt{3}F$ E. $2F$

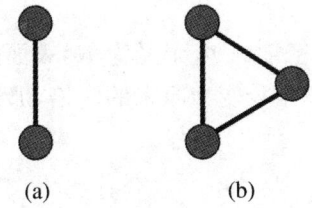

图 1

5. (2002)一枚带有国际空间站货物的火箭从地球表面发射进入天空。下面哪一个图最能准确描述出火箭受到的万有引力和离地表距离变化的关系?(   )

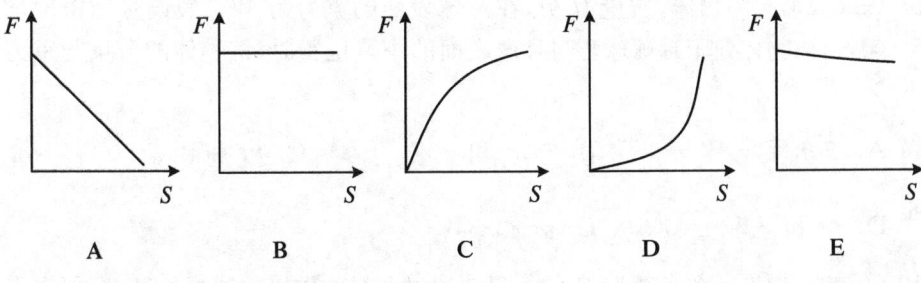

---

① 1 英尺 = 0.304 8 米。

6. (2002)在某个遥远的星球上,橡胶塞的质量和重力之间的关系如图 2 所示,图像的斜率表示的是( )。
   A. 橡胶塞的质量   B. 橡胶塞的密度   C. 橡胶塞的体积
   D. 重力加速度   E. 单位重力上橡胶塞的数量

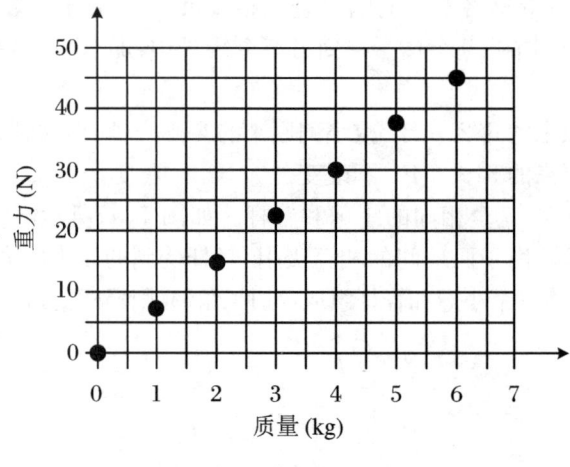

图 2

7. (1993)一个假想的行星密度为 ρ,半径为 R,表面的重力加速度为 g。如果行星的密度保持不变,而半径变为原来的两倍,那么该行星表面的重力加速度为( )。
   A. $4g$ B. $2g$ C. g
   D. $g/2$ E. $g/4$

8. (1994)一个宇航员在地球上的重力为 W。在质量为地球质量的 0.1 倍、半径为地球半径 0.5 倍的星球上,宇航员的重力将变为( )。
   A. $0.02W$ B. $0.04W$ C. $0.2W$
   D. $0.4W$ E. W

9. (2000)若有一物体,质量为 m,在月球表面的重力为 W。假设月球密度均匀,当该物体处于月球球心与月球表面的中点位置时,该物体的质量与重力为( )。
   A. $\frac{1}{2}m$ 和 $\frac{1}{2}W$ B. $\frac{1}{4}m$ 和 $\frac{1}{4}W$ C. m 和 W
   D. m 和 $\frac{1}{2}W$ E. m 和 $\frac{1}{4}W$

10. (2007)如果一个半径为 R 的行星绕通过北极的轴以角速度 ω 转动,那么人分别位于赤道和北极处时所受的合外力的比值为( )。(假设重力加速

一、力学A组

度为 g，人相对于行星静止且都处在水平面上）

A. $g/(R\omega^2)$ B. $R\omega^2/g$ C. $1 - R\omega^2/g$

D. $1 + g/(R\omega^2)$ E. $1 + R\omega^2/g$

11. (1999)在地球表面，一个小球以速度 50 m/s 竖直向上抛出，5 s 后速度变为零。如果该小球以相同的速度在 X 行星表面竖直向上抛出，5 s 后竖直向上的速度约为 31 m/s。X 行星表面处的重力加速度与地球表面处重力加速度的比值为（ ）。

A. 0.16 B. 0.39 C. 0.53

D. 0.63 E. 1.59

12. (1998)某物体放置在一个等臂天平上，需要 12 kg 来平衡。如果用弹簧秤测量，弹簧秤的示数为 120 N，现在我们在月球上进行上述实验，在月球上的重力加速度为地球的六分之一。在月球上天平和弹簧秤的读数分别为多少？（ ）

A. 12 kg，20 N B. 12 kg，120 N C. 12 kg，720 N

D. 2 kg，20 N E. 2 kg，120 N

13. (2007)当两个恒星相距甚远时，它们之间的引力势能为零。当它们相距为 d 时，系统的引力势能为 U。若它们相距为 $2d$ 时，则系统的引力势能为（ ）。

A. $U/4$ B. $U/2$ C. U

D. $2U$ E. $4U$

14. (2010)四个质量为 m 的质点位于边长为 a 的四面体的四个顶点上。系统的引力势能为（ ）。

A. $-2\dfrac{Gm^2}{a}$ B. $-3\dfrac{Gm^2}{a}$ C. $-4\dfrac{Gm^2}{a}$

D. $-6\dfrac{Gm^2}{a}$ E. $-12\dfrac{Gm^2}{a}$

15. (2010)密度为 ρ、半径为 R 的固体球的引力自能为 E。那么密度为 ρ、半径为 $2R$ 的固体球的引力自能为（ ）。

A. $2E$ B. $4E$ C. $8E$

D. $16E$ E. $32E$

16. (2008)一个半径为 R 的均匀圆环固定在适当位置，一个质点放置在圆环的轴线位置上，距离圆盘的距离远大于 R。质点受到圆环的引力，静止释放后向着圆环运动。质点最大速度为 v。现在用一个质量和线密度相同、半径为 $2R$ 的圆环替代，重复上述实验，则质点的最大速度是（ ）。

A. $\dfrac{1}{2}v$ B. $\dfrac{1}{\sqrt{2}}v$ C. v

D. $\sqrt{2}v$ E. $2v$

17. (2008)对于两个密度相同、半径不等的匀质球形行星而言,下列哪项是相同的?(　　)

    A. 行星表面的逃逸速度
    B. 行星表面的重力加速度
    C. 行星表面附近卫星运动的周期
    D. 在给定高度处圆形轨道的卫星周期
    E. 以上都不对

18. (2008)与半径可以忽略不计(和卫星轨道半径相比)的行星的球心距离为 R 处,以速度大小 v_0 并垂直于与行星球心连线的方向发射卫星,卫星恰好做圆周运动。若在原发射点、原发射方向,以速度大小 $\frac{1}{2}v_0$ 发射卫星,则卫星以后运行轨道和行星球心的最小距离值为(　　)。

    A. $\frac{1}{\sqrt{2}}R$ B. $\frac{1}{2}R$ C. $\frac{1}{3}R$

    D. $\frac{1}{4}R$ E. $\frac{1}{7}R$

19. (2011)物体从某静止均质球形行星表面沿与竖直方向成某一角度发射出去。物体不受空气阻力,最终落回到行星表面。宇航员小明(根据抛体运动规律)认为物体的运动轨迹为抛物线。宇航员小丽(根据开普勒定律)认为所有围绕质点的运动轨迹应该是椭圆(或圆),而均匀球的引力和质点引力相同。下列说法能较好地解释这两种观点差异的是(　　)。

    A. 因为实验非常接近行星表面,所以不能把球体看成质点
    B. 因为物体最终撞击到行星表面,它不再沿着轨道运动,所以它的轨迹可以不是椭圆
    C. 小丽没有注意到物体围绕质点的运动轨迹也可能是抛物线或双曲线
    D. 开普勒定律仅适用于大轨道
    E. 轨迹是椭圆,但是因为飞行时距离行星中心的距离比较小,它与抛物线很接近

20. (2001)若卫星的向心力完全由万有引力提供,则行星的质量可求。下面哪个物理量(对于计算行星的质量)不是必须的?(　　)

    A. 卫星的质量   B. 卫星的轨道半径   C. 卫星的运行周期
    D. 万有引力常量   E. 以上都需要

21. (1993)如果太阳被一个与太阳质量相同的黑洞所代替。太阳被替代后,地球的运行轨道会立刻发生怎样的变化?(　　)

A. 地球会螺旋进入黑洞
B. 地球会螺旋背离黑洞而去
C. 地球轨道的半径是不变的,但其运动周期将会增加
D. 地球轨道的半径和周期都不变
E. 地球轨道的半径是不变的,但其运动周期将会减少

22. (2014)土星外层上有一个环。为了判断它是土星的一部分还是土星的卫星群,可以通过测量环中各层的线速度 v 与该层到土星中心的距离 R 之间的关系来判断。以下哪种说法正确的?（　　）
  A. 如果 $v \propto R$,则该层为土星的一部分
  B. 如果 $v^2 \propto R$,则该层为土星卫星群的一部分
  C. 如果 $v \propto 1/R$,则该层为土星的一部分
  D. 如果 $v^2 \propto 1/R$,则该层为土星的一部分
  E. 如果 $v \propto R^2$,则该层为土星卫星群的一部分

23. (1997)同一行星的两个人造卫星 1 和 2 的轨道半径分别为 R 和 $2R$,并且具有相同的轨道平面。卫星 1 的速度为 v,卫星 2 的速度为（　　）。
  A. $v/2$ B. $v/\sqrt{2}$ C. v
  D. $\sqrt{2}v$ E. $2v$

24. (1997)已知月球表面的重力加速度为 1.6 m/s^2,月球的半径为 1.7×10^6 m。月球表面附近卫星的周期最接近的为（　　）。
  A. 1.0×10^3 s   B. 6.5×10^3 s   C. 1.1×10^6 s
  D. 5.0×10^6 s   E. 7.1×10^{12} s

25. (1994)一枚火箭从质量为 M、半径为 R 的星球表面发射。为了完全脱离星球的引力场,火箭需要的最小发射速度为（　　）。
  A. $\sqrt{\dfrac{2GM}{R^2}}$ B. $\sqrt{\dfrac{2GM}{R}}$ C. $\sqrt{\dfrac{GM}{R^2}}$
  D. $\sqrt{\dfrac{GM}{R}}$ E. $\sqrt{GM}$

26. (2012)一个半径为 R 的均匀球状行星,其表面的重力加速度为 g。物体从该行星表面逃逸的速度为（　　）。
  A. $\dfrac{1}{2}\sqrt{gR}$ B. $\sqrt{gR}$ C. $\sqrt{2gR}$
  D. $2\sqrt{gR}$ E. 该速度不能用 g 与 R 表示

27. (2009)如图 3 所示,两颗恒星轨道围绕质心做圆周运动。两恒星质量分别为 $3M$ 与 M,两星间距为 d。

(1) 该双星系统的引力势能为(　　)。

A. $-\dfrac{GM^2}{d}$　　B. $\dfrac{3GM^2}{d}$　　C. $-\dfrac{GM^2}{d^2}$

D. $-\dfrac{3GM^2}{d}$　　E. $-\dfrac{3GM^2}{d^2}$

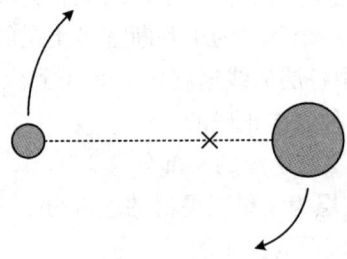

图3

(2) 质量为 $3M$ 的星球的运动周期为(　　)。

A. $\pi\sqrt{\dfrac{d^3}{GM}}$　　B. $\dfrac{3\pi}{4}\sqrt{\dfrac{d^3}{GM}}$　　C. $\pi\sqrt{\dfrac{d^3}{3GM}}$

D. $2\pi\sqrt{\dfrac{d^3}{GM}}$　　E. $\dfrac{\pi}{4}\sqrt{\dfrac{d^3}{GM}}$

28. (2010)如图4所示，宇航员小琪的飞船绕着某一行星沿椭圆轨道运动。飞船与行星间的最小距离为 R；飞船与行星间的最大距离为 $2R$。在距离最远处，飞船的线速度为 v_0。小琪点燃推进器，把飞船推进到一个半径为 $2R$ 的圆轨道做匀速圆周运动。则后来飞船的速度变为(　　)。

A. $\sqrt{3/2}\,v_0$　　B. $\sqrt{5}\,v_0$　　C. $\sqrt{3/5}\,v_0$

D. $\sqrt{2}\,v_0$　　E. $2v_0$

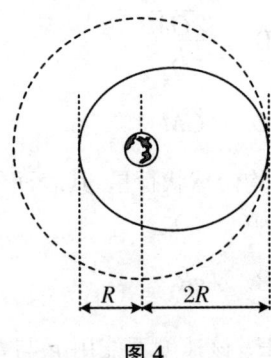

图4

一、力学A组

29. (2012)假设有如图5所示的围绕太阳的两个轨道。轨道 P 是半径为 R 的圆轨道，轨道 Q 是椭圆轨道，其最远点 b 与太阳之间的距离在 $2R$ 与 $3R$ 之间，其最近点 a 与太阳之间的距离在 $\frac{R}{3}$ 与 $\frac{R}{2}$ 之间。假设圆轨道上的速度为 v_c，椭圆轨道上最远点 b 处，彗星的速度为 v_b，椭圆轨道上最近点 a 处，彗星的速度为 v_a。下列哪种排列是正确的？（　　）

A. $v_b > v_c > 2v_a$ 　　B. $2v_c > v_b > v_a$ 　　C. $10v_b > v_a > v_c$

D. $v_c > v_a > 4v_b$ 　　E. $2v_a > \sqrt{2}v_b > v_c$

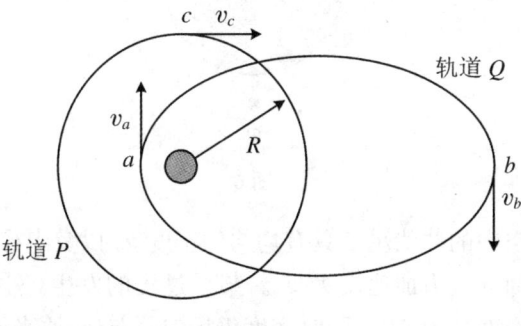

图 5

30. (2014)数量非常庞大的微粒组成了一个球状星云，刚开始时所有微粒均保持静止，微粒具有均匀密度 ρ_0，半径为 r_0。该星云系统由于引力的作用而塌陷，不计微粒间的其他相互作用所带来的影响。星云完全塌陷需要的时间为（　　）。$\left(\text{已知}\sqrt{\frac{3\pi}{32}} \approx 0.5427\right)$

A. $\dfrac{0.5427}{r_0^2\sqrt{G\rho_0}}$ 　　B. $\dfrac{0.5427}{r_0\sqrt{G\rho_0}}$ 　　C. $\dfrac{0.5427}{\sqrt{r_0}\sqrt{G\rho_0}}$

D. $\dfrac{0.5427}{\sqrt{G\rho_0}}$ 　　E. $\dfrac{0.5427}{\sqrt{G\rho_0}}r_0$

31. (2013)如图6所示，两个质量相等的小物体用轻杆相连，绕某个星球做圆周运动，轻杆的长度小于轨道半径但不可忽略，在运动的过程中，轻杆始终与星球表面垂直。

轻杆内部存在力吗？如果存在，是压力还是拉力？在给系统一个微扰之后，该运动系统是处于稳定平衡、不稳定平衡还是随遇平衡？（　　）（假设微扰不改变系统旋转速度——指质心所在旋转参考系的速度，这样一来，轻杆所在的旋转参考系将保持稳定）

A. 轻杆上没有力；系统状态处于随遇平衡

B. 轻杆上存在拉力；系统状态处于稳定平衡

C. 轻杆上存在压力；系统状态处于稳定平衡

D. 轻杆上存在拉力；系统状态处于不稳定平衡

E. 轻杆上存在压力；系统状态处于不稳定平衡

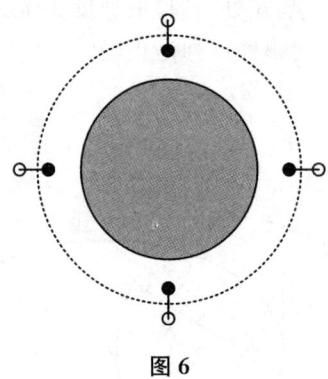

图 6

32. (2014)一颗空中的球状星云具有均匀的密度 ρ_0 以及半径 R_0。具有一定质量的星云表面的重力加速度为 g_0。某个过程的发生(例如热膨胀)导致该星云的直径突然变为 $2R_0$，同时密度仍均匀分布(和原来值不同)，则此时在距球心 R_0 处的重力加速度为（   ）。

   A. $g_0/32$　　　　　B. $g_0/16$　　　　　C. $g_0/8$

   D. $g_0/4$　　　　　E. $g_0/2$

33. (2014)科学家制造了一个新的空间站，空间站外观为圆盘状，半径为 R，质量 M 可认为集中在圆盘边缘。当宇航员到来时，空间站将以某个速度转动起来以在边缘产生径向加速度 g，用以模拟地球表面的重力。这个过程靠两支安装在空间站边缘的微型火箭完成，每支火箭可提供大小为 T 的推力，问火箭需要点火多久才能使空间站达到理想状态？（   ）

   A. $\sqrt{gR^3}M/(2T)$　　　　B. $\sqrt{gR}M/(2T)$　　　　C. $\sqrt{gR}M/T$

   D. $\sqrt{gR/\pi}M/T$　　　　E. $\sqrt{gR}M/(\pi T)$

34. (2014)质量分别为 m 和 M 的两个物体在它们的万有引力作用下绕系统质心做圆周运动，其中 $m \ll M$，两者之间的距离为 R，远大于物体的线度。质量 δm 从物体 m 被转移到物体 M 上，且 $\delta m \ll m$。质量转移之后，物体运动轨道仍为圆形，且两者之间的距离仍为 R，问以下哪种表述是正确的？
（   ）

   A. 两者之间的万有引力增大

   B. 两者之间的万有引力保持不变

C. 系统总角动量增加

D. 系统总角动量保持不变

E. 两者的运动周期保持不变

（七）振动和波

1. (2009) 一个物体与理想弹簧相连。当 $t=0$ 时, 弹簧处于原长, 并给予物体一定初速度; 该一维简谐运动的周期为 T。何时弹簧施加给物体的功率达到最大?（　　）

   A. $t=0$　　　　B. $t=T/8$　　　　C. $t=T/4$

   D. $t=3T/8$　　E. $t=T/2$

2. (1994) 一个质量为 M 的物体和一根劲度系数为 k 的处于原长的弹簧相连接, 放置在一个光滑的斜面上, 如图1所示。当物体释放后, 弹簧的最大形变量为多少?（　　）

   A. $x = \dfrac{2Mg\sin\theta}{k}$　　B. $x = \dfrac{Mg\sin\theta}{k}$

   C. $x = \dfrac{2Mg}{k}$　　D. $x = \dfrac{Mg}{k}$

   E. $x = \sqrt{2gM}$

   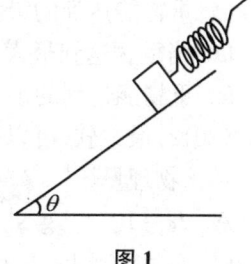

   图1

3. (2009) 两个完全相同的物体 (质量为 m) 连接在劲度系数为 k 的弹簧两端, 整个系统平放在光滑水平面上。该系统发生振动时, 其角频率为（　　）。

   A. $\sqrt{k/m}$　　B. $\sqrt{2k/m}$　　C. $\sqrt{k/2m}$

   D. $2\sqrt{k/m}$　　E. $\sqrt{k/m}/2$

4. (2012) 如图2所示, 一辆小车以加速度 a 在水平方向上做加速运动, 小车内部有一质量为 M 的物体分别与劲度系数为 k_1 与 k_2 的两根轻弹簧相连。物体可以在车内无摩擦运动。则物块的振动频率为（　　）。

   A. $\dfrac{1}{2\pi}\sqrt{\dfrac{k_1+k_2}{M}+a}$　　B. $\dfrac{1}{2\pi}\sqrt{\dfrac{k_1 k_2}{(k_1+k_2)M}}$　　C. $\dfrac{1}{2\pi}\sqrt{\dfrac{k_1 k_2}{(k_1+k_2)M}+a}$

   D. $\dfrac{1}{2\pi}\sqrt{\dfrac{|k_1-k_2|}{M}}$　　E. $\dfrac{1}{2\pi}\sqrt{\dfrac{k_1+k_2}{M}}$

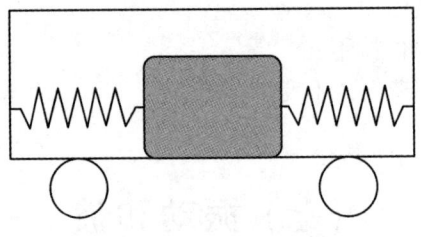

图 2

5. (2012)一根理想弹簧将一个重物悬挂在电梯的天花板上。电梯静止时,重物有一个初速度并在竖直方向上下振动。当重物到达运动最低点时,电梯被释放开始下落。对于电梯内的观察者,电梯下落后,下列哪个物理量不会发生变化(忽略空气阻力)?(   )

   A. 振幅

   B. 振动周期

   C. 重物能达到的最大速度

   D. 当重物达到最大速度时,它的高度

   E. 重物能达到的最大高度

6. (2012)最柔软(可以被听到)的声音强度为 $I_0 = 10^{-12}$ W/m²。用 kg,m,s 表示该物理量(   )。

   A. $I_0 = 10^{-12}$ kg/s³   B. $I_0 = 10^{-12}$ kg/s

   C. $I_0 = 10^{-12}$ kg²·m/s   D. $I_0 = 10^{-12}$ kg²·m/s²

   E. $I_0 = 10^{-12}$ kg/(m·s³)

7. (2014)一个质量为 M 的物体挂在竖直弹簧上做简谐运动,已知弹簧劲度系数为 k,振动周期为 T_0。弹簧长度被减去一半之后,一端挂上相同质量的物体,另一端固定在与水平面成 θ 角的光滑斜面上,则该系统在斜面上的振动周期为(   )。

   A. T_0 B. $T_0/2$ C. $2T_0\sin\theta$

   D. $T_0/\sqrt{2}$ E. $T_0\sin\theta/\sqrt{2}$

8. (2009)提供一个标准 1 kg 质量的物体和一个标准 1 Hz 频率的音叉。并且提供一套完整的实验室仪器,但没有一个仪器的单位是国际单位。也不知道任何基本常量的值,那么你可以测量以下哪些物理量(国际单位)?(   )

   A. 重力加速度   B. 真空中的光速

   C. 室温时水的密度   D. 给定弹簧的劲度系数

   E. 房间内的气压

9. (2004)一根金属条以 200 Hz 的频率振动,那么它的周期为(   )。

A. 200 s B. 141 s C. 0.007 s
D. 0.002 s E. 以上答案都不对

10. (2011)下列哪种变化使单摆的周期增加？（　　）
   A. 减小摆长 B. 增大摆球的质量
   C. 增大振幅 D. 将摆放到加速上升的电梯中
   E. 将摆放在匀速下降的电梯中

11. (1998)有一个钟摆被悬挂在电梯的天花板上,当电梯静止时,钟摆的周期为 1.00 s。电梯以 2.3 m/s^2 的加速度向上做加速运动,则钟摆的大致周期是（　　）。
   A. 0.80 s B. 0.90 s C. 1.00 s
   D. 1.10 s E. 1.20 s

12. (2012)某些非线性振荡器的周期的对数与振幅的对数之间的函数关系如图3所示。根据上述数据,振幅 A 与周期 T 之间的最有可能的关系为（　　）。
   A. $T = 1\,000A^2$ B. $T = 100A^3$ C. $T = 2A + 3$
   D. $T = 3\sqrt{A}$ E. 对于该振荡器,周期与振幅无关

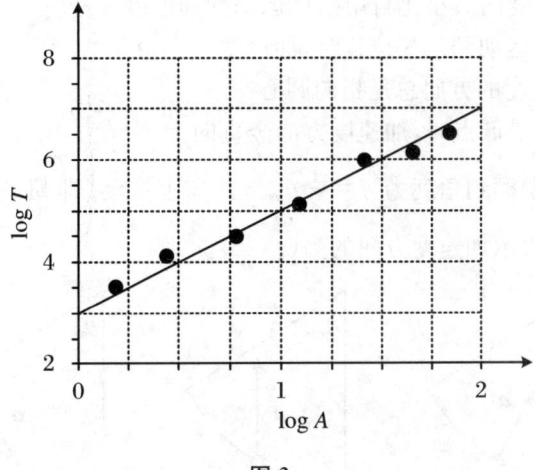

图3

13. (2009)一个质量为 m 的质点用长为 L 的轻绳悬挂在固定点上,构成一个单摆。距离悬点下方 $\frac{2}{3}L$ 处有一钉子,因此单摆的运动如图4所示。把质点偏离竖直位置 5°从静止释放。当它回到初始位置时,需要多少时间？（　　）
   A. $\pi\sqrt{\dfrac{L}{g}}\left(1+\sqrt{\dfrac{2}{3}}\right)$ B. $\pi\sqrt{\dfrac{L}{g}}\left(2+\dfrac{2}{\sqrt{3}}\right)$ C. $\pi\sqrt{\dfrac{L}{g}}\left(1+\dfrac{1}{3}\right)$
   D. $\pi\sqrt{\dfrac{L}{g}}(1+\sqrt{3})$ E. $\pi\sqrt{\dfrac{L}{g}}\left(1+\dfrac{1}{\sqrt{3}}\right)$

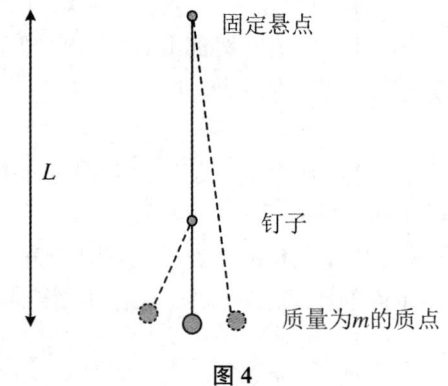

图 4

14. (2015)一个质量为 m 的摆锤连接在一根长度为 L 的绳子一端,构成一个钟摆。钟摆从静止开始摆动,初始角度 $\theta_{max}<90°$。

(1) 下列关于钟摆加速度的陈述,正确的是(　　)。

　　A. 运动过程中,加速度的大小是恒定的

　　B. 加速度的大小比自由落体运动的加速度 g 小

　　C. 钟摆运动到某些位置时,加速度大小为 0

　　D. 加速度的方向总是指向圆心

　　E. 摆到最低点时,加速度方向竖直向上

(2) 考虑钟摆摆到角度为 $\theta = \dfrac{1}{2}\theta_{max}$,并向上摆动(即朝 θ_{max} 运动)时,下图能正确表示加速度方向的为(　　)。

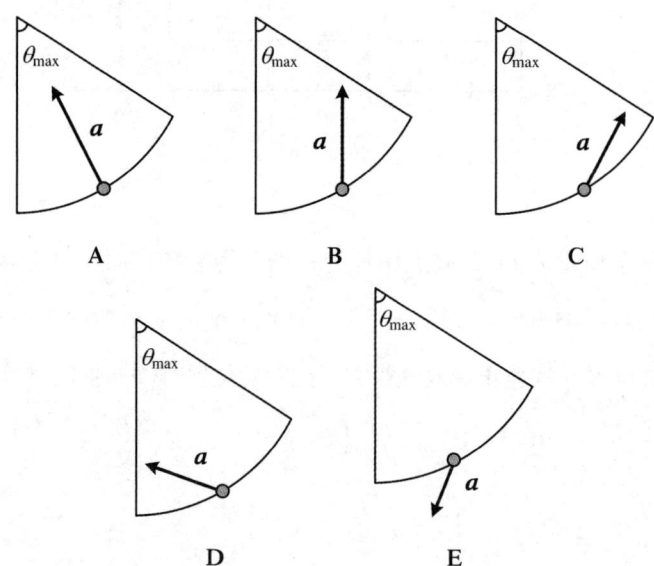

一、力学A组

15. (2014)单摆实验装置是由一个质量为 m 的质点与长为 L 的轻质杆组成的,轻杆一端固定支点,另一端可绕某一点自由转动,整个装置在重力作用下摆动。刚开始时,单摆与竖直方向成某一角度 θ_0,然后静止释放,$\theta_0 < \dfrac{\pi}{2}$,测得单摆周期为 T_0。忽略空气阻力及所有摩擦。

    (1) 单摆与竖直方向的角度 θ_g 为多大时杆上拉力最大?(　　)

    A. 当 $\theta_g = \theta_0$ 时杆上拉力最大

    B. 当 $\theta_g = 0$ 时杆上拉力最大

    C. 当杆上拉力最大时,θ_g 满足 $0 < \theta_g < \theta_0$

    D. 杆上拉力为定值

    E. 以上说法均不正确

    (2) 杆上张力的最大值为多少?(　　)

    A. mg　　　　B. $2mg$　　　　C. $mL\theta_0/T_0^2$

    D. $mg\sin\theta_0$　　　　E. $mg(3-2\cos\theta_0)$

    (3) 将单摆摆长变为 $4L$,重复实验,初始角度仍为 θ_0,新的摆动周期为 T,以下哪个说法是正确的?(　　)

    A. $T = 2T_0$ 且与 θ_0 的取值无关

    B. $T > 2T_0$ 且 $T \approx 2T_0$ 当 $\theta_0 \ll 1°$

    C. $T < 2T_0$ 且 $T \approx 2T_0$ 当 $\theta_0 \ll 1°$

    D. $T > 2T_0$,$T < 2T_0$ 均有可能,视具体 θ_0 大小而定

    E. T 和 T_0 不可比较,因为单摆只有在 $\theta_0 \ll 1°$ 时才是周期运动

16. (2007)有一根质量为 m 的木杆在密度为 ρ 的水中上下浮动,木杆形状为长方体(长为 L、宽为 w、高为 h)。假设木杆在上下浮动时长和宽始终水平,则上下浮动的周期为(　　)。(提示:浮力为 $F_浮 = \rho V g$,其中 V 是排开水的体积,ρ 为水的密度)

    A. $2\pi\sqrt{\dfrac{L}{g}}$　　　　B. $\pi\sqrt{\dfrac{\rho w^2 L^2 g}{mh}}$　　　　C. $2\pi\sqrt{\dfrac{mh^2}{\rho L^2 w^2 g}}$

    D. $2\pi\sqrt{\dfrac{m}{\rho w L g}}$　　　　E. $\pi\sqrt{\dfrac{m}{\rho w L g}}$

17. (2015)把直径均匀的管子弯曲成 U 形,制成一个 U 形管。起初装有密度为 ρ_w 的水,水柱总长度为 L。忽略表面张力和黏性。

    (1) 轻微扰动水,使 U 形管一边的水面上升 x,则另一边水面下降 x。振动频率为(　　)。

    A. $\dfrac{1}{2\pi}\sqrt{2g/L}$　　　　B. $2\pi\sqrt{g/L}$　　　　C. $\dfrac{1}{2\pi}\sqrt{2L/g}$

D. $\dfrac{1}{2\pi}\sqrt{g/\rho_w}$ E. $2\pi\sqrt{\rho_w gL}$

(2) 往另一侧加入密度为水的一半的油,直到油柱的长度等于水柱的长度。则平衡时,两边的高度差为( )。

A. L B. $L/2$ C. $L/3$

D. $3L/4$ E. $L/4$

18. (2015)如图5所示,两辆质量都为 m 且完全相同的小车 A 和 B,用一根劲度系数为 k 的弹簧连接。另两根相同的弹簧,将两小车分别与两个固定点相连。在弹簧作用下,两小车做一维无摩擦振动。

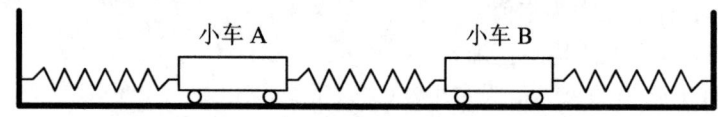

图5

在适当的初始条件下,两车同步振动,有

$$x_A(t) = x_0 \sin\omega_1 t = x_B(t)$$

其中 x_A 与 x_B 是小车 A 与 B 相对各自平衡位置的位移。
在其他适当的初始条件下,两车异步振动,有

$$x_A(t) = x_0 \sin\omega_2 t = -x_B(t)$$

则 ω_2/ω_1 为( )。

A. $\sqrt{3}$ B. 2 C. $2\sqrt{2}$

D. 3 E. 5

19. (2007)一个细均匀杆的质量为 m,长度为 L,重力加速度为 g,杆绕中心轴旋转时的转动惯量为 md^2,则比值 $\dfrac{L}{d}$ 为( )。

A. $3\sqrt{2}$ B. 3 C. 12

D. $2\sqrt{3}$ E. 以上都不对

20. (2007)接第19题,在距中心 kd 处打个小孔让杆悬挂起来,杆做小角度振动的角频率为 $\beta\sqrt{\dfrac{g}{d}}$。

(1) β 用 k 表示为( )。

A. $1+k^2$ B. $\sqrt{1+k^2}$ C. $\sqrt{\dfrac{k}{1+k}}$

D. $\sqrt{\dfrac{k^2}{1+k}}$ E. 以上都不对

一、力学A组

(2) β 的最大值为（　　）。

　　A. 1
　　B. $\sqrt{2}$
　　C. $1/\sqrt{2}$
　　D. β 达不到最大值
　　E. 以上都不对

21. (2001)一个质量为 m 的物体连接在劲度系数为 k 的弹簧上。如果在距离弹簧平衡位置为 d 处释放物体，物体做简谐运动。当物体再次回到平衡位置时的速度是多少？（　　）

　　A. $v = \sqrt{\dfrac{kd}{m}}$
　　B. $v^2 = \dfrac{kd}{m}$
　　C. $v = \dfrac{kd}{mg}$
　　D. $v^2 = \dfrac{mgd}{k}$
　　E. $v = d\sqrt{\dfrac{k}{m}}$

22. (1999)一个质量为 40 kg 的物体连接在劲度系数为 500 N/m 的水平弹簧上。如果物体放置在光滑的水平面上，将物体拉离平衡位置 0.2 m 后释放，物体做简谐运动，则系统具有的总能量为多少？（　　）

　　A. 10 J
　　B. 20 J
　　C. 50 J
　　D. 4 000 J
　　E. 100 000 J

23. (2011)将竖直放置的弹簧振子从平衡位置压缩 2 cm 后放手，质量为 100 g 的振子以 0.75 m/s 的速度通过平衡位置，则弹簧的劲度系数是（　　）。

　　A. 90 N/m
　　B. 100 N/m
　　C. 110 N/m
　　D. 140 N/m
　　E. 160 N/m

24. (2008)一个物体用一根劲度系数为 k 的弹簧固定在墙上。在弹簧处于原长时，给物体一个初速度，物体振动的振幅为 A。如果弹簧的劲度系数变成 $2k$，相同初速度的物体振动的振幅将变为（　　）。

　　A. $\dfrac{1}{2}A$
　　B. $\dfrac{1}{\sqrt{2}}A$
　　C. $\sqrt{2}A$
　　D. $2A$
　　E. $4A$

25. (2000)将钟摆摆锤拉至一侧由静止释放，在它自由摆动到另一侧的过程中，下列哪幅图可以正确表示动能 E_k、势能 E_p 与总能量 E_T 和时间的关系？（　　）。

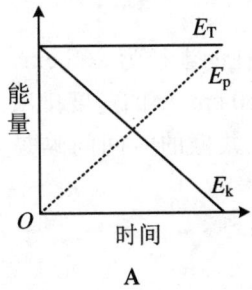
A

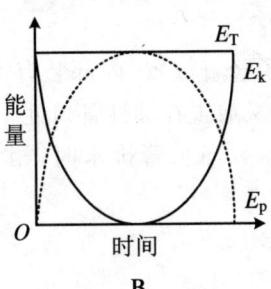
B

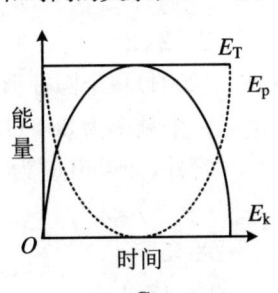
C

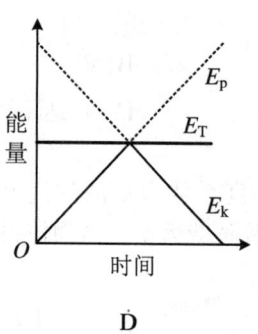

D

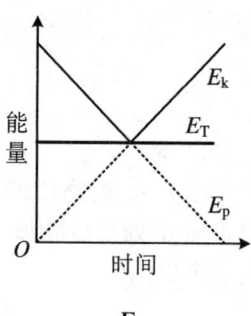

E

26.（1996）已知两个具有相同的质量和长度的弹簧 A 和 B，弹簧 A 的张力为 T，弹簧 B 的张力为 $2T$。弹簧 B 中的波速是弹簧 A 中的几倍？（　　）
A. 0.50　　　　B. 0.71　　　　C. 1.00
D. 1.4　　　　E. 2.0

27.（2002）一根不可伸长的轻绳拴着质量为 M 的物体，长度为 L 的轻绳的基频为 f_M。如果将第二个相同质量的物体连接在第一个物体上后，长度为 L 的轻绳的基频变为 f_{2M}，则两个频率之间的关系可以表示为（　　）。
A. $f_{2M} = 2f_M$　　　　B. $f_{2M} = \sqrt{2}f_M$　　　　C. $f_{2M} = f_M$
D. $f_{2M} = \dfrac{1}{2}f_M$　　　　E. $f_{2M} = \dfrac{1}{\sqrt{2}}f_M$

28.（2015）一根长条圆柱钢弦上有一横波，其速度为
$$v = \sqrt{\dfrac{T}{M/L}}$$
其中 T 为弦上的张力，M 为质量，L 为弦长。假设它在绷紧时不伸长。有两根等长的钢弦，第一根半径为 r_1，第二根比第一根粗，$r_2 = 4r_1$。每根弦都被拉紧至断裂前的最大限度。两根弦振动的基本频率之比 f_1/f_2 为（　　）。
A. 1　　　　B. $\sqrt{2}$　　　　C. 2
D. $2\sqrt{2}$　　　　E. 4

29.（2004）一个圆柱形的管子竖直放置，内部装有水。圆柱的半径为 2.5 cm，一个频率为 384 Hz 的音叉放置在圆柱管口处。水以 50 cm³/s 的速度排出管外，如果声速为 340 m/s，当水管排水时，相邻两个共振的时间间隔是（　　）。
A. 5.5 s　　　　B. 8.7 s　　　　C. 11.1 s
D. 17.4 s　　　　E. 34.8 s

30. (2004)有一个麦克风放置在音叉前,麦克风的电压关于时间的函数图像如图 6 所示。

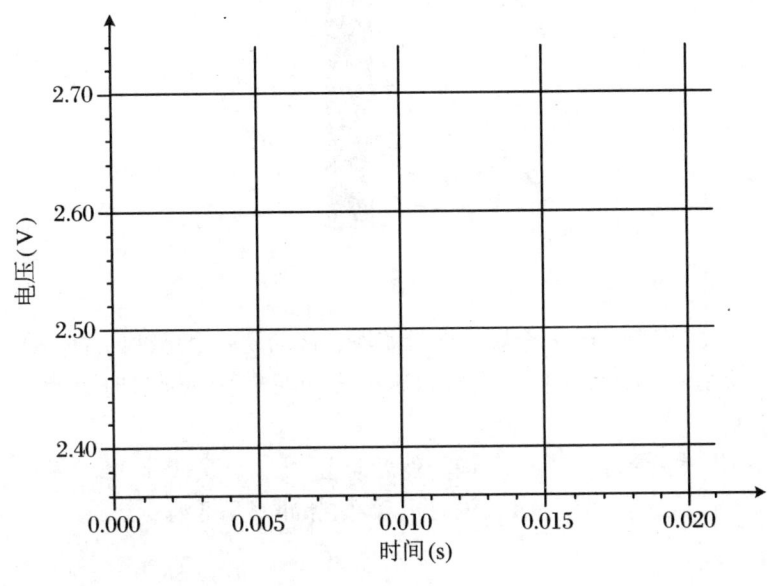

图 6

(1) 音叉的频率近似为( )。
   A. 0.003 9 s   B. 0.020 s   C. 2.55 Hz
   D. 50 Hz   E. 256 Hz

(2) 由图 6,如果要求得声速,那么还需要知道的物理量为( )。
   A. 音调   B. 音量   C. 频率
   D. 波长   E. 音叉的长度

31. (2001)两端固定的均匀弦以不变的频率 f 振动。最初,振动形成一个具有三个波腹的驻波。弦上的张力一直增大直到下一个驻波模式出现。问:弦中张力变化了多少倍?( )(假设在绷紧过程中,弦的尺寸保持不变)
   A. 4/3   B. 3/2   C. 16/9
   D. 2   E. 9/4

32. (2000)如图 7 所示,波源 A 产生了两个水波脉冲,被阻碍物反射回来,图中哪一点可以作为反射波的虚拟波源?( )
   A. *A*   B. *B*   C. *C*
   D. *D*   E. 都不可以

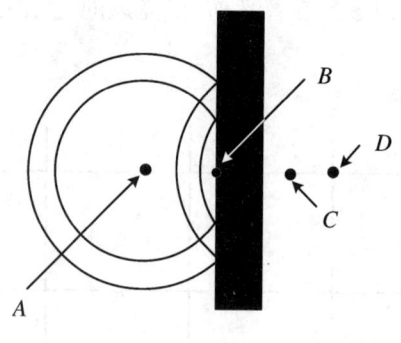

图 7

33. (2000)如图8所示,两个脉冲波沿着绳子运动。一个脉冲向左运动,另一个脉冲向右运动。两个脉冲同时到达 x 点。两个脉冲通过时 x 点的运动情况是(　　)。
    A. 向上然后向下　　　　B. 向下然后向上　　　　C. 上下上
    D. 下上下　　　　　　　E. 没有运动,两脉冲相互抵消

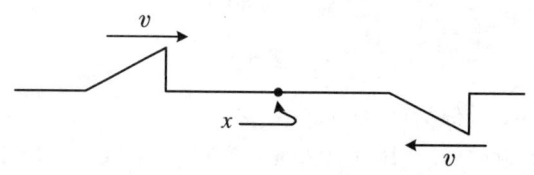

图 8

34. (2000)电台发射天线的最有效长度为广播波长的四分之一。如果一个广播电台的天线长为 4.5 m,那么该电台的频率为(　　)。
    A. $1.5×10^{-8}$ Hz　　B. $6.0×10^{-8}$ Hz　　C. $1.7×10^{7}$ Hz
    D. $6.7×10^{7}$ Hz　　E. $3.0×10^{8}$ Hz

35. (2001)地震产生的 S 波(横波)和 P 波(纵波)在地球中传播的速度不同。S 波传播的速度大约是 4 000 m/s,P 波传播的速度大约是 7 000 m/s,若 P 波比 S 波先到达地面两分钟,那么震源离地面的距离是多少?(　　)
    A. 360 km　　　　B. 480 km　　　　C. 840 km
    D. 1 120 km　　　E. 1 320 km

36. (2000)某一磁带式录音机的平均信噪比为 50 分贝。这意味着再现的信号的音量是磁带噪音音量的多少倍?(　　)
    A. 7.07倍　　　　B. 50倍　　　　C. 625倍
    D. 2 500倍　　　E. 100 000倍

37. (2001)已知距离龙卷风报警器 10 m 处的声音强度为 130 分贝,在距离为多少的地方其强度可以下降到 90 分贝?( )
   A. 14.3 m   B. 31.8 m   C. 210 m
   D. 400 m   E. 1 000 m

38. (1999)一个简谐波的方程为(以 m 为单位):$y = 0.3\sin(3\pi x + 24\pi t)$,该波的频率为( )。
   A. 3 Hz   B. 7.2 Hz   C. 8 Hz
   D. 12 Hz   E. 24 Hz

39. (1997)某列波由方程描述:$y(x,t) = 0.030\sin(5\pi x + 4\pi t)$,其中 x 和 y 的单位为 m,t 的单位为 s。设向右的方向为 $+x$ 方向,则波速为( )。
   A. 0.80 m/s,向左   B. 1.25 m/s,向左   C. 0.12π m/s,向右
   D. 0.80 m/s,向右   E. 1.25 m/s,向右

40. (1999)下面哪一种波的属性并不是所有波都具有的?( )
   A. 偏振   B. 衍射   C. 叠加
   D. 折射   E. 频率

41. (1999)两个波源 G 和 H 产生不同波长的波,如图 9 所示。实线表示波峰,下列说法正确的是( )。
   A. G、H 连线的中垂线为波腹线
   B. 干涉图样是稳定的,但左右不对称
   C. 波节线和波腹线会从左向右移动
   D. 如果 G 和 H 离得较远,波节线和波腹线的数量会减少
   E. 因为波源频率不同,所以不会有有序的干涉图样

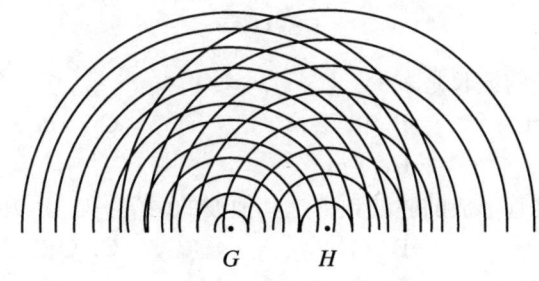

图 9

42. (1995)两个相干波具有相同的波长、频率和振幅。它们沿着相同的方向传播,但是存在 90°的相位差(异相)。叠加后与单个波相比具有( )。
   A. 相同的振幅和波速,但是波长不同
   B. 相同的振幅和波长,但是波速不同

C. 相同的波长和波速,但是振幅不同

D. 相同的振幅和频率,但是波速不同

E. 相同的频率和波速,但是波长不同

43. (1994)两个同相位的波长为 λ 的波源距离为 d,如图 10 所示。当波程差 $\Delta L = L_1 - L_2$ 为下列何值时在 P 点总是可以产生相长干涉?（　　）

　　A. $d\sin\theta$　　　　B. x/L_1　　　　C. $(x/L_2)d$

　　D. $\lambda/2$　　　　E. 2λ

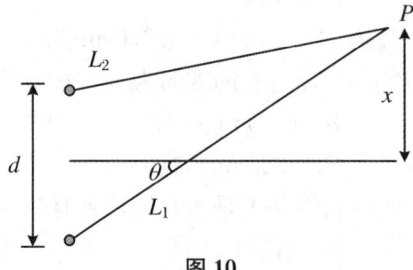

图 10

44. (2001)如图 11 所示,5 种不同的声驻波在长为 1 m 的风琴管里。

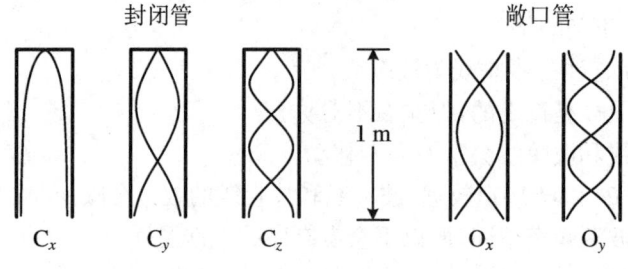

图 11

(1) 声波最长的波长是多少?（　　）

　　A. 0.5 m　　　　B. 0.75 m　　　　C. 1 m

　　D. 2 m　　　　E. 4 m

(2) 哪个风琴管形成的驻波频率是其他波的两倍?（　　）

　　A. C_y　　　　B. C_z　　　　C. O_x

　　D. O_y　　　　E. C_y, C_z, O_x, O_y

45. (2001)一个立体声扬声器可以产生波长为 0.68 m 的声波,同时另一个扬声器可以产生波长为 0.65 m 的声波,可以产生的拍频是多少?（　　）

　　A. 3 Hz　　　　B. 23 Hz　　　　C. 66.5 Hz

　　D. 500 Hz　　　　E. 11 333 Hz

46. (2002)一辆汽车以 30 m/s 的速度冲向砖墙,汽车喇叭发出频率为 250 Hz

的声音。如果空气是静止的,声音在空气中传播的速度为 340 m/s,则汽车司机检测到喇叭发声的拍频是(　　)。

A. 0 Hz　　　　　　B. 22 Hz　　　　　　C. 24 Hz

D. 41 Hz　　　　　　E. 48 Hz

47. (2000)一个天然号角(无阀小号)如同两端开口的管子。一位音乐家打算用这个号角制作一个基准音频率为 256 Hz(中 C)的乐器。

(1) 如果声音的传播速度为 350 m/s,那么该号角的长度为(　　)。

A. 0.34 m　　　　　B. 0.68 m　　　　　C. 0.73 m

D. 1.36 m　　　　　E. 1.46 m

(2) 天才音乐家可以用这个天然号角发出一系列的泛音,当音乐家吹中 C 基准音时,第四泛音的频率为多少?(　　)

A. 512 Hz　　　　　B. 768 Hz　　　　　C. 1 024 Hz

D. 1 280 Hz　　　　E. 1 536 Hz

48. (1995)两端开口的风琴管的振动固有频率为 300 Hz。如果将其一端封闭,它将与下列哪种频率发生共振?(　　)

A. 7 Hz　　　　　　B. 150 Hz　　　　　C. 300 Hz

D. 600 Hz　　　　　E. 1 200 Hz

49. (1993)一个理想的风琴管的共振频率为 50 Hz,150 Hz,250 Hz……则管子为(　　)。

A. 两端都开口,长度为 1.7 m

B. 两端都开口,长度为 3.4 m

C. 两端都开口,长度为 6.8 m

D. 一端封闭,另一端开口,长度为 1.7 m

E. 一端封闭,另一端开口,长度为 3.4 m

50. (1993)一只海豚鸣叫的频率为 f_0,当它在水下以声速的 1.0% 的速度垂直悬崖方向游动,运动的海豚接受到的反射频率为多少?(　　)

A. $0.98f_0$　　　　　B. $0.99f_0$　　　　　C. f_0

D. $1.01f_0$　　　　　E. $1.02f_0$

51. (1994)某个静止的波源发出的波波长为 λ,它在介质中传播的速度为 v。如果此波源以速度 v_s 向右运动,如图 12 所示,那么在波源后面相邻的波峰间的距离 λ' 是(　　)。

A. $\dfrac{\lambda v}{v+v_s}$　　　　B. $\dfrac{\lambda v}{v-v_s}$　　　　C. $\lambda\left(1+\dfrac{v}{v_s}\right)$

D. $\lambda\left(1+\dfrac{v_s}{v}\right)$　　　E. $\lambda\left(1-\dfrac{v_s}{v}\right)$

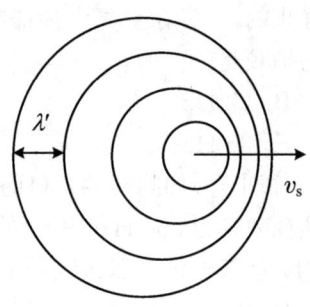

图 12

52. (1996)如图13所示,空气中的声速为 v,一个口哨以速度 u 向一个静止固定的墙面运动。口哨发出的声音频率为 f,随着口哨一起运动的观察者接收到墙壁反射回来的声音的频率是(　　)。

A. $f\left(\dfrac{v-u}{v+u}\right)$ 　　　　B. $f\left(\dfrac{v}{v+u}\right)$ 　　　　C. f

D. $f\left(\dfrac{v}{v-u}\right)$ 　　　　E. $f\left(\dfrac{v+u}{v-u}\right)$

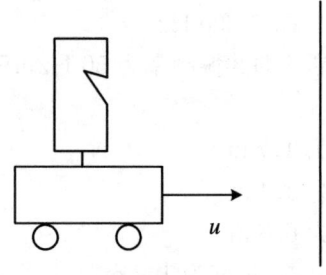

图 13

53. (1999)一个在介质中静止的波源产生波长为 λ、波速为 v 的波。如果该波源以速度 v_s 向左运动,在波源前面接收到的波长为(　　)。

A. $\lambda\left(1-\dfrac{v_s}{v}\right)$ 　　　　B. $\lambda\left(1+\dfrac{v_s}{v}\right)$ 　　　　C. $\lambda\left(1+\dfrac{v}{v_s}\right)$

D. $\dfrac{\lambda-v}{v-v_s}$ 　　　　E. $\dfrac{\lambda v}{v+v_s}$

二、力 学 B 组

1. (2010)一个质量为 m 的物体放置在一个半径为 R、静止的旋转转盘的最北边。(俯视看)旋转木马以恒定的角加速度 α 沿着顺时针转动。物体和转盘之间的静摩擦因数为 μ_s。
   (1) 写出物体在转盘上发生相对滑动时的瞬时速度表达式,用 R,μ_s,α 以及其他基本常数表示。
   (2) 假设 $\mu_s = 0.5, \alpha = 0.2\,\text{rad/s}^2, R = 4\,\text{m}$,从正北方向沿顺时针方向旋转多少角度时,物体开始发生相对滑动?(在 $0°\sim360°$ 范围内)

2. (2009)一个半径为 R 的圆柱形物体可以从倾角为 θ 的斜面滚下。假设通过质心的轴的转动惯量为 $I = \beta mR^2$。设物体和斜面的动摩擦因数和静摩擦因数均为 μ。物体从静止下降的高度为 h。
   (1) 如果倾角较小,那么物体做无滑滚动;如果倾角较大,那么物体滚动时伴随着滑动。求出两种不同运动转变的临界角度 θ_c。
   (2) 求出在两种不同情况下(无滑滚动;滚动和滑动同时发生)的线加速度。

3. (2013)一个质量为 m 的球以速度 v_0 竖直向上抛出。物体受到的空气阻力与速度的关系可以表示为 $F = -kv$。小球经过一段时间后回到抛出点。重力加速度为 g。
   (1) 根据给出的物理量写出速度关于时间的函数关系式。
   (2) 根据给出的物理量,求出上升到的最大高度 h 及所用时间 t_r。

4. (2008)如图 1 所示,有两颗质量均为 m 的珠子,穿在质量为 m_h、始终竖直放置的刚性圆环上,且可沿圆环无摩擦滑动。现从圆环顶部无初速度释放珠子,它们朝相反方向下滑到圆环底部。求圆环始终与地面接触时 $\dfrac{m}{m_h}$ 的最大值。

5. (2014)小涵骑了一辆高为 h 的独轮脚踏车,沿着一个半径为 R 的圆形轨道做匀速圆周运动,在骑行过程中,脚踏车向里倾斜,与竖直方向的夹角为 θ,重力加速度为 g。
   (1) 假设 $h \ll R$,求脚踏车绕圆形轨道做圆周运动的角速度 ω。
   (2) 将独轮车看成一个长度为 h 的均匀细长圆柱体,其中 $h \ll R$ 但是不能被忽略。这个模型可以对前面的结果进行修正,求此时的角速度。(假

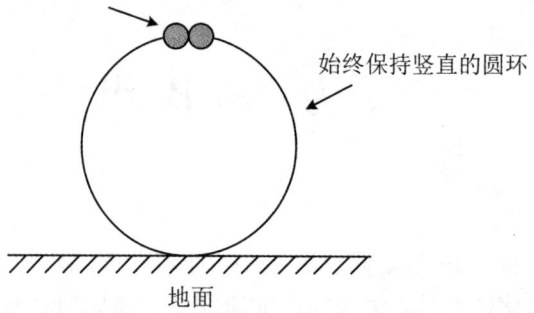

图1

设圆柱始终保持在竖直线和半径构成的平面中。R 是圆心和地面接触点的距离）

6. (2013)一个量筒装了部分水，一只橡皮鸭子浮在水面上。将纯净的油缓慢匀速地加入到量筒中，在水面和油面上做各自的体积标记，并将其记录为时间的函数，如图2所示。已知水的密度为 $1.00\ \text{g/mL}$，忽略空气的密度和表面效应，求油的密度。

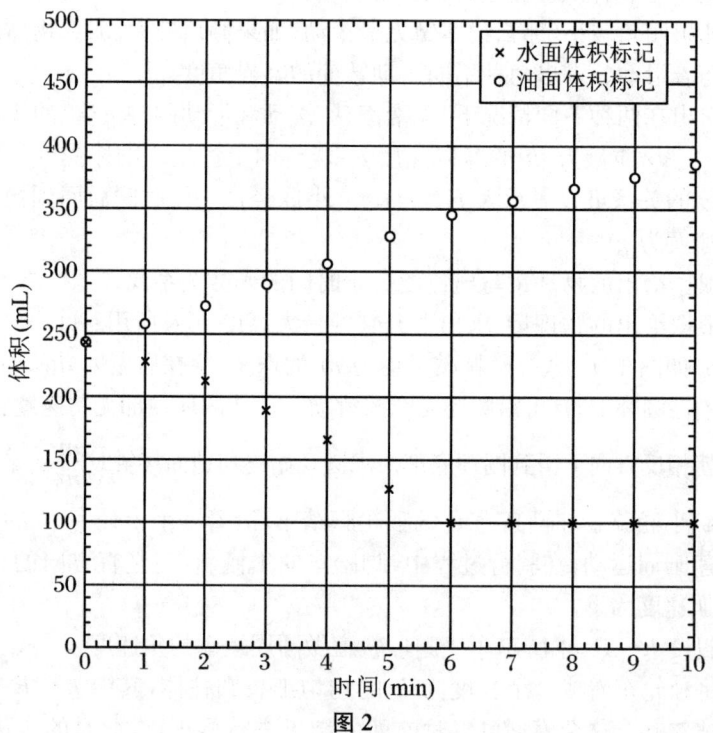

图2

7. （2013）图3是2009年制造的"黑鸟"新能源车，它是一辆无任何存储能源（如汽油发动机、电池）、单靠风力行驶的车。"黑鸟"唯一重要的器件是一个齿轮箱，它在车轮和螺旋桨之间传递动力。"黑鸟"能直接顺风或者逆风行驶，两种情况下车身都与风向保持平行，如图4所示。在水平地面上进行试验，风速稳定均匀、持续时间长，足以让车速达到最后的稳定状态。

图3

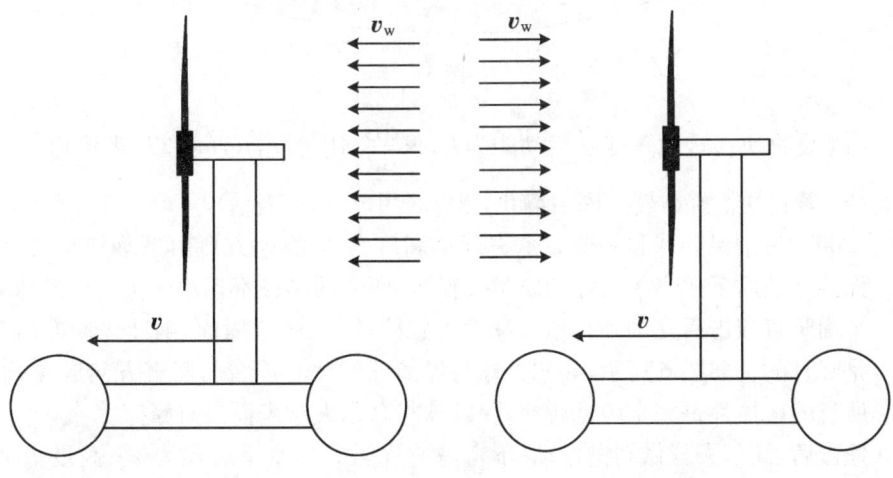

图4

当顺风、逆风行驶时,"黑鸟"的制造者声称它们能行驶得"比风快",即 $|v| > |v_w|$。互联网上的网友感到愤怒,评论留言说这是不可能的,"黑鸟"是个骗局。其中有些网友只是觉得逆风的时候是不可能行驶的。

(1) 首先考虑顺风行驶比风快的情况:

① 这种运动可能发生吗? 若不可能,给出一个定性的解释。

② 如果可能发生,那么能量是从螺旋桨转移到车轮还是从车轮转移到螺旋桨上的呢?

③ 如果可能发生,那么车将获得多大的对地速度? 假设风速为 v_w,且在螺旋桨和车轮之间的能量转移时有 α 倍的能量损失,忽略其他形式的能量损失。

(2) 逆风行驶时,同(1)问。

8. (2008) 如图 5 所示,一个质量为 m 的物块在半径为 r 的圆筒中滑动,物块和筒壁、和底面之间的动摩擦因数均为 μ。圆筒置于水平面上,筒壁则是竖直的,滑动时物块与筒壁及底面始终紧密接触,物块初速度为 v_0。

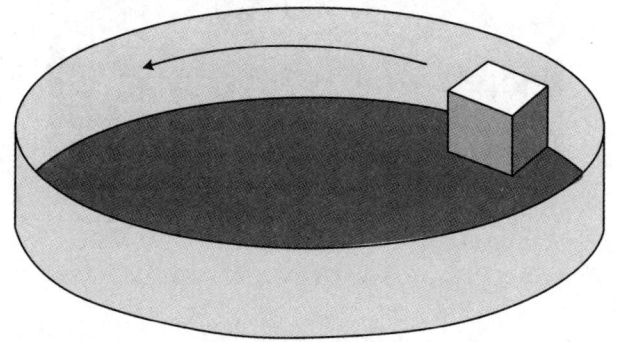

图 5

(1) 设物块在转过角度 θ 后动能为 E,求 $\dfrac{dE}{d\theta}$(用 g, r, μ, m 和 E 表示)。

(2) 若物块恰好滑转一圈后静止,求 v_0(用 g, r, μ 表示)。

9. (2009) 一个保龄球和一个高尔夫球从高度为 h 的地方自由下落到平面上。保龄球的质量比高尔夫球的质量大得多,两者的半径都远小于 h。保龄球与平面竖直撞击后立刻和高尔夫球发生碰撞;第二次碰撞前,两球运动方向都是竖直的。如图 6 所示,高尔夫球与保龄球的球心连线与竖直方向成 α 角。所有的碰撞都是完全弹性碰撞,保龄球与高尔夫球表面没有摩擦。

撞击后,高尔夫球做斜抛运动(不考虑空气阻力),水平射程为 l。高度 h 不变,但角度 α 可以改变。求 l 的最大值以及此时对应的角度 α。

二、力学 B 组

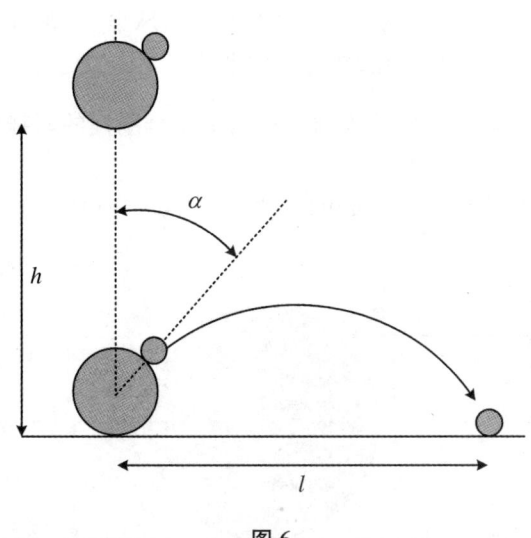

图 6

10. (2014)如图 7 所示,有一个内部带孔通道且质量为 M 的物块静止放置在光滑水平面上,一个质量为 m 的小球沿水平方向进入孔道,通道出口竖直向上。

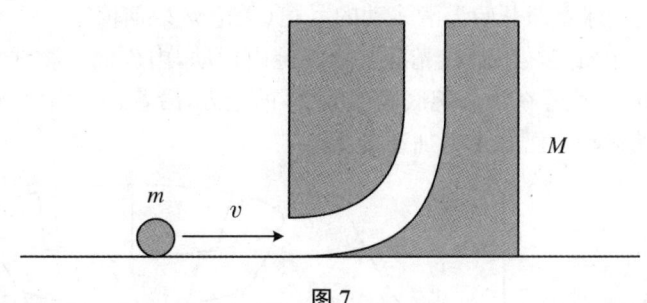

图 7

(1) 考虑第一种情况,小球沿水平方向运动初速度为 v_0。小球进入物块后,从物块的顶孔弹出。假设小球在通过物块的时候没有摩擦,小球离开物块后上升的高度比物块的尺寸大得多。然后小球又落回物块的顶孔并沿孔道从侧孔弹出。求从小球进入物块侧孔起到返回至原始碰撞点所需的时间 t。$\left(\text{假设物块和小球的质量之比为 } \beta = \dfrac{M}{m},\text{重力加速度为 } g\right)$

(2) 现在考虑有摩擦力的情况。已知小球的转动惯量为 $I = \dfrac{2}{5}mr^2$,初始时小球没有转动,当平动的小球进入到物块的小孔时,它与孔道一个表面由于摩擦发生无滑滚动。在这种情况下,求小球上升的高度。

11. (2008)有一个半径为 r 的匀质台球静止在台球桌上,如图 8 所示,现于距球心高度为 $\beta r(-1\leqslant\beta\leqslant 1)$ 的地方以水平冲量 J 击打台球。台球与桌面之间的动摩擦因数为 μ,可以认为球与桌面是完全刚性的,忽略形变。(半径为 r、质量为 m 的实心球对球心的转动惯量 $I_{cm}=\dfrac{2}{5}mr^2$)

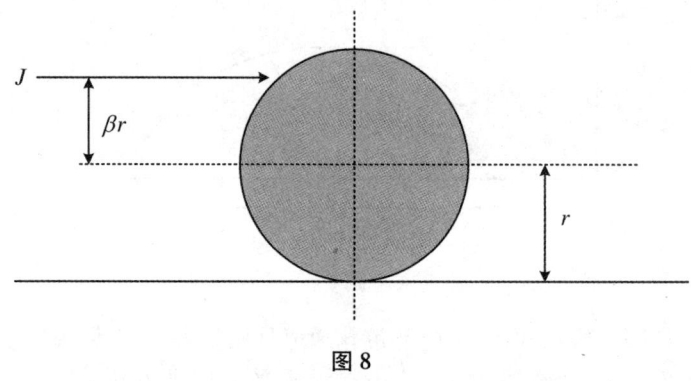

图 8

(1) 试以 J,m 和 β 表示台球的末速度。

(2) 求使台球立即开始无滑滚动的 β 值(无论 μ 取何值)。

12. (2011)一个质点被限制在光滑抛物线碗内运动,内表面抛物线截面的方程为 $z=kr^2$。粒子在距离碗底高度为 z_0 的地方,沿着碗表面以 v_0 的水平初速度开始运动。已知重力加速度为 g。

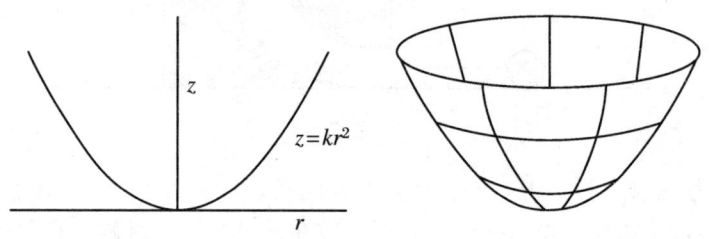

图 9

(1) 对于某个特定的水平初速度 v_0(记为 v_h),质点在水平圆周面内做匀速圆周运动。用 g,z_0,k 表示 v_h。

(2) 假设水平初速度 $v_0 > v_h$,质点能达到的最大高度为多少?(用 g,z_0,k 表示)

(3) 假设质点最初高度距离碗底为 z_0,初速度 $v_0=0$。

① 若 z_0 足够小,质点运动可以看作简谐运动。求运动周期(用质点质量

m, g, z_0, k 来表示)。

② 若 z_0 不是很小,那么实际运动的周期会大于、还是等于或者小于前面计算得到的周期?(不需要计算出新的周期值,但是要写出判断依据)

13. (2015)一个理想的火箭净质量为 m_r,燃料质量为 m_f。火箭发射时,以火箭作为参考,燃料的喷出速度为 v_e。在 T_b 时间内,燃料燃烧的质量是一个定值。不考虑重力,假设火箭远离其他物体。

   (1) 用 t, m_f, m_b, v_e, T_b 来表示火箭的加速度随时间 t 的变化关系。
   (2) 假设火箭从静止开始发射,用 m_f, m_b, v_e, T_b 表示火箭最后的速度。

14. (2015)假设地球和火星分别以速度 v_E 和 v_M 绕太阳做匀速圆周运动,轨道半径分别为 R_E 和 R_M,且 $R_M = R_E/\alpha$。有一与地球同轨道的飞船绕日转动,现要变轨到火星轨道上。在变轨过程中要经过一个椭圆过渡轨道,如图 10 中黑粗线所示。为达到这一目的,飞船需要在恰当的时刻进行加速。从地球轨道过渡到椭圆轨道飞船速度的变化量为 Δv_1,从椭圆轨道过渡到火星轨道飞船速度的变化量为 Δv_2。假设飞船都是顺时针飞行,变速时忽略飞船质量的变化和行星对飞船的引力,但是要考虑太阳的作用。

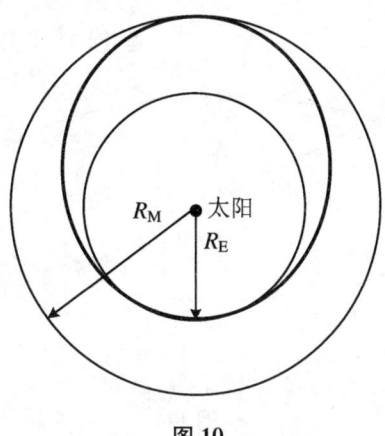

图 10

   (1) 用 v_E, α 表示出飞船从地球轨道变化到椭圆轨道速度的变化量 Δv_1。
   (2) 用 v_E, α 表示出飞船从椭圆轨道变化到火星轨道速度的变化量 Δv_2。
   (3) 当火星与太阳连线和地球与太阳连线间的夹角 θ 为多少时,从地球轨道发射飞船,可以使其及时登陆火星?

15. (2012)两个质量为 m、间距为 l 的物体(如图 11 所示)的初速度为 v_0。两物体之间只受万有引力的作用。

   (1) 什么条件下,两物体最终会发生碰撞?
   (2) 什么条件下,两物体运动轨迹是直径为 l 的圆轨道?

(3) 什么条件下,两物体运动轨迹是封闭的轨道?

(4) 两物体沿着各自的路径运动时,它们之间的最小间距是多少?

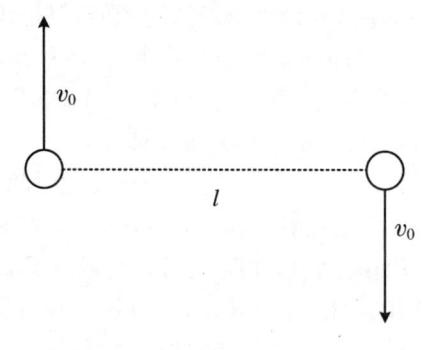

图 11

16. (2009)如图 12 所示,两颗相距为 d、质量都为 M 的恒星围绕着质心做圆周运动。一颗质量为 m 的小行星($m \ll M$)沿着过质心且垂直于该轨道平面的 z 轴运动。

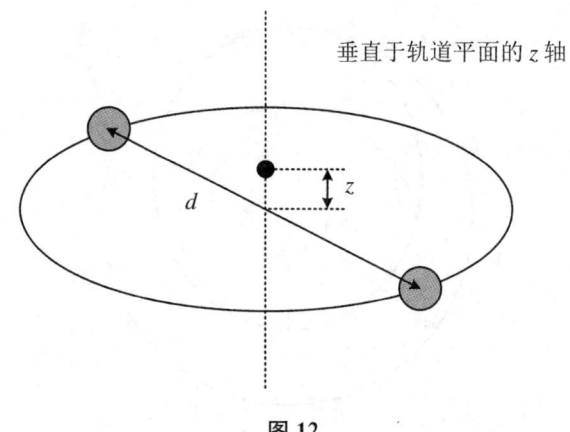

图 12

若 T_p 为小行星沿着 z 轴在质心两侧进行简谐运动的周期,T_s 是两恒星的运动周期。求 T_p/T_s。

17. (2009)图 13 中右下方框内是北落师门 b(也叫"僵尸行星")的影像,它是第一颗通过哈勃望远镜直接成像观测到的太阳系外行星。

这是 2008 年 11 月 14 日的天文图片。在影像中,外面是明亮的卵形带式尘埃环,在环带内部的是星光被散射所造成的"噪声"。大图的比例标在左下角,13″(角秒)对应的长度为 100 AV。右下方框的尺寸由大图中的小方框来决定。(注:角秒又称弧秒,是量度角度的单位,为角分的六十分之一)

二、力学 B 组

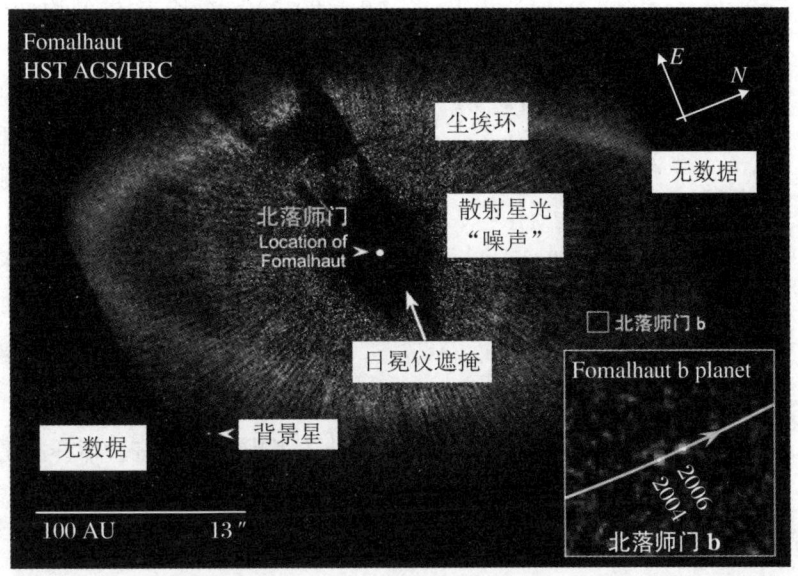

图 13

根据影像估计北落师门恒星和太阳的质量比值。可以认为北落师门 b 运动的轨迹为圆形轨道,忽略图像平面与实际轨道平面不重合的事实。已知地球绕太阳运动的轨道半径是 1 AU。不需要进行误差分析,但要保证答案数量级的正确性。

18. (2015) 如图 14 所示,一个质量为 m_b 的无限长木板放在光滑的水平面上,一个质量为 m_t 的物块放在木板上,两者间的摩擦因数为 μ,所有的表面都是水平的,且都在一维水平直线上运动。一根劲度系数为 k 的弹簧与上面的物块相连,弹簧遵循胡克定律。上面的物块在距离平衡位置 A 处由静止释放。

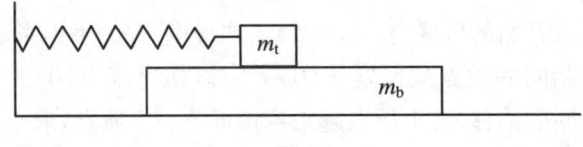

图 14

(1) 求无相对滑动的最大振幅 A_c(用 μ, g, m_t, m_b, 劲度系数 k 表示)。

(2) 在 $A \gg A_c$ 时,上面物块在振动过程中其振幅会随着时间发生改变,计算一次振动后振幅的改变量 ΔA(用 A, μ, g 和振动的角频率 ω_t 表示)。

(3) 如果 $A \gg A_c$,上面物块完成一次振动后,木板的最大速度是多少?

表 1

R(m)	T(s)
0.050	3.842
0.075	3.164
0.102	2.747
0.156	2.301
0.198	2.115
0.211	2.074
0.302	1.905
0.387	1.855
0.451	1.853
0.588	1.900

19. (2011)一根长为 L 的均匀细杆，质量 $M=0.258$ kg，悬挂点到其质心的距离为 R。将细杆一端略微偏离平衡位置后释放，细杆开始做简谐振动。用电子计时器测出振动周期为 T。

表 1 给出了 R 和作为 R 的函数 T 的测量数据。问当地重力加速度 g 为多少？（不要想当然地假设它为 9.8 m/s²）细杆长度 L 为多少？（不考虑估计误差。细杆关于质心的转动惯量为 $\frac{1}{12}ML^2$）

必须写出过程才能获得满分。如果使用图像法，必须绘制出图像；如果利用线性回归分析方法，必须写出所有相关公式和过程，从而得出结果。

20. (2012)一个质量为 m 的质点在类理想弹簧的力作用下发生运动，不过此力为排斥力：

$$F = + m\alpha^2 x$$

在简谐运动中，质点位置与时间的关系为

$$x(t) = A\cos\omega t + B\sin\omega t$$

同样地，在目前的情况中：

$$x(t) = Af_1(t) + Bf_2(t)$$

其中 f_1 与 f_2 分别是某一合适的函数。

(1) 若 $f_i(t) = e^{r_i t}(i=1,2)$，求 r_i 的值。

(2) 假设质点开始的位置为 $x(0)=x_0$，初速度 $v(0)=0$，求 $x(t)$。

(3) 另一个相同的质点从位置 $x(0)=0$，以初速度 $v(0)=v_0$ 开始运动。随着时间的推移，这个质点越来越接近第一个质点，求 v_0。

21. (2010)如图 15 所示，一个质量为 M、长为 L 的薄板可以绕着中心轴转动。开始时，薄板与水平方向的夹角为 θ_0，一个质量为 $m \ll M$ 的物块放在薄板的顶端，系统处在静止状态，不计摩擦。在这个问题中，假设 $\theta \ll 1$，并且认为物块尺寸远远小于薄板的长度。x 为物体与中心轴之间的距离，θ 为平板与水平方向的夹角。在旋转过程中，只考虑物体在薄板上下运动过程中的线性加速度而忽略其向心加速度。

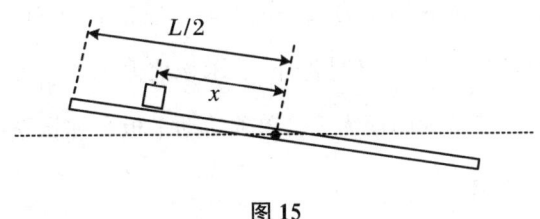

图 15

(1) 对于某个确定值 θ_0，在运动过程中 $x = k\theta$，其中 k 为常数，求 θ_0。用 M, m 和其他需要的基本常量表述。

(2) 根据给出的值 θ_0，该系统的振动周期为多少？用 M, m 和其他需要的基本常量表述。

(3) 求出物块在薄板上下运动过程中向心加速度和切向加速度的比率，用 M, m 和其他需要的基本常量表述。

(4) 求系统势能和动能相等时物块离水平面的高度。

22. (2007) 某个机械振动器可以建模为在斜面上与理想轻弹簧相连的活动平板。弹簧的劲度系数为 k，平板的质量为 m，斜面与水平面夹角为 θ。当该系统正常工作时，平板在图中相距为 L 的 A 与 B 之间振动。当平板振动到 A 处时速度为 0，此时有一小杠杆立刻将质量为 M 的木块装载到平板上。接下来木块与平板一起沿斜面下降到 B 处（由于弹簧的弹力），速度减小为零，此时木块从斜面上的洞中（B 处）落下，而平板在弹簧作用下将重新上升。平板上升到 A 点时又接收到另一个木块，如此循环。平板、木块与斜面的动摩擦因数和静摩擦因数皆为 μ。这里假设该振子在上下两方向上做简谐运动是合理的。

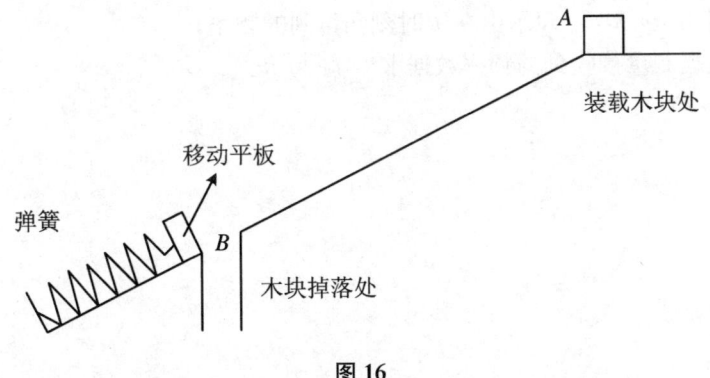

图 16

(1) 设木块在斜面上恰好开始自由下滑的摩擦因数为 μ_c（在没有弹簧作用的情况下），$\mu = \mu_c/2$。用重力加速度 g 及 θ, M 来表示 μ。

(2) 木块和平板质量的比值为某一定值时系统能正常周期工作(即平板能够分别恰好在 A 处与 B 处停止)。求该比值 $R = \dfrac{M}{m}$。

(3) 该系统正常工作的周期为 T_0;单独活动平板和弹簧系统的振动周期为 T'。计算比值 $\dfrac{T_0}{T'}$。

(4) 在运输完最后一个木块后,平板在振动几个周期后停止在斜面上某处,求该处与 B 点的距离。

表 2

t(s)	f(Hz)
2.0	581
4.0	619
6.0	665
8.0	723
10.0	801

23. (2008)一个播放单一频率 f_0 的磁带录音机从高为 h 处静止释放。观测者站在磁带录音机的正下方,在不同时刻测量接收到的频率如表 2 所示,其中将录音机静止释放时刻记为 $t=0$。重力加速度为 9.8 m/s²,声音在空气中传播的速度为 $v_a = 340$ m/s,忽略空气阻力。在静止的空气中,声源和观测者在同一直线运动时多普勒频移公式为

$$f = f_0 \dfrac{v_a \pm v_0}{v_a \pm v_s}$$

其中 f_0 是在声源发出的频率,f 是观测者接收到的频率。v_a, v_s, v_0 分别是空气中的声速、声源的速度和观测者的速度。正向和负向取决于观测者和声源的相对方向。

(1) 用 f_0, g, h, v_a 表示出在 t 时刻测量到的频率。

(2) 根据测量接收到的频率数据求出 f_0 与 h。

三、电磁学 A 组

1. (2004)电荷基本电量最有力的事实证据是以下哪位物理学家做的实验?（   ）
   A. 克鲁克斯　　　　B. 洛伦兹　　　　C. 卢瑟福
   D. 法拉第　　　　　E. 密立根

2. (2002)如图 1 所示,两个金属空心小球悬挂在绝缘细线上相互吸引。已知带正电的棒会吸引小球 A。

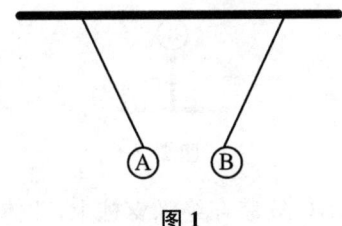

图 1

   Ⅰ. 球 A 带正电；
   Ⅱ. 球 B 带负电；
   Ⅲ. 球 A 和球 B 均带正电。
   关于小球的带电情况,以上哪种说法是正确的?（   ）
   A. 只有Ⅰ　　　　　B. 只有Ⅱ　　　　　C. 只有Ⅲ
   D. 都是正确的　　　E. 都是不正确的

3. (2002)当一个带正电荷的玻璃棒靠近一个不带电的悬挂在天花板上的空心带电小球时,小球将被吸引到玻璃棒上,这是因为（   ）。
   A. 玻璃棒比小球大
   B. 棒从小球上得到了电荷
   C. 电荷产生磁场吸引小球
   D. 玻璃上的电量使小球的电量重新分布
   E. 玻璃棒上的一部分质子给了小球

4. (2003)两个相同的小球携带等量同种电荷。若小球间的距离为 d,它们之间的斥力为 F。第三个相同的小球起初不带电,当它分别接触两个小球之后移走。现在,两小球之间的力为（   ）。

A. $\dfrac{3}{4}F$ B. $\dfrac{5}{8}F$ C. $\dfrac{1}{2}F$

D. $\dfrac{3}{8}F$ E. $\dfrac{1}{4}F$

5. (1995)如图 2 所示,有三个完全相同的导体球。球 1 和球 2 之间的距离远大于它们的半径,它们带相同电荷,相互排斥的静电力的大小为 F。球 3 起初不带电放置在绝缘装置上,球 3 先与球 1 接触,再与球 2 接触,如果球 1 和球 2 之间的距离没有发生变化,那么两个球之间的力为( )。

A. 0 B. $\dfrac{1}{16}F$ C. $\dfrac{1}{4}F$

D. $\dfrac{3}{8}F$ E. $\dfrac{1}{2}F$

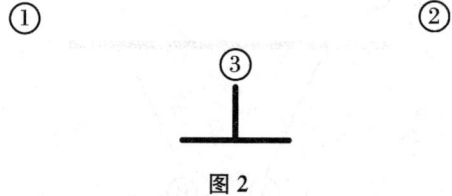

图 2

6. (1999)三个金属球 A,B,C 安装在绝缘支柱上,球体相互接触,如图 3 所示。一个带大量正电荷的物体靠近球 A,另一个带大量负电荷的物体靠近球 C。在两个带电体位置不变的时候,将球 B 通过其绝缘支架移走,再将两带电体移走,球 B 首先碰触球 A 再碰触球 C,则最后球 B 的带电量为( )。

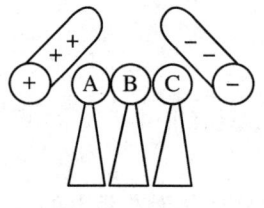

图 3

A. 与 A 电性相同,电量为 A 的一半
B. 与 A 的电性相反,电量为 A 的一半
C. 电性与 A 相反,电量为 A 的四分之一
D. 电性与 C 相同,电量为 C 的一半
E. 不带电

7. (2004)一根带正电的带电棒靠近但不接触一个不带电的金属箔验电器。实验者用手指接触了一下验电器的金属球。拿开手指后,移走该带正电的物体。然后再让一个带负电的物体靠近却不接触验电器的金属球,此时验电器的金属将会( )。

A. 仍然不带电 B. 张角变大 C. 张角变小
D. 带正电,张角不变 E. 带负电,张角不变

8. (1993)两个相同的导体小球相距一定距离,该距离远大于其半径。它们最初所带的电量分别为 -2×10^{-6} C,$+4\times 10^{-6}$ C,它们之间的作用力为 1.000 N,

不改变两个电荷所在的位置,用一根导线将它们连接起来。当导线移走后,它们之间的力变为多少?(   )

A. 0   B. 0.125 N   C. 0.250 N

D. 1.000 N   E. 1.125 N

9. (1994)如图 4 所示,两个电荷所产生的总电场强度为零的点(   )。

A. 在负电荷右侧 3.00 m 处

B. 在正电荷右侧 0.40 m 处

C. 在正电荷右侧 0.31 m 处

D. 在正电荷左侧 0.80 m 处

E. 在正电荷左侧 2.00 m 处

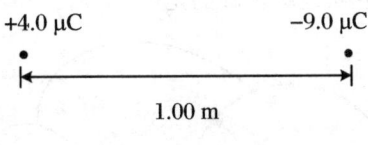

图 4

10. (2001)带电量为 $+q$ 的点电荷和带电量为 $-q$ 的点电荷相距为 d。在两个电荷中间的电场强度是(   )。

A. $E = 0$ B. $E = \dfrac{kq}{d^2}$ C. $E = \dfrac{2kq}{d^2}$

D. $E = \dfrac{4kq}{d}$ E. $E = \dfrac{8kq}{d^2}$

11. (1996)如图 5 所示,有两个固定的点电荷,电量分别为 $q_1 = +1.00\ \mu C$,$q_2 = -4.00\ \mu C$,相距 0.200 m。场强为零的地方在(   )。

A. q_1 右侧 0.4 m 处   B. q_1 右侧 0.13 m 处

C. q_1 右侧 0.1 m 处   D. q_1 左侧 0.067 m 处

E. q_1 左侧 0.2 m 处

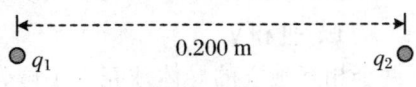

图 5

12. (1993)电量为 $Q = 2.0 \times 10^{-7}$ C 的正、负电荷放置在边长为 0.10 m 的正方形的三个角上,如图 6 所示。在正方形中心处总的电场强度为(   )。

A. 5.1×10^3 V/m   B. 2.5×10^4 V/m   C. 7.5×10^4 V/m

D. 3.6×10^5 V/m   E. 1.08×10^6 V/m

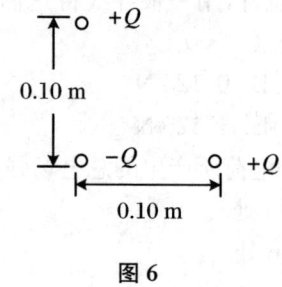

图6

13. (1995)两个导体球 A 和 B 的半径分别为 a 和 b,如图 7 所示。两个球均带正电并且与外界绝缘。它们通过一根导线连接,现在将导线移除。假设无穷远处电势为零。下列说法正确的是(　　)。

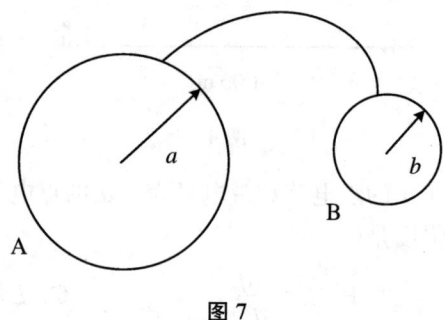

图7

Ⅰ. A 球的电势高;

Ⅱ. B 球的电势高;

Ⅲ. 两个球具有相同的电势;

Ⅳ. A 球的带电量多;

Ⅴ. B 球的带电量多;

Ⅵ. 两个球带电量一样多。

A. Ⅰ和Ⅳ　　　　B. Ⅰ和Ⅵ　　　　C. Ⅱ和Ⅵ

D. Ⅲ和Ⅳ　　　　E. Ⅲ和Ⅴ

14. (1995)图 8 给出了两个相互独立的导体球壳。小球壳的半径为 b,带电量为 $+q$。大球壳的半径为 B,带电量为 $+Q$。假设在无穷远处电势为零。设 R 为与球心的距离,那么最高的电势 V(　　)。

A. 只在 $R=0$ 处,且此处电势无穷大

B. 在任意 $R \leqslant b$ 处,且电势恒定

C. 在 $b<R<B$ 区域内

D. 在球壳外表面处,球体内的任意位置电势为零

E. 在距离球壳很远的位置,电势随着距离的增加而升高

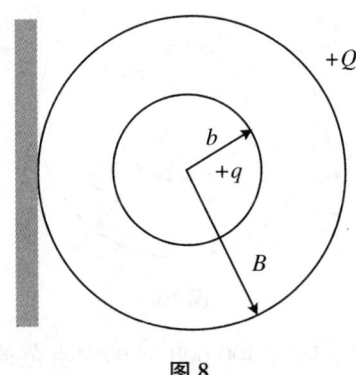

图 8

15. (1996)如图 9 所示,一块无限大的厚度为 0.020 0 m 的导体板放置在电场强度 $E=400$ V/m 的方向向右的匀强电场中,设距离右极板 0.020 0 m 位置处的电势为 $V_0=0$ V。那么,距离导体板左侧 0.030 0 m 位置处的电势 V_3 为(　　)。

   A. -28 V　　　　　　B. -20 V　　　　　　C. $+12$ V
   D. $+20$ V　　　　　　E. $+28$ V

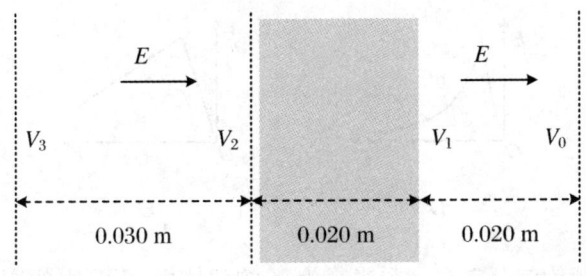

图 9

16. (1996)图 10 为两个相互独立的带电圆环。小的圆环的半径为 b,其所带电量为 $+Q$。大的圆环的半径为 $2b$,其所带电量为 $+Q$。如果用 R 表示与圆心的距离,那么最强的电场强度 E 的位置(　　)。

   A. 在 $R=0$ 处(此处电场强度 E 为无穷大)
   B. 在 $R<b$ 的任意位置处(此处电场强度 E 为无穷大)
   C. 在小球壳 $R=b$ 处
   D. 在大球壳 $R=2b$ 处
   E. 远离球壳处(电场强度随距离的增大而增大)

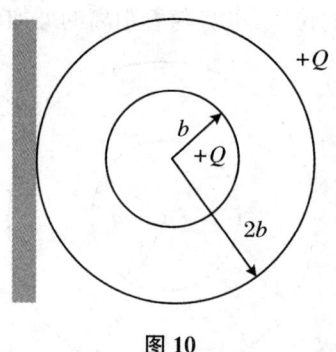

图 10

17. （1999）有一个充电到电势为 400 000 V 的中空范德格拉夫球，下面哪幅图最能代表其电场强度和与球心的距离的关系？（　　）

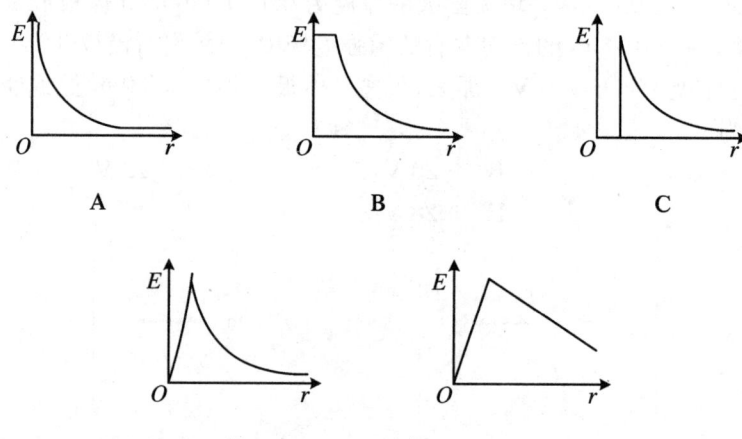

18. （1998）电荷均匀分布在一个半径为 a 的球体中，下列哪幅图可以正确地描述出球内外电场强度 E 和与球心的距离 r 之间的函数关系？（　　）

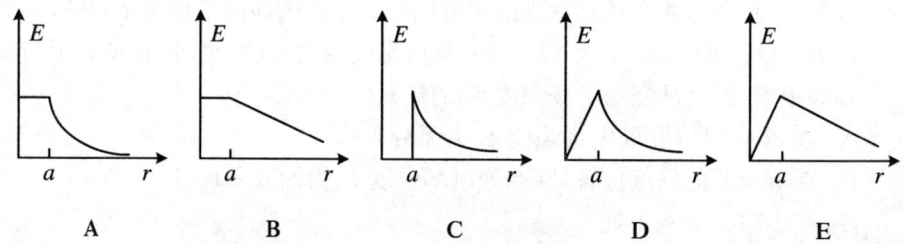

19. （1994）一个带电量为 Q 的点电荷放置在导体球壳球心处，如图 11 所示，球壳总的带电量为 $-q$，则与球心距离 R_1 的位置 P_1 点处的电场强度和与球心距离 R_2 的位置 P_2 点处的电场强度分别为多少？（　　）

A. $0,0$ B. $k\dfrac{Q}{R_1^2},0$ C. $k\dfrac{Q-q}{R_1^2},0$

D. $0,k\dfrac{Q-q}{R_2^2}$ E. $k\dfrac{Q}{R_1^2},k\dfrac{Q-q}{R_2^2}$

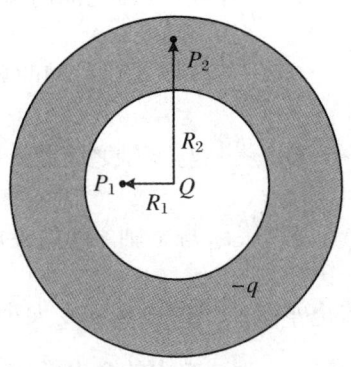

图 11

20. (1997)如图 12 所示,正电荷 Q 均匀分布在半径为 a 的圆环上,圆环放置在 yz 平面上,以圆环的圆心为坐标原点。下列哪个图像可以正确地表示电场强度 E 与 x 之间的函数关系?(   )

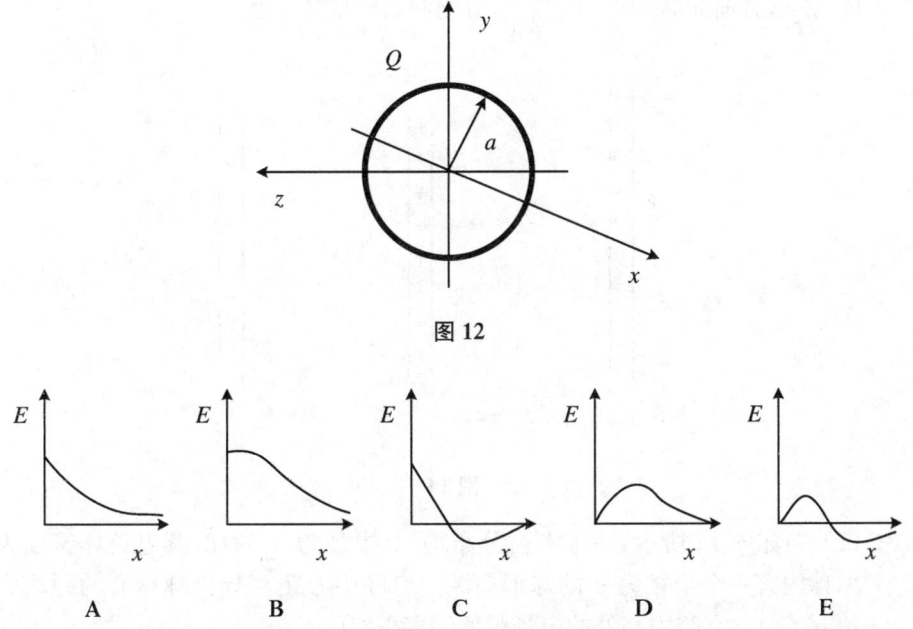

图 12

A   B   C   D   E

21. (1997)四个点电荷放置在对角线长为 $2a$ 的正方形的四个顶点上,如图 13

所示。则正方形中心处的电场强度为( )。

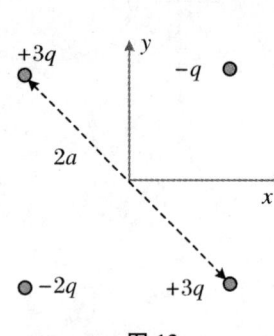
图 13

A. $\dfrac{kq}{a^2}$,与 x 轴之间的夹角为 $45°$

B. $\dfrac{kq}{a^2}$,与 $-x$ 轴之间的夹角为 $45°$

C. $\dfrac{3kq}{a^2}$,与 $-x$ 轴之间的夹角为 $45°$

D. $\dfrac{3kq}{a^2}$,与 x 轴之间的夹角为 $45°$

E. $\dfrac{9kq}{a^2}$,与 x 轴之间的夹角为 $45°$

22. (1995)已知无穷大带电平板产生的电场强度大小为 $\dfrac{\sigma}{2\varepsilon_0}$,其中 σ 为电荷面密度(单位面积带电量),ε_0 为真空中的介电常数。如图 14 所示为三个无穷大带电平板的截面,每个平板的电荷面密度依次为 $+\sigma_1$,$+2\sigma_1$,$-\sigma_1$。则在 X 处总的电场强度为( )。

A. $\dfrac{4\sigma_1}{2\varepsilon_0}$,方向向左   B. $\dfrac{\sigma_1}{2\varepsilon_0}$,方向向左   C. 0

D. $\dfrac{\sigma_1}{2\varepsilon_0}$,方向向右   E. $\dfrac{4\sigma_1}{2\varepsilon_0}$,方向向右

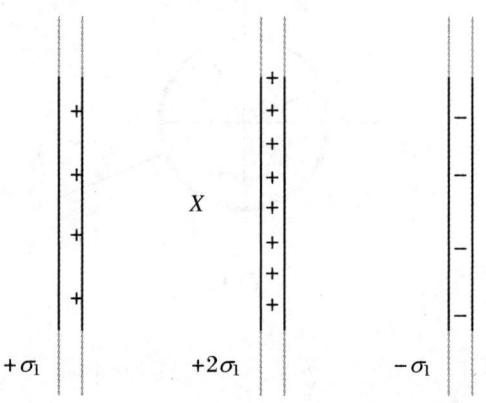
图 14

23. (1996)如图 15 所示,一个电荷分布均匀、半径为 a 的球,其电荷体密度为 ρ,球内有一个半径为 c 的球形空腔。空腔中心距离导体球球心的距离为 b($b>c$)。空腔中心处的电场强度为多少?( )

A. $\dfrac{\rho b}{3\varepsilon_0}$ B. $\dfrac{\rho a^3}{3\varepsilon_0 b^2}$ C. $\dfrac{\rho(a^3-c^3)}{3\varepsilon_0 b^2}$

D. $\dfrac{\rho\left(b-\dfrac{c^3}{2b^2}\right)}{3\varepsilon_0}$ E. $\dfrac{\rho\left(b-\dfrac{c^3}{b^2}\right)}{3\varepsilon_0}$

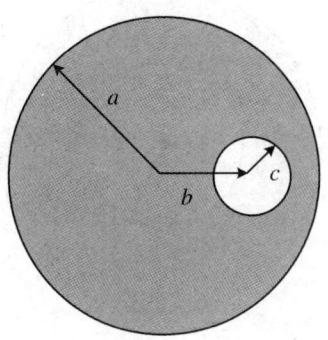

图 15

24. (1997) 如图 16 所示,已知带电量为 $-q$ 的导体球壳的内半径为 a,外半径为 b。电荷量为 $+Q$ 的点电荷被放置在球壳的球心处。当导体球壳处于静电平衡时,其内外表面电荷量分布情况正确的是(   )。

    A. 内表面不带电,外表面带电量为 $-q$
    B. 内表面带电量为 $-Q$,外表面带电量为 $-q$
    C. 内表面带电量为 $-Q$,外表面带电量为 $-q+Q$
    D. 内表面带电量为 $+Q$,外表面带电量为 $-q-Q$
    E. $-q$ 的电量均匀分布在内外表面之间

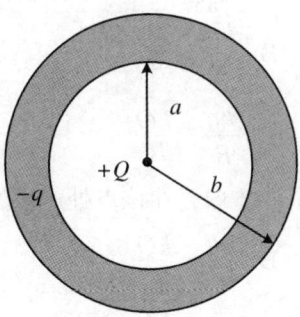

图 16

25. (2004) 如图 17 所示,一个球形导体壳的内径为 a,外径为 $2a$。在球壳的中心处有一个电量为 $+Q$ 的电荷。要使球壳内外表面的电荷密度相等,那么球壳应带有多少电量?(   )

A. $-5Q$ B. $-4Q$ C. $-3Q$
D. $+3Q$ E. $+4Q$

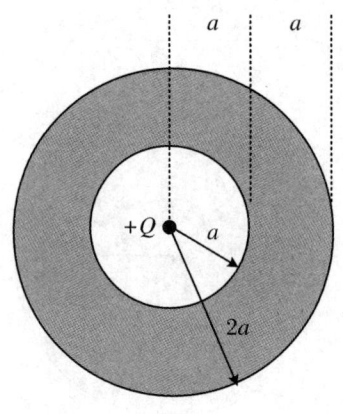

图 17

26. (1997)假设距离球壳无限远的地方为零电势,那么距离球壳球心为 R($b>R>a$,a,b 如图 16 所示)的地方,其电势为( )。

A. 0 B. $-k\dfrac{Q}{a}$ C. $-k\dfrac{Q}{R}$

D. $k\dfrac{Q-q}{R}$ E. $k\dfrac{Q-q}{b}$

27. (1993)两个同心的薄球形导体球壳。内球壳半径为 b,带电总量为 q。外球壳半径为 B,带电总量为 Q。在与球心距离为 R 的位置处($b<R<B$),电势为(假设无穷远处电势为零)( )。

A. $\dfrac{kq}{b}+\dfrac{kQ}{B}$ B. $\dfrac{kq}{b}+\dfrac{kQ}{R}$ C. $\dfrac{kq}{R}$

D. $\dfrac{kq}{R}+\dfrac{kQ}{B}$ E. $\dfrac{kq}{R}+\dfrac{kQ}{R}$

28. (1993)在 27 题中,两个导体球壳在该点处产生的电场强度为多少?( )

A. $\dfrac{kq}{b^2}+\dfrac{kQ}{B^2}$ B. $\dfrac{kq}{b^2}+\dfrac{kQ}{R^2}$ C. $\dfrac{kq}{R^2}$

D. $\dfrac{kq}{R^2}+\dfrac{kQ}{B^2}$ E. $\dfrac{kq}{R^2}+\dfrac{kQ}{R^2}$

29. (2002)一个半径为 $3a$ 的不带电金属导体球,中间有一个半径为 a 的球形空腔,如图 18 所示。一个电量为 $+Q$ 的点电荷放置在球心位置处。取无穷远处为零电势。在 $r=2a$ 处的电势为多少?( )

A. 0 B. $\dfrac{kQ}{3a}$ C. $\dfrac{kQ}{2a}$

D. $\dfrac{2kQ}{3a}$ E. $\dfrac{kQ}{a}$

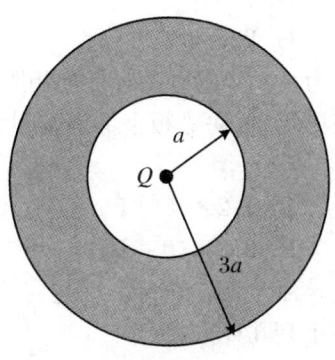

图 18

30. (2002)一个带电量为 5×10^{-6} C 的点电荷放置在两端电压为 9 V 的平行金属板之间。如果电荷受到的电场力为 1.5×10^{-4} N，则两平行金属板间的距离为（   ）。

   A. 6.75×10^{-9} m   B. 2.7×10^{-4} m   C. 3.7×10^{-3} m

   D. 0.30 m   E. 3.3 m

31. (2004)两个同极性电荷的电势能（   ）。

   A. 随着电荷间隔的增大而减小

   B. 取决于电荷的符号

   C. 与相对速度的平方成正比

   D. 与电荷距离的平方成反比

   E. 是排斥的

32. (2004)图 19 为一系列等势线，在哪个位置处电场最强？（   ）

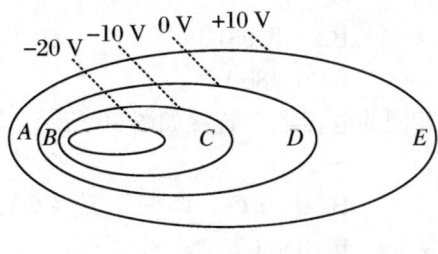

图 19

A. A B. B C. C

D. D E. E

33. (2004)大小为 6.8 μA 的电流以 8.4 V/s 的速度对一个平行板电容器进行充电。该电容器的电容为(　　)。

   A. 0.81 μF   B. 1.6 μF   C. 5.7 μF

   D. 15.2 μF   E. 22.8 μF

34. (2003)用一个电动势为 1.5 V 的电池对板板相距 0.04 m 的平行板电容器进行充电。当充电完毕后,每块极板上的电荷量为 $9.0×10^{-4}$ C。该电容器的电容为(　　)。

   A. $1.5×10^{-2}$ F   B. $1.2×10^{-3}$ F   C. $3.0×10^{-4}$ F

   D. $6.0×10^{-4}$ F   E. $9.0×10^{-4}$ F

35. (2000)两块带有等量异种电荷的平行板,带电量为 Q。两板间距为 d,每块板的面积为 A。考虑下列几种方式:

   Ⅰ. 增加 Q;

   Ⅱ. 增加 d;

   Ⅲ. 增加 A。

   上述哪种情况可以降低两板之间的电势差?(　　)

   A. 只有Ⅰ   B. 只有Ⅱ   C. 只有Ⅲ

   D. Ⅰ和Ⅲ   E. Ⅱ和Ⅲ

36. (2002)用某一电源对电容器充电,充电结束后断开电路,此时电容器两端的电势差记为 V_{old}。然后用绝缘手套将电容器两极板间的距离减小到原来的一半,此时电容器两端的电势差记为 V_{new},则 $\dfrac{V_{new}}{V_{old}}$ = (　　)。

   A. $\dfrac{1}{4}$ B. $\dfrac{1}{2}$ C. 1

   D. 2   E. 4

37. (1994)将负电荷从无穷远移动到距离带 +4.00 μC 电量的正电荷 2.00 m 处,需要做的功是(　　)。

   A. −0.324 J   B. −0.081 J   C. 0.162 J

   D. 0.243 J   E. 0.486 J

38. (2001)三个完全相同的电容器 C 连接如图 20 所示。该电路中总的等效电容是多少?(　　)

   A. 0.33 C   B. 0.67 C   C. 1.0 C

   D. 1.5 C   E. 3.0 C

三、电磁学A组

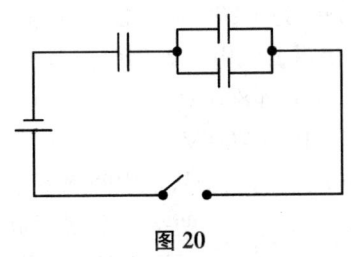

图 20

39. (1998)将一个质子和一个电子放置在匀强电场中,质子、电子更靠近上极板,如图21所示。下列哪种表示是正确的?(　　)
   (1) 质子受到的力比电子大;
   (2) 质子所具有的电势能比电子大;
   (3) 质子和电子所具有的电势能相等。
   A. 只有(1)　　　　B. 只有(2)　　　　C. 只有(3)
   D. 只有(1)(2)　　　E. 只有(1)(3)

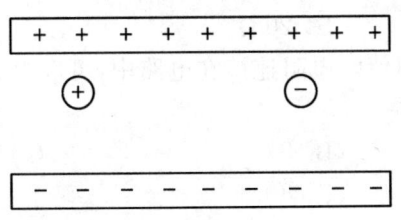

图 21

40. (2000)如图22所示,一个α粒子和一个质子放在两块带电金属板的中点处。若自由释放这两个微粒,关于微粒的运动描述,下列说法正确的是(　　)。
   A. α粒子向上运动的速度是质子的两倍
   B. 两个粒子以相同的速度向上运动
   C. α粒子向上加速,加速度是质子的两倍
   D. 两个粒子以相同的加速度向上加速
   E. α粒子向上加速,加速度是质子的一半

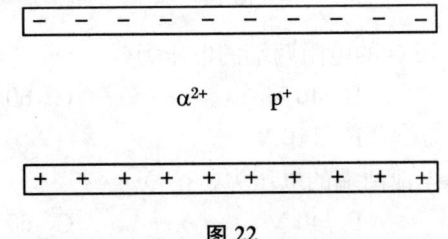

图 22

41. (2003)α粒子能被电势差为1 200 V的粒子加速器加速到速度 v。要使粒子加速到该速度的2倍需要的电势差为( )。

   A. 7 200 V　　　　　B. 4 800 V　　　　　C. 4 100 V
   D. 2 400 V　　　　　E. 1 700 V

42. (2002)具有300 eV初动能的电子从正中间水平入射到两块平行金属板中,两平行金属板间的电势差为400 V。电子向上偏转,并且打到极板上,如图23所示。当电子打到极板上时,电子所具有的动能是( )。

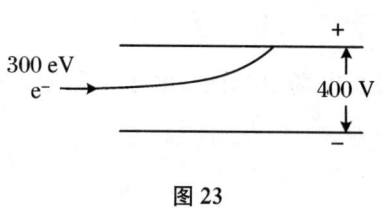

图23

   A. 360 eV　　　　　B. 400 eV
   C. 500 eV　　　　　D. 700 eV
   E. 740 eV

43. (2001)下列哪个电阻不可能由三个完全相同的6 Ω的电阻组合而成?( )

   A. 18 Ω　　　　　B. 14 Ω　　　　　C. 9 Ω
   D. 4 Ω　　　　　E. 20 Ω

44. (2002)三个不同阻值的电阻连接在电路中,可以组成多少种不同的阻值?( )

   A. 2　　　　　B. 3　　　　　C. 5
   D. 6　　　　　E. 8

45. (2002)图24是由一个理想电源、一个理想电流表、一个开关和三个电阻连接成的电路,开关断开时电流表的示数为2.0 A。

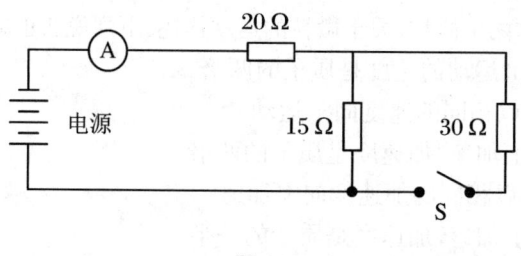

图24

(1) 开关断开时,15 Ω 的电阻两端的电压为( )。

   A. 30 V　　　　　B. 40 V　　　　　C. 60 V
   D. 70 V　　　　　E. 110 V

(2) 开关断开时,电池两端的电压为( )。

   A. 30 V　　　　　B. 40 V　　　　　C. 60 V
   D. 70 V　　　　　E. 110 V

(3) 开关闭合时,电路中的电流是( )。
  A. 1.1 A   B. 1.7 A   C. 2.0 A
  D. 2.3 A   E. 3.0 A

46. (1998)假设电流表和电压表均理想,下图中哪种电路图可以根据欧姆定律得出电阻 R 的阻值?( )

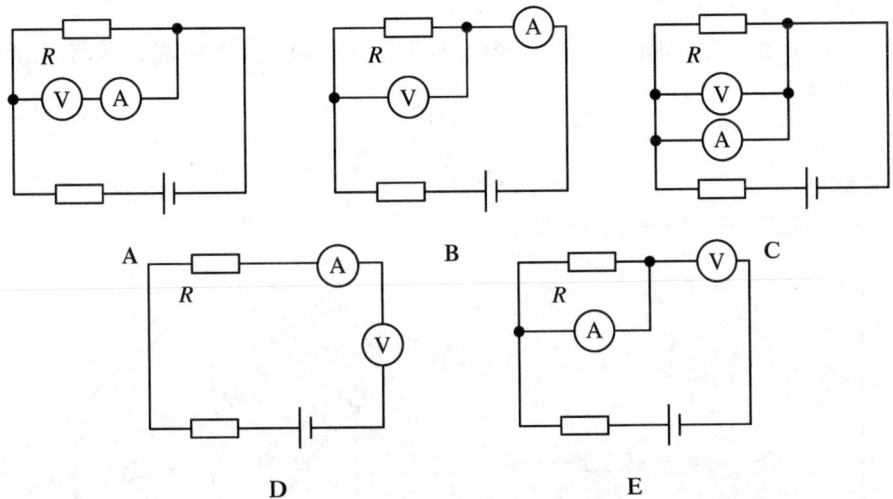

47. (1993)三个 60 W 的灯泡错误地串联在 120 V 的电压上,假设三个灯泡是直线串联的,在这种错误的连接方式下,每个灯泡消耗的电功率是( )。
  A. 6.7 W   B. 13.3 W   C. 20 W
  D. 40 W   E. 60 W

48. (1993)如图 25 所示,流经阻值为 25 Ω 的电阻的电流为 0.10 A,则流经阻值为 80 Ω 的电阻的电流为( )。

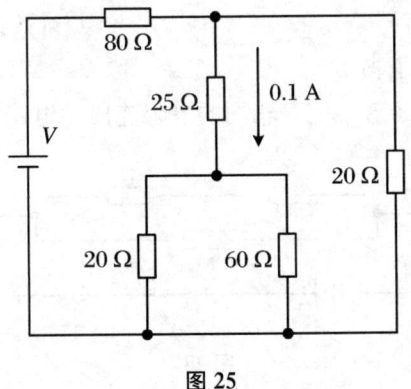

图 25

A. 0.10 A   B. 0.20 A   C. 0.30 A
D. 0.40 A   E. 0.60 A

49. (1996)在图 26 所示的电路中,适当调整 R 的阻值,使得电流表的电流为零,则 R 为(   )。
    A. R_2 B. R_3 C. R_1R_2/R_3
    D. R_1R_3/R_2 E. R_3R_2/R_1

50. (1994)如图 27 所示,R_4 为可变电阻,为了让电流表中的电流为零,那么 R_4 应该等于(   )。
    A. R_2 B. R_3 C. R_1R_2/R_3
    D. R_1R_3/R_2 E. R_2R_3/R_1

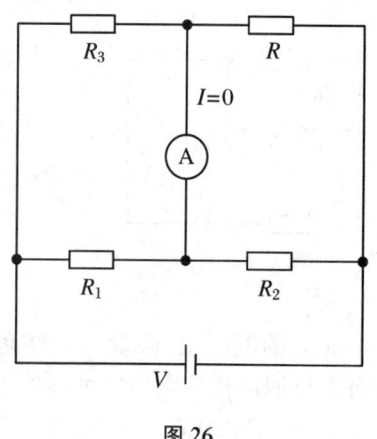

图 26

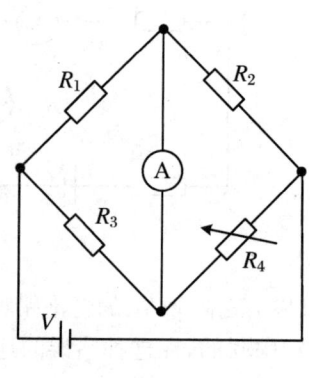

图 27

51. (1999)一个简单电路含有一个电源和三盏灯。A 灯和 B 灯并联后与 C 灯串联。若 A 灯烧坏,则其他两盏灯的亮度有什么变化?(   )
    A. 只有 B 灯会变得更亮   B. 两盏灯都会变得更亮
    C. B 灯比 C 灯亮   D. C 灯比 B 灯亮
    E. B 灯或 C 灯没有改变

52. (2004)图 28 给出了五个完全相同的电阻连成的电路。

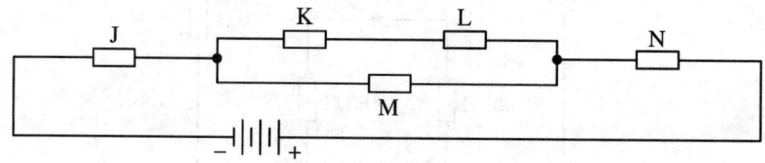

图 28

(1) 哪个(些)电阻的电流最大?(　　)

  A. J   B. M   C. N

  D. J 和 N   E. K 和 L

(2) 哪个(些)电阻消耗的功率最大?(　　)

  A. J   B. M   C. N

  D. J 和 N   E. K 和 L

53. (2004)图29的电路由一只理想电流表和四个完全相同的小灯泡组成,开始时,灯泡都是亮的。现将灯泡 L_4 移除,电路在该点断路。移走灯泡后,下列哪种说法是正确的?(　　)

A. B 与 C 间的电压增大

B. 电池的总功率增大

C. L_1 两端的电压增大

D. 电流表的读数没有发生变化

E. L_2 的亮度没有发生变化

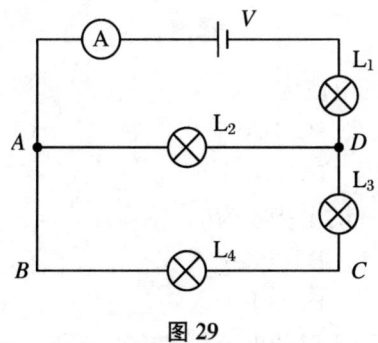

图 29

54. (2003)将一个电池、一只电流表、三个电阻组成如图30所示的简单电路。当开关闭合时,阻值为 15 Ω 的电阻两侧电势差会如何变化?(　　)

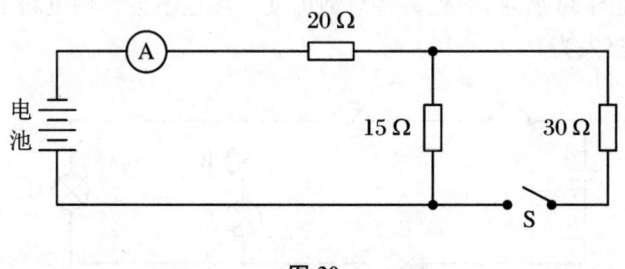

图 30

A. 等于阻值为 20 Ω 的电阻两侧的电势差

B. 等于阻值为 30 Ω 的电阻两侧的电势差的两倍

C. 等于阻值为 30 Ω 的电阻两侧的电势差

D. 等于阻值为 30 Ω 的电阻两侧的电势差的一半

E. 以上说法都不对

55.（2003）如图 31 所示，一个电动势为 9 V 的电池与四个电阻相连成一个简单电路。

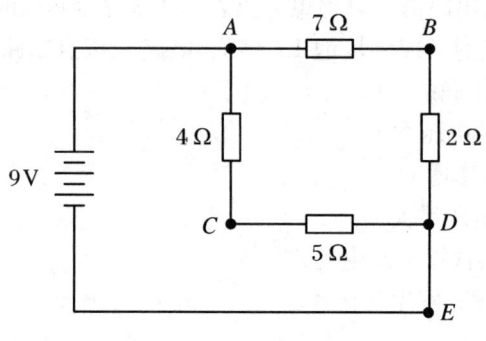

图 31

(1) 电路里点 E 处的电流为（　　）。

  A. 2 A   B. 4 A   C. 5 A

  D. 7 A   E. 9 A

(2) 点 B 与点 D 之间的电势差为（　　）。

  A. +2 V   B. +4 V   C. +5 V

  D. +7 V   E. +9 V

(3) 上述电路接通后，干路的电流最接近下列哪个值？（　　）

  A. 0.2 A   B. 0.37 A   C. 0.5 A

  D. 2.0 A   E. 5.0 A

56.（2001）如图 32 所示，下列哪些灯泡即使毁坏也不会影响电路中的其他灯泡（灯泡仍然发光）？（　　）

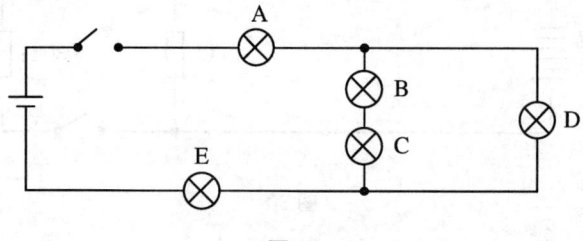

图 32

A. D B. E C. A 和 E
D. C 和 D E. B、C 和 D

57. (2001)一个家庭中有六个成员,每个成员都有一个额定功率为 500 W、额定电压为 120 V 的电脑。如果将所有的电脑都接在 20 A 保险丝的电路上,那么同时可以使用电脑的最多台数为(　　)。

A. 1 B. 2 C. 3
D. 4 E. 5 或者更多

58. (2001)当将电热器连接在 120 V 的电源上时,流经电热器的电流为 13 A。如果电费为 0.1 美元/kWh,电热器工作 8 h 预计花费的电费为多少?(　　)

A. 0.19 美元 B. 0.29 美元 C. 0.75 美元
D. 1.25 美元 E. 1.55 美元

59. (1996)两个阻值均为 R 的电阻连接在不同电路上,如图 33 所示。理想电源电压为 12 V,下列说法正确的是(　　)。

A. 电路(a)中通过 R 的电流相对较大
B. 电路(b)中电源的总功率大
C. 电路(a)中电阻 R 两端的电压较大
D. 电路(b)中的等效电阻比电路(a)中的大
E. 电路(a)中每个电阻 R 消耗的功率比(b)中的大

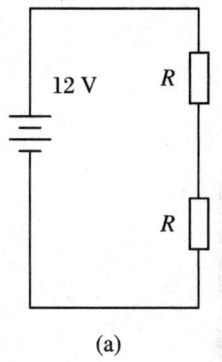
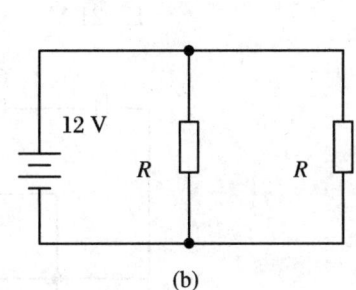

图 33

60. (2000)如图 34 所示,两根均匀电阻丝连接到手电筒的电池上。两根电阻丝长度相等,电阻丝 X 的厚度是电阻丝 Y 的 2 倍。以电阻丝最上端为零电势,下列哪幅图能正确描述电阻丝上的电势与(沿着电阻丝向下)测量位置之间的关系?(　　)

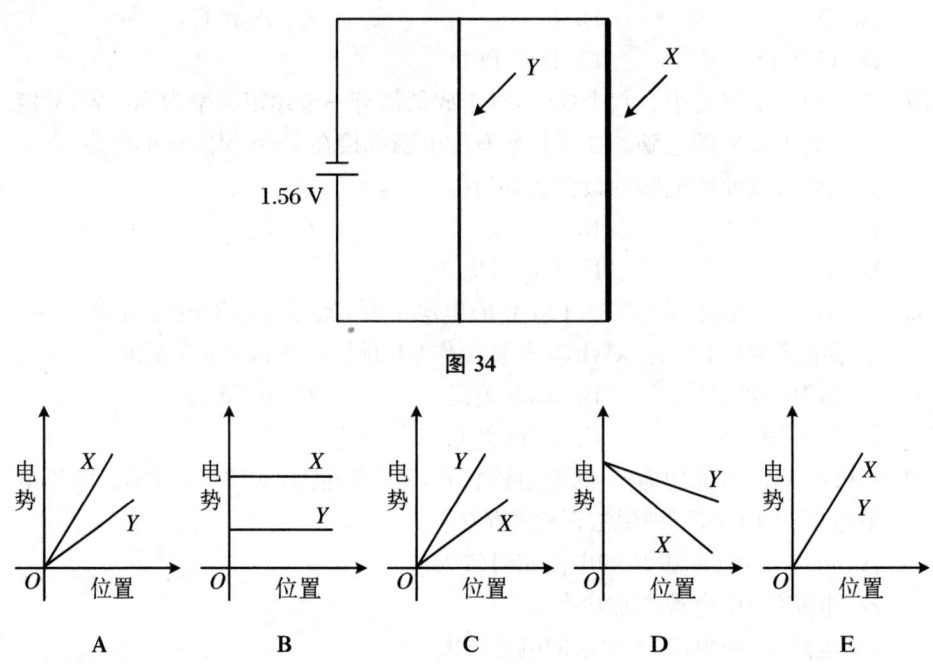

图 34

A   B   C   D   E

61. (1998)在如图 35 所示的电路中,通过 2Ω 的电阻的电流为 3 A,理想电源的电动势为(　　)。

A. 51 V   B. 42 V   C. 36 V

D. 24 V   E. 21 V

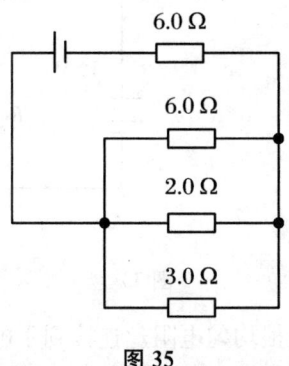

图 35

62. (1994)当电阻 R 直接接在输出电压恒为 V 的电压源两端时,其功率为 P。如图 36 所示,如果要让电阻 R 上的消耗功率降为 $P/2$,则串联在电路中的电阻 R' 的阻值为(　　)。

A. $\dfrac{R}{2}$ B. $\dfrac{R}{\sqrt{2}}$ C. R

D. $R(\sqrt{2}-1)$ E. $R\sqrt{2}$

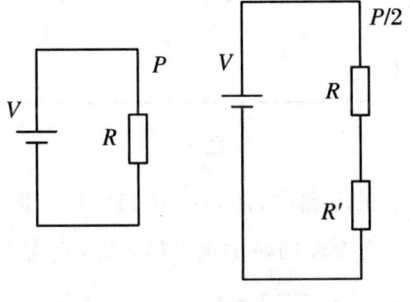

图 36

63.（1995）如图 37 所示的电路中，电流 I 为（　　）。

A. $\dfrac{V}{5R}$ B. $\dfrac{V}{4R}$ C. $\dfrac{2V}{5R}$

D. $\dfrac{V}{2R}$ E. $\dfrac{2V}{R}$

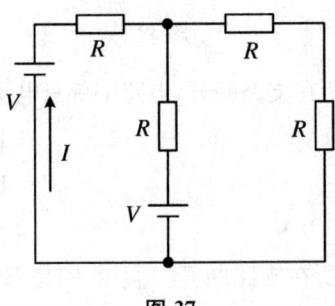

图 37

64.（1995）如图 38 所示，L_1, L_2, L_3, L_4 是相同的灯泡，图中有 6 个电压表，且均为理想电压表。

(1) 下面哪项（之和）结果为 V_0？（　　）

A. $V_1 + V_3$ B. $V_2 + V_3 + V_4$ C. $V_1 + V_5$

D. $V_3 + V_4$ E. $V_1 + V_4$

(2) 如果 L_3 烧坏了，电路断开。哪个电压表的示数为零？（　　）

A. 所有电压表均有示数 B. 只有表 V_3

C. 只有表 V_4 D. 只有表 V_3, V_4, V_5

E. 所有均为零

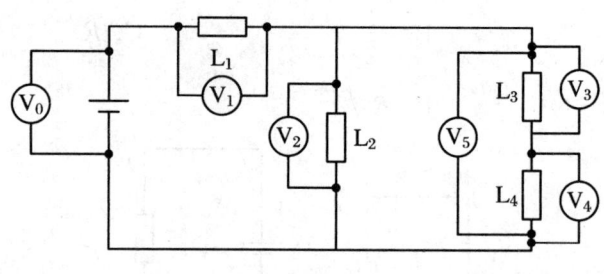

图38

65.（1997）如图39所示的电路中，B_1，B_2，B_3，B_4是相同的灯泡，电路中连接了6个电压表，所有的电压表均显示正电压，假设电源和电压表都理想。

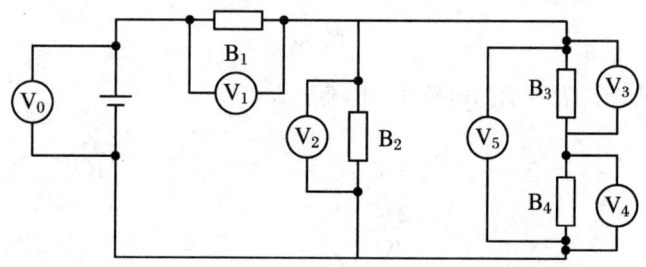

图39

(1) 如果B_2烧毁，其所在支路断开，电路中哪只电压表读数为0 V？（　　　）

  A. 没有表显示0 V　　　　　　　　B. 只有表V_2

  C. 只有表V_3，V_4　　　　　　　　D. 表V_3，V_4，V_5

  E. 所有表都显示0 V

(2) 如果B_2烧毁，其所在支路断开。假设V是B_2烧毁前V_1的读数，V'为B_2烧毁后V_1的读数，则有（　　　）。

  A. $V' = 2V$　　　B. $2V > V' > V$　　　C. $V' = V$

  D. $V > V' > \dfrac{V}{2}$　　　E. $2V' = V$

66.（1993）当如图40所示的电路稳定后，电容器两端的电压为（　　　）。

  A. 1.2 V　　　B. 2.0 V　　　C. 2.4 V

  D. 4.0 V　　　E. 6.0 V

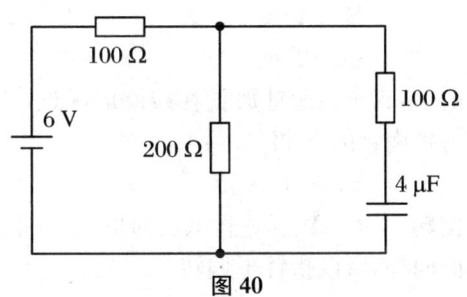

图 40

67.(1996)在图 41 所示的电路中,闭合开关后,电源对电容器进行充电,充电结束后,电容器储存的电量为(　　)。

  A. 5.0 μC   B. 10 μC   C. 20 μC

  D. 40 μC   E. 60 μC

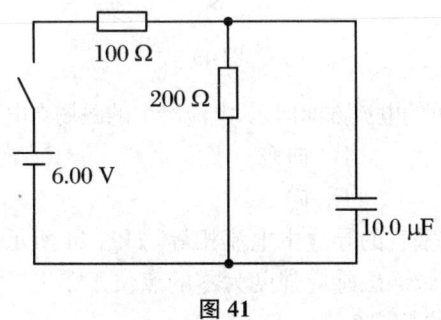

图 41

68.(2004)以下两个问题与给出的电路有关(见图 42),假设电容开始时没有被充电。

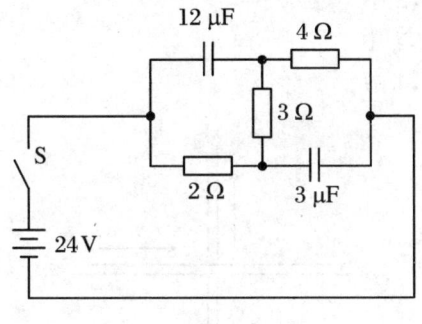

图 42

(1) 在 $t=0$ 时闭合开关 S。在这瞬间,电路的等效电阻是(　　)。

  A. 9.00 Ω   B. 3.00 Ω   C. 1.20 Ω

  D. 1.08 Ω   E. 0.92 Ω

(2) 开关闭合一段时间后,电容为 3 μF 的电容器的正极板所带电量为(　　)。

A. 0 μC   B. 24 μC   C. 32 μC

D. 56 μC   E. 72 μC

69. (2002)如图43所示,有个指南针放置在线圈的附近,线圈中通有从左向右的电流,这将使得指南针的 N 极( )。

A. 向左偏转   B. 向右偏转

C. 向纸面下方偏转   D. 磁场垂直纸面向里,所以指针不偏转

E. 磁场垂直纸面向外,所以指针不偏转

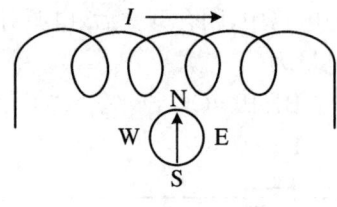

图 43

70. (2003)高压电线里的电流方向向东,电流产生的磁场在电线下面的方向( )。

A. 向北   B. 向东   C. 向西

D. 向南   E. 向上

71. (1995)两根相互垂直的导线中电流相等,如图44所示。两个导线相互靠得很近但是没有接触。磁感应强度为零的点位于哪里?( )

A. 仅在区域1的某一个点

B. 仅在区域2的某一个点

C. 存在于区域1,2中

D. 存在于区域1,4中

E. 存在于区域2,4中

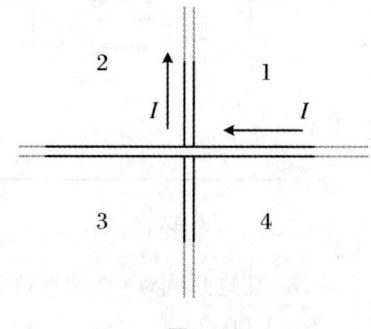

图 44

72. (2004)有两根无限长的通电导线,如图45所示。左侧的导线中通有大小为

4 A 的恒定电流,方向沿纸面向里。右侧的导线中通有大小为 3 A 的恒定电流,沿纸面向外。除去 $x \to \pm\infty$ 的情况,在 x 轴上什么区域,这两根电线产生的合磁场为 0?(　　)

A. Ⅰ　　　　　B. Ⅱ　　　　　C. Ⅲ
D. Ⅰ和Ⅲ　　　E. 不存在这样的区域

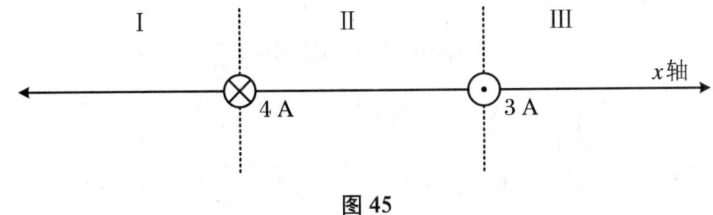

图 45

73. (2001) 一根长直导线通有垂直于纸面向外的电流,导线截面图如图 46 所示。则在 P 点处的电场方向为(　　)。

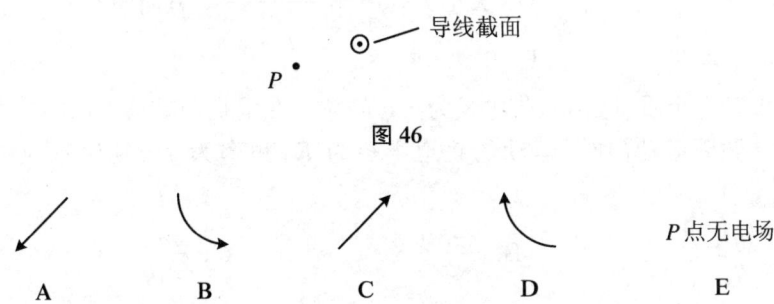

图 46

74. (1996) 一根长的圆柱形导线的横截面如图 47 所示,导线内通有垂直于纸面向外的电流。已知导线的电流密度为 J,半径为 a。导线内部距中心 R($R<a$)处的磁感应强度为(　　)。

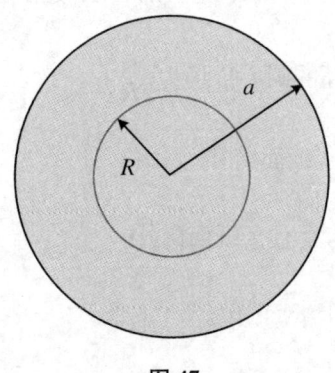

图 47

A. $\frac{1}{2}\mu_0 Ja$,顺时针 B. $\frac{1}{2}\mu_0 Ja^2/R$,顺时针

C. $\frac{1}{2}\mu_0 JR$,逆时针 D. $\frac{1}{2}\mu_0 Ja^2/R$,逆时针

E. $\frac{1}{2}\mu_0 Ja$,逆时针

75. (1994)无限长导线中的电流为 I,如图 48 所示。矩形导线环上通有逆时针方向的电流 I',则环形电路所受到的合力(　　)。

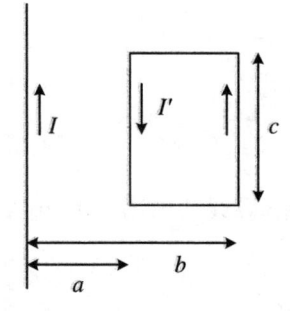

图 48

A. 大小为 $\frac{\mu_0 II'c}{2\pi}\left(\frac{1}{a}-\frac{1}{b}\right)$,方向向右

B. 大小为 $\frac{\mu_0 II'c}{2\pi}\left(\frac{1}{a}+\frac{1}{b}\right)$,方向向左

C. 大小为 $\frac{\mu_0 II'}{2\pi}\left[\frac{c}{a}+\frac{c}{b}+\frac{2(b-a)}{c}\right]$,方向向左

D. 大小为 $\frac{\mu_0 II'}{2\pi}\left[\frac{2(b-a)}{c}\right]$,方向向右

E. 0

76. (1997)一个质量为 m、带电量为 $+q$ 的粒子在垂直磁场方向的平面里做匀速圆周运动,粒子运动的轨道半径为 R,频率为 f。则磁感应强度为(　　)。

A. $\frac{mf}{q}$ B. $\frac{2\pi mf}{q}$ C. $\frac{m}{2\pi fq}$

D. $\frac{mc}{qR}$ E. $\frac{mqf}{2\pi R}$

77. (1997)两根无限长导线的电流均为 i,如图 49 所示。一根导线具有一个半径为 a 的半圆,其圆心位于 X 处。那么 X 处的磁场为(　　)。(提示:半径为 R 的圆形电流环的圆心磁场为 $\frac{\mu_0 i}{2R}$)

A. $\frac{\mu_0 i}{4a}+\frac{\mu_0 i}{2\pi a}$,垂直于纸面向外

B. $\frac{\mu_0 i}{2a}-\frac{\mu_0 i}{2\pi a}+\frac{\mu_0 i}{2\pi a}$,垂直于纸面向外

C. $\frac{\mu_0 i}{4a}+\frac{\mu_0 i}{2\pi a}$,垂直于纸面向内

D. $\frac{\mu_0 i}{4a}+\frac{\mu_0 i}{2\pi a}+\frac{\mu_0 i}{2\pi a}$,垂直于纸面向内

E. $\dfrac{\mu_0 i}{2a} - \dfrac{\mu_0 i}{2\pi a}$,垂直于纸面向内

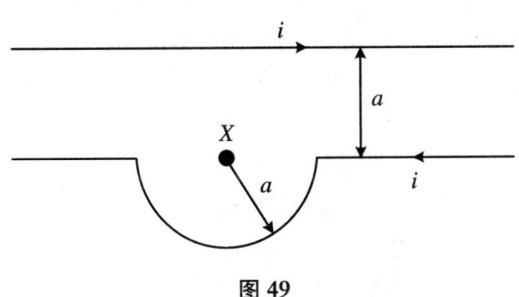

图 49

78.（1993）如图 50 所示，X 处的磁感应强度的正确表达式是（　　）。$\Bigg($提示：半径为 R 的圆形电流环中心处的磁场为 $\dfrac{\mu_0 i}{2R}\Bigg)$

A. $\dfrac{\mu_0 i}{4}\left(\dfrac{1}{a} + \dfrac{1}{b}\right)$,垂直纸面向内

B. $\dfrac{\mu_0 i}{4}\left(\dfrac{1}{a} - \dfrac{1}{b}\right)$,垂直纸面向外

C. $\dfrac{\mu_0 i}{4}\left(\dfrac{1}{a} - \dfrac{1}{b}\right) - \dfrac{\mu_0 i}{2\pi a}$,垂直纸面向外

D. $\dfrac{\mu_0 i}{2}\left(\dfrac{1}{a} - \dfrac{1}{b}\right)$,垂直纸面向外

E. $\dfrac{\mu_0 i}{2}\left(\dfrac{1}{a} + \dfrac{1}{b}\right) + \dfrac{\mu_0 i}{2\pi a}$,垂直纸面向内

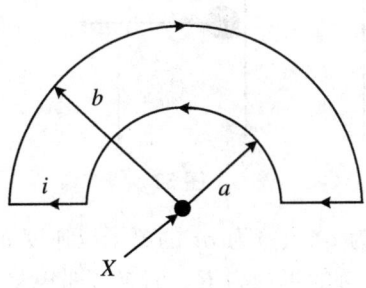

图 50

79.（1998）将一根电流竖直向上流动的通电导线放置在由南向北的磁场中,导线受到的磁场力方向为（　　）。

A. 南　　　　　B. 北　　　　　C. 东

D. 西　　　　　　　　E. 向下

80. (2004)将一个质量不计的正电荷在 U 形磁铁的中间静止释放,如图 51 所示。那么在磁场的作用下,电荷的加速度方向将沿着哪个方向?(　　)

A. 指向 N 极　　　　B. 指向 S 极　　　　C. 向上
D. 向下　　　　　　E. 以上答案均不对

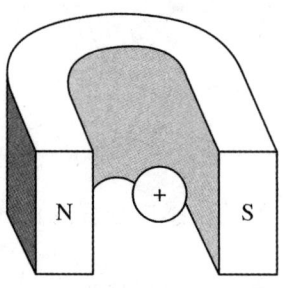

图 51

81. (2002)如图 52 所示,一个带正电的粒子向右运动,进入了一个竖直向上的匀强电场中。当施加哪个方向的磁场后粒子可以保持匀速直线运动?(　　)

A. 垂直于纸面向内　　B. 垂直于纸面向外　　C. 向右
D. 向左　　　　　　　E. 平行于纸面向上

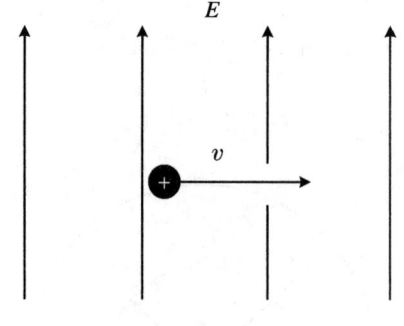

图 52

82. (1998)一个带电量为 q、质量为 m 的离子以速度 v 入射到磁感应强度为 B 的磁场中,其偏转轨迹的半径为 R。若换以带电量为 q、质量为 $2m$ 的离子以速度 $2v$ 入射到相同的磁场,那么其轨迹半径为(　　)。

A. $4R$　　　　　　　B. $2R$　　　　　　　C. R
D. $0.5R$　　　　　　E. $0.25R$

83. (2000)如图 53 所示,一根导线以速度 v 通过磁场,导线两端的电荷分布如图所示,则磁场的方向为(　　)。

A. 指向纸内   B. 向下   C. 向右

D. 指向纸外   E. 向上

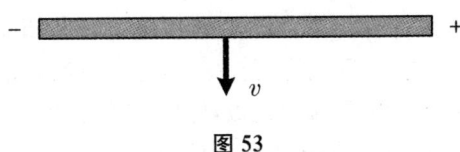

图 53

84. (1997)如图 54 所示,有一根条形磁铁和一个线圈。下面哪种情况线圈中会产生电动势?(　　)

Ⅰ. 磁铁靠近线圈;

Ⅱ. 线圈远离磁铁;

Ⅲ. 线圈绕垂直轴转动。

A. 只有Ⅰ   B. 只有Ⅱ   C. 只有Ⅰ和Ⅱ

D. 只有Ⅰ和Ⅲ   E. Ⅰ、Ⅱ和Ⅲ都可以

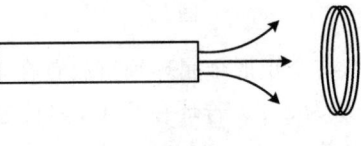

图 54

85. (1999)一个线圈以一定的速度竖直通过水平磁场,假设线圈与磁场垂直,开始时线圈的底边略高于磁场,后来线圈的上边离开磁场。下面哪幅图可以较好地表示出线圈里的电流?(　　)

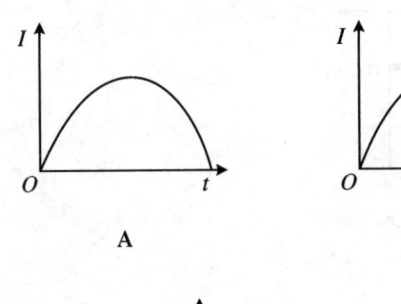

A   B   C

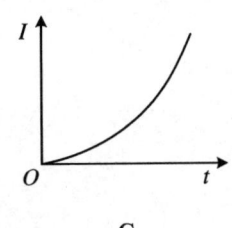 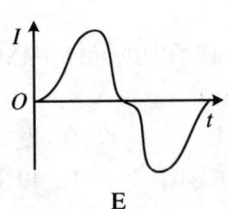

D   E

86. (1999)如图 55 所示,将条形磁铁推入到线圈中,下列哪种说法是正确的?

（　　）
A. 线圈的 H 端为北极，G 端为南极，感应电流方向如箭头 X 所示
B. 线圈的 H 端为南极，G 端为北极，感应电流方向如箭头 Y 所示
C. 线圈的 H 端为北极，G 端为南极，感应电流方向如箭头 Y 所示
D. 线圈的 H 端为南极，G 端为北极，感应电流方向如箭头 X 所示
E. 线圈不会产生磁场，线圈中无电流流过

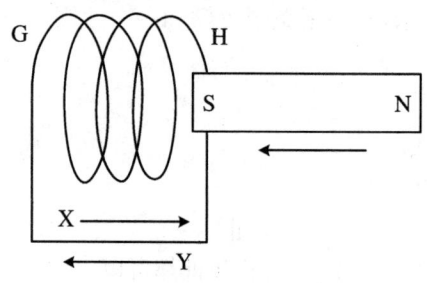

图 55

87.（2004）如图 56 所示，有个矩形金属环垂直放置在匀强磁场中。环的边长为 0.5 m，磁感应强度 B 为 2 T。若环在 0.1 s 内转过的角度为 $90°$，则金属环中产生了多大的电动势？（　　）

A. 0.025 V　　　　B. 0.40 V　　　　C. 5.0 V
D. 10 V　　　　　E. 80 V

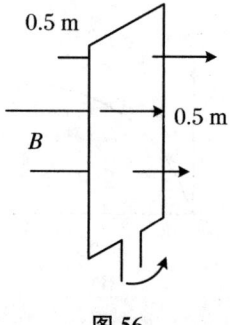

图 56

88.（2001）描述磁场中的导体中感应电流方向的楞次定律可以用下列哪条定律重述？（　　）

A. 安培定律　　　　B. 欧姆定律　　　　C. 麦克斯韦定律
D. 能量守恒定律　　E. 以上都不可以

89.（1994）如图 57 所示，空间有一个匀强磁场，磁感应强度的大小为 0.080 T，方向垂直于纸面向里。在纸面里有一个导体线圈，其面积为 0.010 m²，磁

感应强度以 3.0×10^{-4} T/s 的速率减少,导体线圈里产生的感应电动势的大小和方向分别为(   )。

A. 3.0×10^{-6} V,顺时针

B. 3.0×10^{-6} V,逆时针

C. 2.4×10^{-5} V,逆时针

D. 8.0×10^{-4} V,逆时针

E. 8.0×10^{-4} V,顺时针

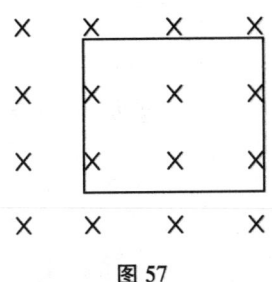

图 57

90. (2004)如图 58(a)所示,一个闭合的螺线管端口垂直于含有两个灯泡的电路,将一根电阻忽略不计的导线如图 58(b)和 58(c)所示添加到电路中。假设螺线管内部有垂直于纸面向外的磁场,并以恒定的速率减少,三个电路中,灯泡 L_1 由亮到暗的排序为(   )。

A. (a)>(c)>(b)　　B. (a)>(b)=(c)　　C. (b)>(c)>(a)

D. (c)>(a)>(b)　　E. (c)=(b)=(a)

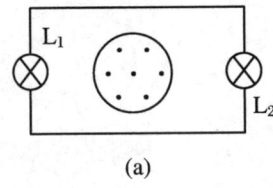 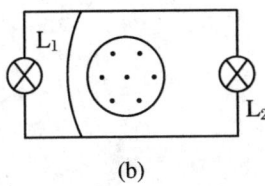 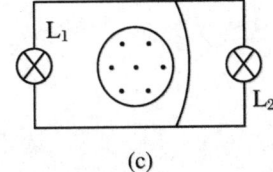

(a)　　　　　　　　(b)　　　　　　　　(c)

图 58

91. (2001)小律为了收听频率为 660 kHz 的广播,用简单的 RLC 电路来调谐晶体收音机。现在改变 RLC 电路中的电容值来收听 1 320 kHz 的电台广播。则原来的电容需要乘以多少倍率,可以让 RLC 电路调谐到新的频率?(   )

A. 0.25　　　　B. 0.50　　　　C. 2

D. 4　　　　　　E. 16

92. (2003)如图 59 所示,一列电磁波向右传播。某一时刻,P 点处的电场强度

E 方向向上。此刻磁感应强度 B 的方向为(　　)。

A. 向右 B. 向左 C. 垂直纸面向里

D. 垂直纸面向外 E. 向下

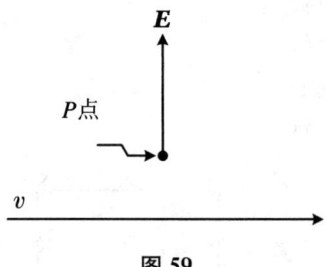

图 59

四、电磁学 B 组

1. (2014)如图1所示,一个电量为 q 的正点电荷放置在一个不带电的空心金属球壳中。空心球壳内径和外径分别为 a, b,$b-a$ 的大小是不能被忽略的。以球心为原点。

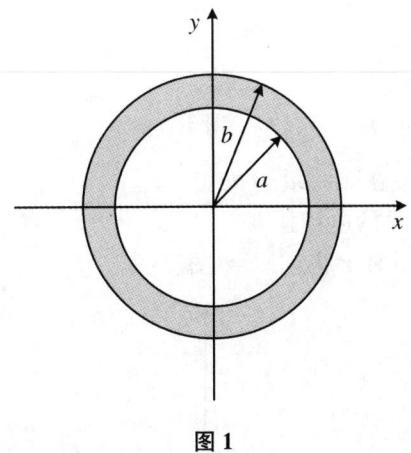

图 1

(1) 假设点电荷放置在球心处。
① 求在球壳外侧 $x = b$ 处电场强度的大小。
② 在图 2 中画出(沿着 x 方向)E-x 图。

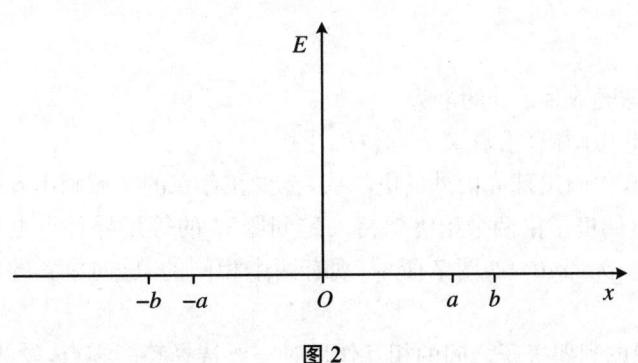

图 2

③ 求在球壳 $x=a$ 处的电势。

④ 在图 3 中画出(沿着 x 方向)U-x 图。

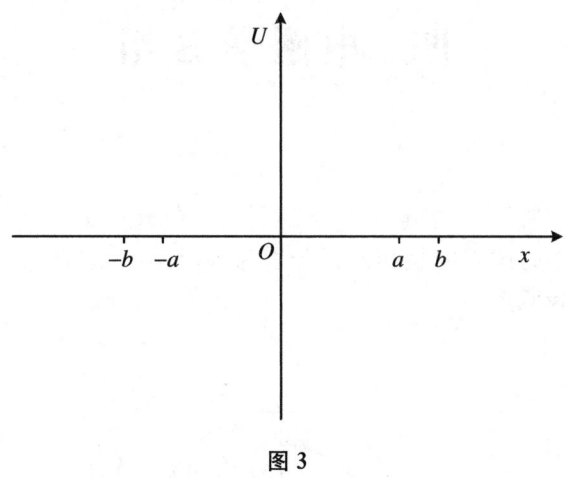

图 3

(2) 假设点电荷放置在 $x=2a/3$ 处。

① 求出球壳 $x=b$ 处的电场强度。

② 在图 4 中画出(沿着 x 方向)E-x 图。

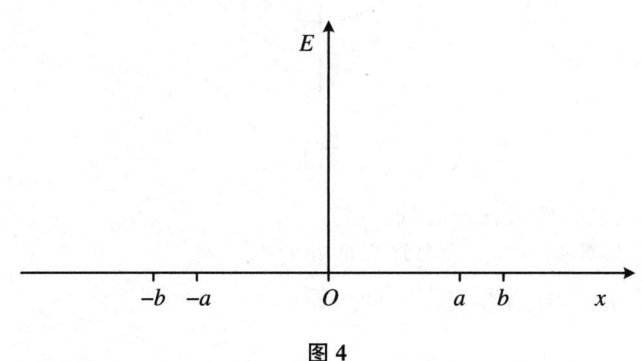

图 4

③ 求在球壳 $x=a$ 处的电势。

④ 在图 5 中画出(沿着 x 方向)U-x 图。

⑤ 在图 6 中画出球壳内外的电场线,至少在存在的区域画出 8 条电场线。

2. (2009)电偶极子由两个始终保持一定间距 d 的等量异种点电荷构成,偶极矩定义为 $p=qd$。如图 7 所示,现有两个相同的、反向放置的电偶极子,间距为 r。

(1) 在考虑到偶极子之间的相互作用时需要选择势能零点,设两个偶极子相距很远时,势能为 0。求系统势能。(用 q,d,r 与基本常数表示)

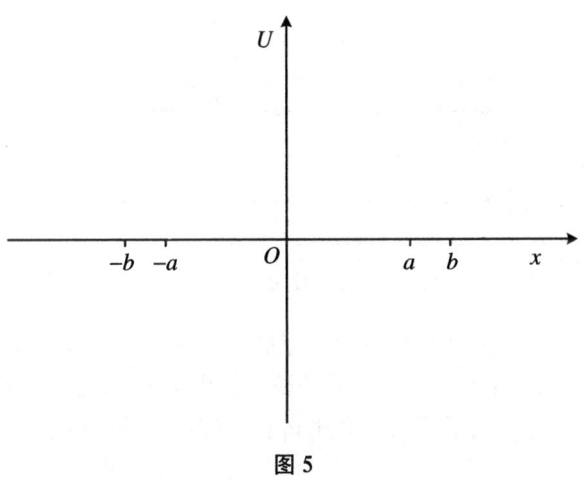

图5

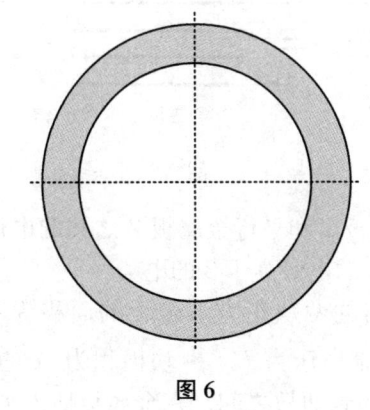

图6

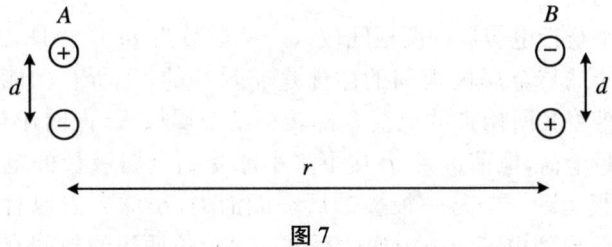

图7

(2) 假设 $d \ll r$，求势能的近似值。（用 p, r 与基本常数表示）

(3) 假设 $d \ll r$，求偶极子之间相互施加的力（大小和方向）。（用 p, r 与基本常数表示）

3.（2008）如图8所示，四块面积均为 A 的金属平行板，其间距均为 d，假设 $A \gg d^2$。

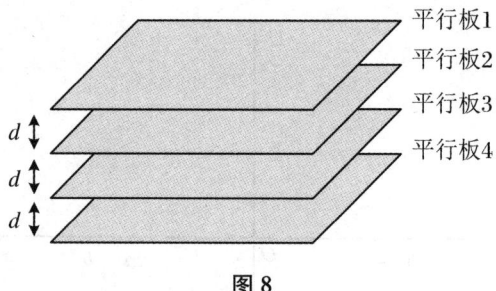

图 8

第一步将平行板 1 和平行板 4 连接在电压为 U_0 的电源上,其中平行板 1 接在电源正极,用导线将平行板 2 和平行板 3 连接起来。第二步将导线移除。第三步将连接在平行板 1 和平行板 4 的电源用导线替代,上述步骤如图 9 所示。

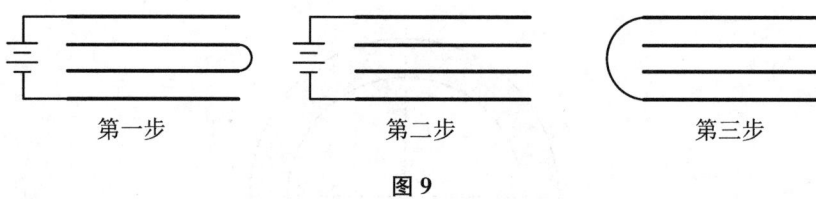

第一步　　　　　　　第二步　　　　　　　第三步

图 9

求最后一步平行金属板 1 和平行金属板 2 之间的电压 U_1。(若两板间的电势差 U_{23} 为正,说明 2 的电势高于 3 的电势。)

4. (2009)平行板电容器的两块正方形极板的面积为 A,两板间的距离 $d \ll \sqrt{A}$。充电后的电容器电压为 U。一块面积为 A 的正方形导体金属板,厚度为 $d/2$,平行地插入到两板之间。在金属板插入平行板电容器的过程中,做了多少功?

5. (2007)在平行板电容器的两板间放入一些质量为 m 的小球,小球能在两板间移动。小球与金属极板间的碰撞是非弹性的,将所有动能转化为热能。碰撞时小球将其所携带的电荷全部转移给金属极板,同时小球也从金属极板获得少量电荷,电荷量为 q;接下来小球受到金属极板的电场力排斥,从而向另一板运动。与另一板撞击后动能消失,小球失去原有电荷,同时从金属极板又得到电荷 q……如此反复。每单位面积的板间有 n_0 个球。平行板电容器的电容为 C。板间距离 d 远大于小球半径 r。电容器与一个电池相连,以保持两板间电势差 U 恒定。忽略边缘效应,并且假设磁力和重力可忽略。

(1) 确定小球从一板运动到另一板所需的时间,用 m, q, d, U 表示。

(2) 计算小球与金属极板非弹性碰撞所产生的内能,用 m, q, d, U 表示。

(3) 推导出两板间电流的表达式,用 m, q, n_0, C, U, ε_0 表示,其中 ε_0 为真空介电常数。

(4) 推导出该装置的等效电阻,用 m, q, n_0, C, U, ε_0 表示。

(5) 计算该装置将小球动能转化为热能的功率 P,用 m, q, n_0, C, U, ε_0 表示。

6. (2008)如图 10 所示,在一个半径为 R、带电量为 Q 的均匀带电球形区域的球心处有一个质量为 m、初动能为 E_{k0}、带电量为 q 的带电粒子。q 与 Q 电性相反。球形带电区域固定不动,不考虑带电粒子和球形区域除了静电力外的其他作用。

(1) 求带电粒子正好到达球形带电区域的边界所需初动能 E_{k0}。

(2) 若带电粒子的初动能为由(1)中所求得的 E_{k0},求带电粒子从球心到达球形带电区域边界的时间。

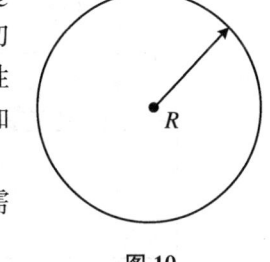

图 10

7. (2010)有一个内、外半径分别为 a 和 b 的球壳,不考虑材料的介电性,只考虑其电阻,材料电阻率为 ρ。在 $t=0$ 时,球壳内外表面都是不带电的,将一个电量为 q_0 的点电荷放置在球心处。求 $t>0$ 时,球壳外表面的电量和时间的函数关系。不考虑磁场和辐射等因素,内、外径之差 $b-a$ 不能忽略。

8. (2011)某灯泡里面有一根长为 L、半径为 a、功率为 P 的实心圆柱形灯丝。现在使用相同材料的圆柱形灯丝来设计一个新灯泡,使它在相同的电压下,发出相同光谱的光,且消耗的功率为 nP,求新灯丝的长度与半径。假设灯丝横截面上的温度近似均匀分布;灯丝不会从两端发光;由于对流造成的能量损失极小。

9. (2007)图 11 为由 12 个电阻组成的一个立方体,立方体各顶点标号为 $a\sim h$。

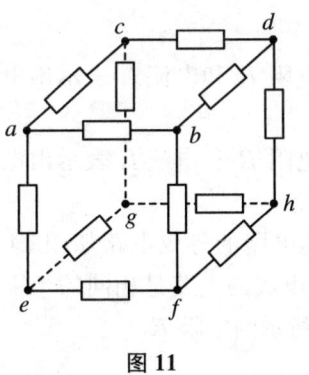

图 11

(1) 已知各电阻的阻值为
$$R_{ab}=R_{ac}=R_{ae}=3.0\,\Omega$$
$$R_{cg}=R_{ef}=R_{bd}=8.0\,\Omega$$
$$R_{cd}=R_{bf}=R_{eg}=12.0\,\Omega$$
$$R_{dh}=R_{fh}=R_{gh}=1.0\,\Omega$$
求顶点 a 与 h 间的等效电阻。

(2) 若阻值为 $12.0\,\Omega$ 的三个电阻被三个相同的理想电容器替代,即 $C_{cd}=C_{bf}=C_{eg}=15.0\,\mu F$。将顶点 a 与 h 接在电动势为 $12.0\,V$ 的电池间。经历足够长的时间后,求三个电容器上所带的电荷量(Q_{cd}, Q_{bf}, Q_{eg})。

10. (2009)某一型号的实际电池可以等效为理想电源(输出电压为 U_0)串联内电阻 r 而成,如图 12 所示,现将电池与 N 只并联灯泡连成电路,每只灯泡的电阻都为 R。

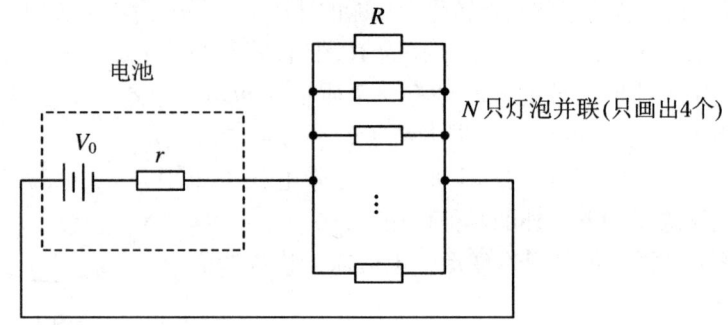

图 12

(1) 求出 N 只灯泡总的功率(用 r,R,U_0 表示)。

(2) 观察发现,当 $N = 5$ 时外电路所消耗的总功率比 N 为其他任何值时要大。求 r 值的可能范围(用 R 表示)。

11. (2015)观察如图 13 所示的电路。其中 I_s 是一个稳定的电流源,因此不论在 A,B 两个节点处连着什么样的装置,电路中的电流值都是恒定的。

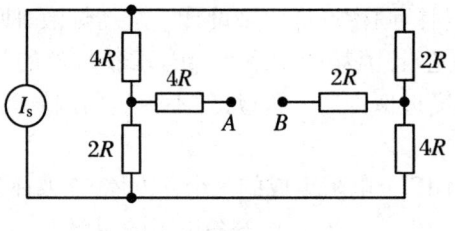

图 13

(1) 在 A,B 之间连上一个理想的电压表,用电阻 R 和电流 I_s 表示出电压表上的示数。

(2) 在 A,B 之间连上一个理想的电流表,用电阻 R 和电流 I_s 表示出电流表上的示数。

(3) 根据前面得到的结果,我们可以画出上述电路的等效电路如图 14 所示:由图可知,任意电阻连到 A,B 之间所组成的电路是相同的。用 R 和 I_s 表示出 A,B 间的电流 I_t 和如图 14 所示的电阻 R_t。

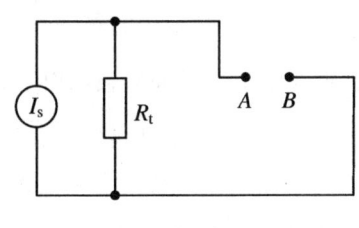

图 14

12. (2012)如图 15 所示,两个无限长的同轴空心圆筒,半径分别为 a 与 $4a$。两个圆筒都是绝缘体;内圆筒单位长度上均匀分布电荷 $+\lambda$;外圆筒单位长度上均匀分布电荷 $-\lambda$。

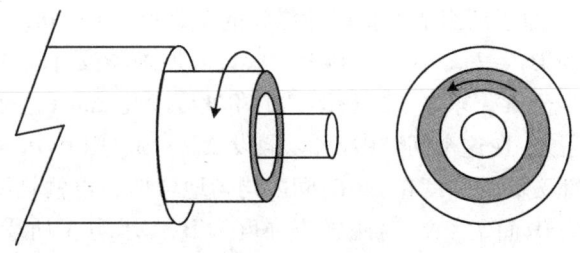

图 15

无限长介质圆柱(阴影表示)的介电常数为 $\varepsilon = \kappa\varepsilon_0$,其中 κ 是相对介电常数,介质圆柱的内半径为 $2a$,外半径为 $3a$,与两个空心圆筒同轴。该介质圆柱绕轴以角速度 $\omega \ll c/a$ 旋转,其中 c 是光速。假设介质圆柱和空心圆筒间的间隙的磁导率为 μ_0。

(1) 请确定所有区域的电场强度。

(2) 请确定所有区域的磁感应强度。

13. (2007)解释材料磁学性质的一种模型是以原子产生的微小磁矩为基础的。这种磁矩的一种来源是电子绕核运动所产生的磁场。为简单起见,假设每个原子仅包含一个电荷量为 $-e$、质量为 m_e 的电子和一个电荷量为 $+e$、质量 $m_p \gg m_e$ 的质子,且电子绕核运动的圆轨道半径为 R。

(1) 磁矩

假设电子的轨道位于 x-y 平面内。

① 计算质子作用在电子上的静电力。用 e, m_e, m_p, R 与真空介电常数 ε_0 表示,其中 $\varepsilon_0 = \dfrac{1}{4\pi k}$($k$ 为库仑常数)。

② 确定电子绕核运动的角速度 ω_0。用 e, m_e, R, ε_0 表示。

③ 导出电子绕核轨道的轴上距 x-y 平面 z 处磁感应强度 B_e 的表达式,其中

$z \gg R$。用 e, m_e, R, ω_0, z 与真空中的磁导率 μ_0 表示。

④ 小的条形磁铁在其轴线上足够远处的磁场由下式给出：$B = \dfrac{\mu_0}{2\pi}\dfrac{m}{z^3}$。其中 z 是所在点到磁铁的距离，m 是磁偶极矩，μ_0 是真空中的磁导率。假设电子绕核转动产生的磁场与条形磁铁产生的磁场相似，求电子绕核转动的磁偶极矩 m。用 e, m_e, R, ω_0 表示。

(2) 抗磁性

建立如下的一个抗磁性材料模型：所有原子的轴向一致，电子轨道都在 x-y 平面内；从 z 轴正方向向原点看，一半的电子顺时针旋转，而另一半的电子逆时针旋转。有的材料具有显著的抗磁性。

① 求由 N 个原子所组成的抗磁性材料的总磁矩，用 e, m_e, R, N, μ_0 表示。

② 外加磁场 $B_0 = B_0 z$ 在该材料上。假设外加磁场没有改变电子绕核圆周运动的半径 R。求电子绕核运动的角速度变化 $\Delta\omega$（包括顺时针与逆时针的电子）。在这个问题中，可以假设 $\Delta\omega \ll \omega_0$，用 e, m_e, B_0 表示。

③ 假设外部磁场的强度在 Δt 时间内均匀地增加。也就是说，$t = 0$ 时磁感应强度为 0，而 $t = \Delta t$ 时磁感应强度为 B_0。求电子所受的感应电动势 ε。用物理量 $e, m_e, R, N, \mu_0, \omega_0, B_0, \mu_0$ 表述答案。

④ 试证明：电子动能的变化满足 $\Delta E_k = e\varepsilon$。这证明了在(2)中做出半径 R 不变的假设。

⑤ 求外部磁场作用时 N 个原子总磁矩的变化量 ΔM。用 e, m_e, R, N, μ_0, B_0 表示。

⑥ 假设之前的匀强磁场被一个条形磁铁所取代，抗磁性材料会被磁铁吸引还是排斥呢？

14. (2015)(1) 一个吉尔伯特偶极子包含两个磁性相反、大小为 q_m 的磁单极子，其相隔距离为 d，其中 d 非常小。如图 16 所示，不妨设 $-q_m$ 位于 $z = 0$ 处，$+q_m$ 位于 $z = d$ 处。

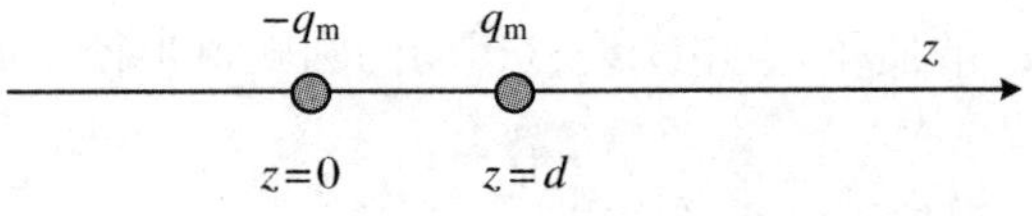

图 16

磁偶极子和电偶极子有相似的性质，磁偶极子同样遵循库仑定律，则

$$F = \dfrac{\mu_0}{4\pi}\dfrac{q_{m1}q_{m2}}{r^2}$$

磁场强度可以表示为 $B = F/q_m$。

① 试推导出 q_m 的单位。

② 试写出磁场强度 $B(z)$ 沿着 z 轴（$z>d$）的函数关系式（用 q_m, d, z 和其他常数表示）。

③ 求当 $d\to 0$ 时 $B(z)$ 的表达式，假定 $q_m d = p_m$ 是一个常数（用 p_m, z 和其他常数）。

(2) 如图 17 所示，安培偶极子是由一个半径为 r、电流为 I 的环形电流产生的，其中 r 非常小，假设 z 轴是对称旋转轴，环形电流位于 x-y 平面，且在 $z=0$ 处。

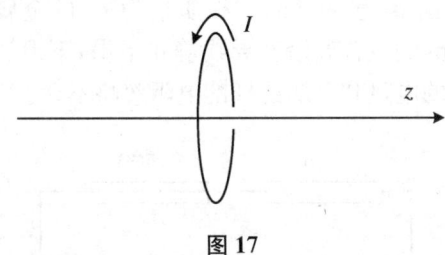

图 17

① 写出磁场强度 $B(z)$ 沿着 z 轴（$z>0$）的函数关系式（用 I, r, z 和其他常数表示）。

② 若 kIr^γ 和（1）③中的 p_m 具有相同的单位，求 γ 的值。其中 k, γ 是一个常数。

③ 写出①中当 $r\to 0$ 时 $B(z)$ 的表达式，假定 $kIr^\gamma = p'_m$（用 k, p'_m, z 和其他常数表示）。

④ 假定 $p_m = p'_m$，在(2)②中求出常数 k。

(3) 现在，我们尝试比较这两种方法。建立一个由密集微观偶极子组成的半径为 R、长度为 L 的均匀圆柱体磁铁模型。它由 N 个磁偶极子组成，要么是吉尔伯特型，要么是安培型。其中 N 非常大，所有的磁偶极子沿着圆柱体中心轴取向相同，使得圆柱体外部呈现宏观磁性。图 18(b)和(c)给出了两个偶极子的正方体模型，其中 $d\ll R, d\ll L$，

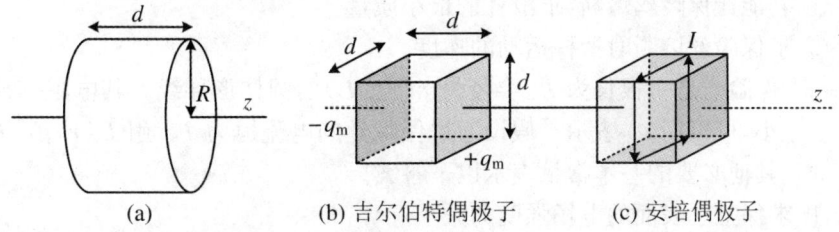

(a)　　(b) 吉尔伯特偶极子　　(c) 安培偶极子

图 18

$v_m = d^3$.

① 假定 $R \gg L$,仅有吉尔伯特偶极子,用 p_m, R, L, v_m 或其他常数表示出圆柱中心处的磁场强度 B 并描述其方向。

② 假定 $R \ll L$,仅有安培偶极子,用 p_m, R, L, v_m 或其他常数表示出圆柱中心处的磁场强度 B 并描述其方向。

15. (2010)(1) 如图 19 所示,两根长直导线的顶端由一个 $R = 0.25\,\Omega$ 的电阻和一根保险丝连接,如果通过保险丝的电流达到 5 A,它将熔断。长直导线的另一端是开路。该装置放置在一个磁感应强度为 $B = 1.2\,\text{T}$ 的匀强磁场中,两根导线间的距离为 30 cm,一根质量为 m 的金属滑杆由于自重从距离导线顶端 10 cm 的位置处沿着导线静止下滑,下滑过程中始终与两根导线相接触。导线的电阻和金属滑杆的电阻忽略不计。

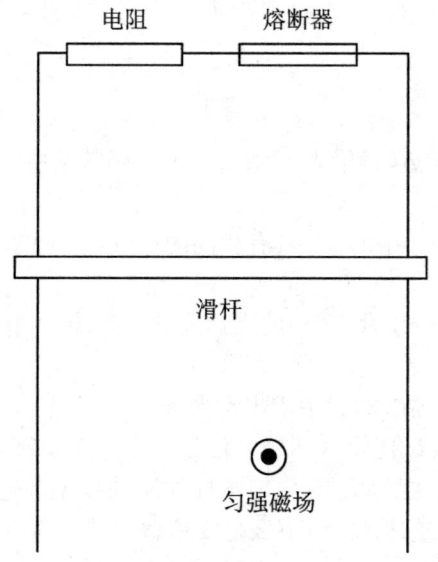

图 19

① 若能让保险丝熔断,求滑杆的最小质量。
② 求保险丝熔断时滑杆运动的速度。

(2) 保险丝是一根长为 L,半径为 $r(r \ll L)$ 的圆柱形导线。其电阻率比较小,可以用 ρ_f 表示。假设通过保险丝的电流恒为 I。用 L, r, ρ_f, I 和其他必要的基本常量表示以下答案。

① 求保险丝表面的电场强度的大小。
② 求保险丝表面的磁感应强度的大小。
③ 坡印亭矢量 S 是电磁场中的能流密度矢量,其方向即为电磁波的传播方

向。已知
$$S = \frac{1}{\mu_0} E \times B$$
其中 μ_0 是真空磁导率，E，B 分别表示电场强度和磁感应强度，求出与保险丝的电流相关联的坡印亭矢量的大小。

(3) 近代物理发现，热的物体会辐射能量，理想黑体辐射功率可以表示为 $P = \sigma A T^4$，其中 T 为开氏温度，A 为表面积，σ 为斯特藩-玻尔兹曼常数。

当保险丝达到熔点后就会熔断，如果 $T_f = 500$ K 是制作保险丝的金属的熔点，金属电阻率为 $\rho_f = 120$ nΩ·m，熔断电流是 $I_f = 5$ A，求保险丝的半径 r。

16. (2009) 一个中空的圆筒长为 l，半径为 r，厚度为 d，$l \gg r \gg d$，圆筒材料电阻率为 ρ。如图 20 所示，沿着圆柱体的切线方向流有一个随时间变化的电流 I。假设电流总是沿圆柱体的长度均匀分布。圆柱体被固定无法移动；思考以下问题时假设没有外部产生的磁场。

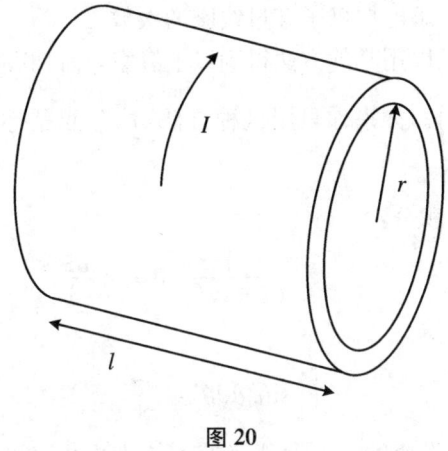

图 20

(1) 求圆筒内部磁感应强度 B 的大小（用电流 I、圆筒尺寸与基本常数表示）。

(2) 求圆筒周围的感应电动势 ε（用电流变化率 $\dfrac{dI}{dt}$、圆筒的尺寸与基本常数表示）。

(3) 求圆筒周围的感应电动势 ε（用电流 I、电阻率 ρ 与圆筒的尺寸表示）。

(4) 设 $t = 0$ 时电流为 I_0。求 $t > 0$ 时的电流 $I(t)$。

17. (2012) 假设存在磁单极子。磁单极子的"磁荷"为 q_m，"磁荷"产生径向磁场

(类似于点电荷产生电场),磁感应强度为

$$B = \frac{\mu_0}{4\pi}\frac{q_\mathrm{m}}{r^2}$$

磁单极子在磁场中受力为(不考虑电场的影响)

$$F = q_\mathrm{m}B$$

一个质量为 m、磁荷为 q_m 的磁单极子被约束在一个竖直的、无磁性的、绝缘光滑 U 形轨道里运动。轨道底部有一个金属圈,其半径 b 远小于 U 形轨道尺寸。金属圈所在轨道部分附近可以近似看作直线。金属圈的金属材料半径 $a \ll b$,电阻率为 ρ。从轨道底部上方高度为 H 处静止释放磁单极子。

忽略金属圈的自感,假设磁单极子多次通过金属圈,最终静止。

(1) 假设磁单极子距离金属圈中心的距离为 x,求通过金属圈的磁通量 Φ_B。

(2) 除此以外若磁单极子以速度 v 运动,求金属圈上的感应电动势 ε。

(3) 求磁单极子单次穿过金属圈的速度变化量 Δv。

(4) 在静止之前,求磁单极子穿过线圈的次数。

(5) 替代法:你可以用其他方法得到以上答案,允许相差一个无量纲的常数 $\left(例如 \frac{2}{3} 或者 \pi^2\right)$。如果你只用这种方法,每个问题你都可以获得 60% 的高分。

可能会用到以下积分:

$$\int_{-\infty}^{\infty} \frac{1}{(1+u^2)^3} \mathrm{d}u = \frac{3\pi}{8}$$

或

$$\int_0^\pi \sin^4\theta \mathrm{d}\theta = \frac{3\pi}{8}$$

18. (2014)本例中假设速度 v 远小于光速 c,不考虑相对论的尺缩、钟慢效应。

(1) 有一块电荷分布均匀的无限大薄板,电荷密度为 σ,厚度无限小。将薄板面设为 x-y 平面。

① 假设该薄板处于静止状态,计算薄板上方、下方的电场强度 E(大小和方向)。

② 假设薄板以速度 $v = v\boldsymbol{x}$ 运动(平行于薄板方向),计算薄板上方、下方的电场强度 E(大小和方向)。

③ 假设薄板以速度 $v = v\boldsymbol{x}$ 运动,求薄板上方、下方的磁感应强度 B(大小和方向)。

④ 假设薄板以速度 $\boldsymbol{v} = v\boldsymbol{z}$ 运动(垂直于薄板方向)。求薄板上方和下方的电场强度 $\boldsymbol{E}$(大小和方向)。

⑤ 假设薄板以速度 $\boldsymbol{v} = v\boldsymbol{z}$ 运动(垂直于薄板方向)。求薄板上方和下方的磁感应强度 $\boldsymbol{B}$(大小和方向)。

(2) 静止的观察者观测到空间中只存在一个电场 $\boldsymbol{E} = E_x\boldsymbol{x} + E_y\boldsymbol{y} + E_z\boldsymbol{z}$(但无磁场)。当观察者运动时,观测到的电场强度 $\boldsymbol{E}'$ 和磁感应强度 $\boldsymbol{B}'$ 完全取决于 $\boldsymbol{E}$。忽略电荷分布的变化可能带来的影响。

① 当观察者以速度 $\boldsymbol{v} = v\boldsymbol{z}$ 运动时,他观测到的电场强度 $\boldsymbol{E}'$ 为多少?

② 当观察者以速度 $\boldsymbol{v} = v\boldsymbol{z}$ 运动时,他观察到的磁感应强度 $\boldsymbol{B}'$ 为多少?

(3) 一根带有正电荷的无限长导线静止放置在 z 轴上,其电荷线密度为 λ。而带有负电荷的导线(电荷线密度为 $-\lambda$)以速度 v 沿着 z 轴运动。

① 计算导线外的电场强度 $\boldsymbol{E}$(大小和方向)。

② 计算导线外的磁感应强度 $\boldsymbol{B}$(大小和方向)。

③ 现在,假设某观察者以速度 v 沿着平行于 z 轴的方向运动,所以可以认为负电荷是相对静止不动的。磁场和电场具有对称性,所以在第(2)题中讨论得到的关于磁场和电场的结果可以应用到这里来。你需要改变这个倍数(常数),使其量纲正确并变换一下其正负号。根据这个事实,求出运动的观察者观测到的电场并加以评论(尽管不要求根据狭义相对论求解,但它可以帮你核实结果)。

19. (2013)下面是关于通过电磁场将能量传输到空间区域的三种情况。第一种情况,能量被存储在带电物体的动能中;第二种与第三种情况,能量储存于电场或磁场中。

一般地,当电场与磁场互成夹角时,能量会被传输出去。例如,这个原则就是电磁辐射传输能量的原因。坡印亭矢量 $\boldsymbol{S}$ 是指电磁场中的能流密度矢量,其大小表示单位时间通过垂直单位面积的能量,即

$$\boldsymbol{S} = \frac{1}{\mu_0}\boldsymbol{E} \times \boldsymbol{B}$$

下面三个问题的第③小题都需验证能量传输速率和以坡印亭矢量公式计算得到的结论是否相吻合。因此,在第③小题之前不能使用坡印亭矢量式。

(1) 一根半径为 R 的绝缘长圆柱杆电荷体密度均匀且为 ρ,杆以速度 v 沿轴向运动,在它轴向存在一个匀强电场 $\boldsymbol{E}$。

① 求杆单位长度传输的功率。

② 求杆表面产生的磁场 $\boldsymbol{B}$。

③ 计算坡印亭矢量的大小,描述其方向,并以此计算杆单位长度的电磁能量传输速率,和①推导的结论验证是否相等。

(2) 一平行板电容器由两块半径为 R 的圆盘组成,间距 $d \ll R$。电容器带电量为 Q,并对其以恒定小电流 I 加以充电。

① 求输送给电容器的传输功率。

② 求电容器边缘内部的磁场 B 的大小,并描述其方向(计算时忽略电容器电场的边缘效应)。

③ 计算坡印亭矢量,描述其方向,并以此计算电磁能量传输速率,和①推导的结论验证是否相等。

(3) 有一个半径为 R、单位长度线圈匝数为 N 的长螺线管,通有电流 I,且 I 以恒定速率 $\dfrac{dI}{dt}$ 在增大。

① 求输送给螺线管单位长度的功率。

② 求螺线管内表面的电场场强 E,描述其方向。

③ 计算坡印亭矢量,描述其方向,并以此计算螺线管单位长度的电磁能量传输速率,和①推导的结论验证是否相等。

20. (2011)交流电缆中传输频率为 60 Hz 的正弦波形交流电。负载两端有效(均方根)电压为 500 kV,消耗的平均功率为 1 000 MW。本题只考虑电缆中两个电流方向的其中一个方向,并忽略电缆的电感和电缆与地面之间的电容所带来的影响。

(1) 假设该电缆的负载是整个小区,该小区可看作纯电阻。

① 电缆中的有效(均方根)电流为多少?

② 电缆直径为 3 cm,长为 500 km,由电阻率为 2.8×10^{-8} Ω·m 的铝制成。电缆中损耗的功率为多少?

(2) 当地的牧场主认为可以利用电磁感应从电缆中汲取电能。他制作了一个长为 a、宽为 b ($b < a$) 的 N 匝矩形线圈。线圈的一边放在地面上;电缆是直线,平行于地面,离地高度是 h,远远小于电缆的长度。假设电缆里的电流是 $I = I_0 \sin \omega t$,返回的电缆在很远处。

① 用电缆电流 I 与电缆间的距离 r 以及其他常量,写出距离电缆 r 处的磁感应强度表达式。

② 矩形线圈应当放在哪里,朝什么方向放置,才能使在线圈中产生的感应电动势最大?

③ 假设线圈以上述方式放置,用 I_0, h, a, b, N, ω 以及其他常量,写出感应电动势(关于时间的函数)的表达式。

④ 假设 $a = 5$ m, $b = 2$ m, $h = 100$ m。则线圈至少为多少匝,才能使产生的电动势有效值达到 120 V?

(3) 由于一个使用大量电动机的工厂存在,电缆末端功率需要相应产生变化。在平均功耗不变的情形下,其好比与一 0.25 H 的电感并联。

① 电缆上损耗的功率是增加了,减小了,还是保持不变?(不需要计算出新的损耗功率,但是要写出判断依据)

② 电力公司希望负载像起初一样运行,便将一个电容器与负载并联。则该电容器的电容为多少?

五、热 学 A 组

1. (2001)热力学第一定律是能量守恒定律的简单表述,提出的时间是( )。
   A. 第一次世界大战期间　　　　　　　B. 美国内战期间
   C. 法国大革命期间　　　　　　　　　D. 哥伦布发现新大陆时
   E. 罗马帝国衰落时

2. (2001)一块质量为 200 g 的铜浸没在 100 g 的水中,直到两者具有相同的温度。下面哪个表述是正确的?( )
   A. 水分子和铜原子具有相同的平均速度
   B. 水分子和铜原子具有相同的平均动量
   C. 水分子和铜原子有相同的平均动能
   D. 水分子的平均动量是铜原子的两倍
   E. 铜原子的平均速度是水分子的两倍

3. (1994)理想气体的平均平动能取决于( )。
   A. 绝对温度　　　　B. 气体质量　　　　C. 气体压强
   D. 气体数量　　　　E. 气体是单原子还是双原子

4. (1998)某种混合气体中包含 He^4,Ne^{20} 两种原子,如果 He^4 的平均速度为 v_0,那么 Ne^{20} 的平均速度是( )。
   A. $\frac{1}{5}v_0$　　　　B. $\frac{1}{\sqrt{5}}v_0$　　　　C. v_0
   D. $\sqrt{5}v_0$　　　　E. $5v_0$

5. (1996)已知室温下氧原子的均方根速率为 v。则在同样温度下,氢原子的均方根速率为( )。
   A. $4v$　　　　B. $2v$　　　　C. v
   D. $v/2$　　　　E. $v/4$

6. (1993)常温下氧气的均方根速率为 v。在同样温度下,氢原子的均方根速率为多少?( )
   A. $16v$　　　　B. $4v$　　　　C. v
   D. $v/4$　　　　E. $v/16$

7. (2011)某工程师要用体积恒为 V_m 的金属来制造一个球形压力容器。有意思的是,假设容器的壁很薄,且内部压强总是处于其破裂点,那么其所含气体的物质的量 n(以 mol 为单位)与容器球体的半径 r 无关,而与体积 V_m(以 m^3 为单位)、温度 T(以 K 为单位)、理想气体常量 R(以 $J/(K \cdot mol)$ 为单位)和金属的抗拉强度 σ(以 N/m^2 为单位)有关。如果用这些参数来表示 n,那么下列哪个公式是正确的?(　　)

A. $n = \dfrac{2}{3} \dfrac{V_m \sigma}{RT}$　　　　B. $n = \dfrac{2}{3} \dfrac{\sqrt[3]{V_m \sigma}}{RT}$　　　　C. $n = \dfrac{2}{3} \dfrac{\sqrt[3]{V_m \sigma^2}}{RT}$

D. $n = \dfrac{2}{3} \dfrac{\sqrt[3]{V_m^2 \sigma}}{RT}$　　　　E. $n = \dfrac{2}{3} \sqrt[3]{\dfrac{V_m \sigma^2}{RT}}$

8. (1999)标况下 1 mol 的理想气体在一个绝热的定容容器中加热,直到气体分子的平均速度变为原来的两倍。它的压力扩大了几倍?(　　)

A. 0.5　　　　B. 1　　　　C. 2

D. 4　　　　E. 8

9. (2002)等温的两个容器充有气体。左边容器气体的摩尔质量为 $2M$,体积为 $2V$,物质的量为 $2n$。右边容器气体的摩尔质量为 M,体积为 V,物质的量为 n,则左右两容器中气体压强之比约为(　　)。

A. 1∶1　　　　B. 2∶1　　　　C. 4∶1

D. 8∶1　　　　E. 16∶1

10. (2004)容器 A 中有理想的单原子气体,容器 B 中有理想的双原子气体。两个容器开始时的温度、体积、压强、物质的量都相同,让两种气体经历一个绝热过程,使压强变为原来的一半。则哪个容器中的气体的温度更高?(　　)

A. A 容器中的气体

B. B 容器中的气体

C. 两种气体温度相同

D. 需要知道最初的压强值才能回答

E. 这个问题无效,因为双原子气体的压强不可能减小

11. (2004)当理想气体经历一个等压过程(压强不变)时,温度从 273 ℃ 变为 546 ℃。气体现在的体积与开始时体积的比率 $\dfrac{V_{现}}{V_{原}}$ 是多少?(　　)

A. 2　　　　B. $\dfrac{3}{2}$　　　　C. 1

D. $\dfrac{2}{3}$　　　　E. $\dfrac{1}{2}$

12. (2003)体积为 0.008 m^3 的刚性容器中充满了一种单原子分子理想气体样

品。若气体吸收了 40 J 热量,气体压强将增加(　　)。

A. 5 Pa　　　　　B. 320 Pa　　　　C. 1 600 Pa

D. 3 333 Pa　　　E. 5 000 Pa

13. (2002)一个绝热容器被一张膜分隔成相等的两部分,其中一部分是真空,另一部分是温度为 T、内能为 U 的理想气体。膜被穿透,气体进入真空部分。当系统重新平衡后,下列哪种说法不正确?(　　)

A. 气体的温度没有发生变化　　　　B. 气体对外界没有做功

C. 气体和外界没有热量交换　　　　D. 系统的熵不变

E. 气体的内能没有变化

14. (2002)气体被封闭在活塞中。当气体从 0 ℃ 被加热到 100 ℃ 的过程中,活塞在等压的情况下可以自由移动。根据热力学定律(　　)。

A. 气体的质量会增加

B. 气体的物质的量会增加

C. 气体分子体积会增加

D. 气体分子的平均速度会增加

E. 分子以相同的能量撞击容器壁

15. (1994)理想气体由体积为 V_i、温度为 T_i 的初状态等压膨胀到体积为 V_f、温度为 T_f 的末状态。已知等压下气体的摩尔热容为 C_p,在这个过程中,n 摩尔的气体做功为(　　)。

A. 0　　　　　B. $nRT_i \ln(V_f/V_i)$　　　　C. $nC_p(T_f - T_i)$

D. $nk(V_f - V_i)$　　　E. $nR(T_f - T_i)$

16. (1995)已知在等容条件下理想气体温度升高 150 K 需要吸收 6 300 J 的热量。如果在等压条件下升高同样的温度,则需要吸收 8 800 J 的热量。气体温度变化 150 K 时,气体的内能变化了(　　)。

A. 2 500 J　　　　B. 6 300 J　　　　C. 8 800 J

D. 11 300 J　　　E. 15 100 J

17. (1995)下面哪幅 p-V 图可以代表一个等温过程?(　　)

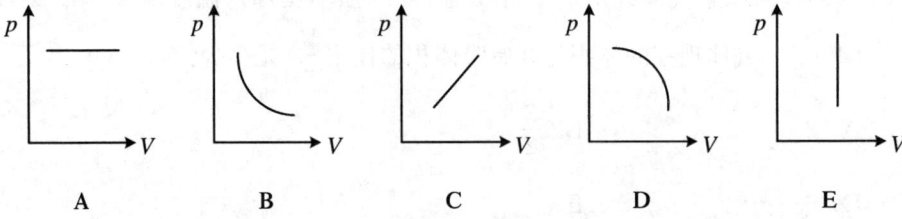

A　　　　B　　　　C　　　　D　　　　E

18. (1998)若下面所有的 p-V 图中浅色的线代表的是等温过程,在这个过程中

五、热 学 A 组

温度保持不变。下列哪幅图像中黑色线能代表绝热过程(即系统和外界没有热量的交换)？(　　)

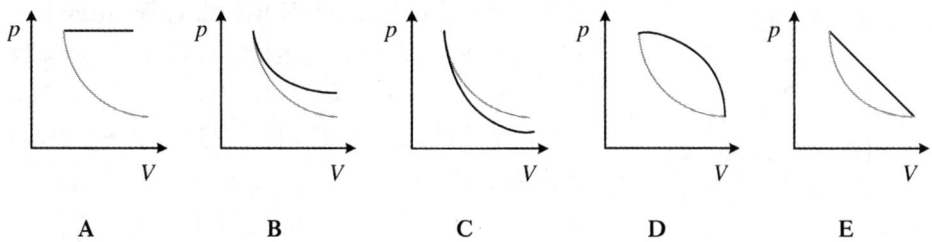

A　　　　B　　　　C　　　　D　　　　E

19.（1996）下列哪幅图可以准确地表示出绝热过程？(　　)

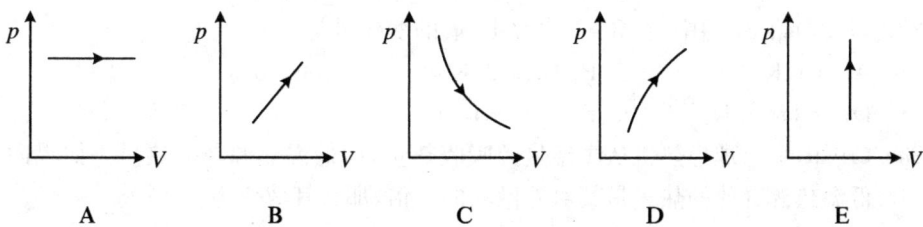

A　　　　B　　　　C　　　　D　　　　E

20.（1993）热循环三个过程如图 1 所示。其中过程 1→2 为等温过程,过程 2→3 为等容过程,过程 3→1 为绝热过程。在完整的热循环过程中,气体做的净功为 10 J,在过程 2→3 中,内能减少了 20 J。在过程 3→1 中,外界对其做功 20 J,在过程 1→2 中,系统吸收热量为(　　)。

A. 0　　　　　　B. 10 J　　　　　　C. 20 J
D. 30 J　　　　E. 40 J

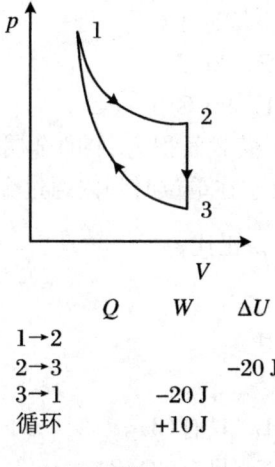

	Q	W	ΔU
1→2			
2→3			−20 J
3→1		−20 J	
循环		+10 J	

图 1

21. (1997)理想气体的三个过程的热循环的 $p\text{-}V$ 图如图 2 所示。

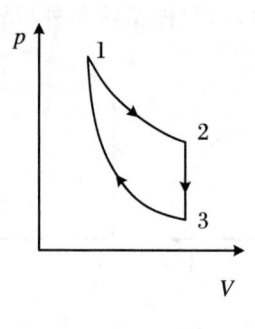

图 2

过程 1→2 是温度为 300 K 的恒温过程,在这个过程中系统吸收了 60 J 的热量。过程 2→3 是等容过程,在这个过程中系统放出 40 J 的热量。过程 3→1 是绝热的,T_3 为 275 K。在过程 3→1 中,系统内能变化了(   )。

A. -40 J　　　　　B. -20 J
C. 0　　　　　　　D. 20 J
E. 40 J

22. (1997)第 21 题中,在 3→1 过程中,熵的变化量是(   )。
A. 5.0 K/J　　　B. 0.20 J/K　　　C. 0
D. -1.6 J/K　　E. -6.9 K/J

23. (1999)一个理想热机从高温热源吸收热量,向低温热源释放热量。如果向低温热源释放的热量是其对外做功的 3 倍,那么其效率为(   )。
A. 0.25　　　B. 0.33　　　C. 0.67
D. 0.9　　　E. 1.33

24. (1994)卡诺循环从 400 K 的高温热源吸收热量 1 000 J,向 300 K 的低温热源释放的热量为(   )。
A. 0　　　　B. 250 J　　　C. 500 J
D. 750 J　　E. 1 000 J

25. (2000)在绝热容器内 100 g、90 ℃的铝块与 100 g、10 ℃的铝块相接触。最终整个系统的平衡温度最接近于(   )。
A. 10 ℃　　　B. 20 ℃　　　C. 50 ℃
D. 80 ℃　　　E. 90 ℃

26. (1998)有一根长度为 L、横截面积为 A 的金属棒,一端温度恒定为 T_1,另一端温度恒定为 T_2。关于在单位时间内通过金属棒传递的热量:
(1) 热传导速率与 $\dfrac{1}{T_1-T_2}$ 正比;
(2) 热传导速率与 A 正比;
(3) 热传导速率与 L 正比。
上述说法正确的是(   )。
A. 只有(2)　　B. 只有(3)　　C. 只有(1)(2)
D. 只有(1)(3)　　E. 只有(2)(3)

27. (2002)有一个电炉,当电压为 120 V 时,它的电阻为 12 Ω。如果要将 0.45 kg

的水从 15 ℃ 加热到 85 ℃,最短需要多少时间?(　　)

A. 20 s　　　　　B. 26 s　　　　　C. 110 s

D. 180 s　　　　E. 220 s

28. (1999)如果将 100 g、0 ℃ 的冰和 100 g、100 ℃ 的水混合,下面哪幅图最能表示混合物两部分的温度随时间的变化关系?(　　)

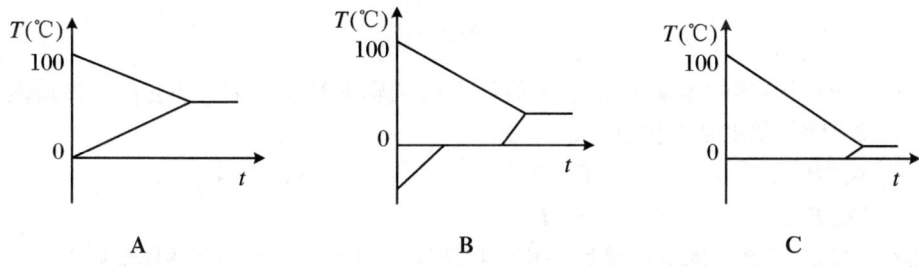

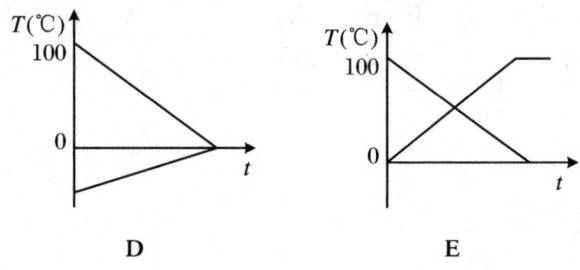

29. (1995)一块质量为 m 的冰块掉入湖里,一段时间后,$\dfrac{m}{5}$ 的冰块熔化。水和冰块的温度均为 0 ℃。如果 L 表示熔化热,则冰块下降的最小距离是(　　)。

A. $\dfrac{L}{5g}$　　　　B. $\dfrac{5L}{g}$　　　　C. $\dfrac{gL}{5m}$

D. $\dfrac{mL}{5g}$　　　E. $\dfrac{5gL}{m}$

30. (2001)一个长为 6 cm、高为 3 cm 的长方体金属块中心有一个长为 4 cm、高为 1 cm 的空洞,如图 3 所示。当金属从 0 ℃ 加热到 100 ℃ 的过程中,洞的尺寸会发生什么变化?(　　)

A. 高度和宽度都要增加

B. 高度和宽度都要减小

C. 高度和宽度保持不变

D. 高度会下降,宽度会增加

E. 高度会增加,宽度会减小

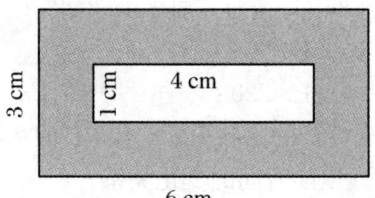

图 3

31. (1997)灼热的木炭灰烬在温度为 T 时的辐射功率为 P。当它的温度降为 $T/2$ 时,辐射功率接近于( )。
   A. P B. $P/2$ C. $P/4$
   D. $P/8$ E. $P/16$

32. (2003)某物体的温度是另一相同物体温度的 2 倍。第一个物体辐射能量的速率 R_1 与第二个物体辐射能量的速率 R_2 之间的关系为( )。
   A. $R_1 = R_2$ B. $R_1 = 2R_2$ C. $R_1 = 4R_2$
   D. $R_1 = 8R_2$ E. $R_1 = 16R_2$

六、热 学 B 组

1. (2009)图 1 为一种土豆枪,它能从截面积为 A 的半开口圆柱气缸中水平发射一个土豆。当枪点火之前土豆处于静止状态,圆柱气缸底面(封闭端)与土豆之间的体积为 V_0,这部分体积的气体压强为 p_0,大气压强为 p_{atm},其中 $p_0 > p_{atm}$。气缸中的气体为双原子分子,这意味着 $C_V = 5R/2, C_p = 7R/2$。土豆沿着气缸快速运动,没有热量传递给空气。土豆与气缸之间的摩擦可以忽略,并且在土豆周围没有气体泄漏。

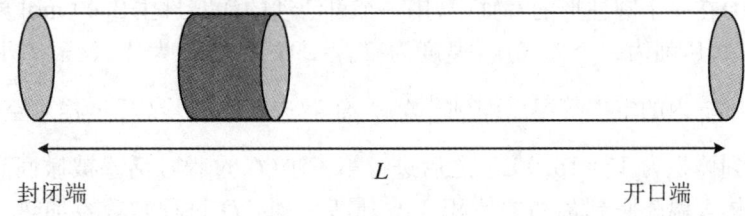

图 1

物理量 p_0, p_{atm}, V_0, A 保持不变,但气缸的总长度 L 可能是变化的。

(1) 求土豆离开气缸时的最大动能(用 p_0, p_{atm}, V_0 表示)。

(2) 求这种情况下的气缸长 L(用 p_0, p_{atm}, V_0 表示)。

2. (2007)利用一个高度为 L_0、内半径为 r_c 的匀质圆筒可以制造出一种简单的"气枪"。圆筒的一端用可移动的活塞密封,另一端用圆柱形的软木塞子弹塞住。子弹由于与筒壁的摩擦力而静止。外界气压为 p_0。若筒内的气压超过 p_{cr},则子弹就会从筒中弹出。

(1) 现有两种发射子弹的方法:一种是固定活塞并加热筒中气体,另一种是快速推动活塞。假设筒中充入的是单分子理想气体。初始情况下,筒内气体温度为 T_0,气压为 p_0。

① 假设采用第一种方法发射子弹,请计算发射子弹所需要的最低温度(用 $r_c, T_0, L_0, p_0, p_{cr}$ 表示)。

② 假设采用第二种方法发射子弹,并且假设推动活塞的速度非常快,以至于筒内气体与外界来不及发生热交换。请计算当子弹开始移动时,筒内气

柱的长度(用 $r_c, T_0, L_0, p_0, p_{cr}$ 表示)。

(2) 一般来说,子弹的半径 r_b 稍大于圆筒的内半径;$r_b - r_c = \Delta r, \Delta r \ll r_c$。为了将子弹塞进圆筒内部,有必要先压缩子弹。子弹的长度 $h \ll L_0$。圆筒壁对软木塞子弹产生的压强为 p,子弹在受压的方向上产生的形变由下式给出:

$$\frac{\Delta x}{x} = \frac{-p}{E}$$

常数 E 与材料性质有关,称为杨氏模量。你可以假设对子弹某一部位的挤压不会造成其他地方的膨胀。若泊松比接近 0,则这一性质成立,软木恰好符合要求。(注:泊松比定义为材料在单向受拉或受压时,横向正应变与轴向正应变的绝对值的比值)

若软木塞子弹与筒壁间的静摩擦因数为 μ,请计算 p_{cr} 的表达式(用 $p_0, \mu, h, E, \Delta r, r_c$ 表示)。

3. (2010)在一个圆柱形的气缸中,用一个可活动的活塞封住 2.00 mol 的空气。开始时,压强为一个大气压,温度为 $T_0 = 298$ K,体积为 V_0。第一步(A 过程),气缸内的空气等温压缩到 $\frac{1}{4} V_0$。然后进行第二步(B 过程),空气绝热膨胀到体积为 $V = 15.0$ L。之后进行第三步(C 过程),活塞被撤回到原位,即气体等温膨胀到最初的体积 V_0。最后一步(D 过程),等容加热气体,使它恢复到最初的温度 $T_0 = 298$ K。假设气体是双原子理想气体,气缸活塞没有漏气,外界温度保持不变。可能用到的相关参数如下:

$$C_p = \frac{7}{2} R, \quad C_V = \frac{5}{2} R, \quad 1 \text{ atm} = 1.01 \times 10^5 \text{ Pa}$$

(1) A 过程中,气体做了多少功?

(2) B 过程结束时,气体的温度是多少?

4. (2014)如图 2 所示,房间内的空调是一个制冷机:含有气体工质的冷却盘管从室温为 T_L 的房间内吸收的热量为 Q_L;气体工质绝热压缩到 T_H;气体工质等温压缩到室外的盘管,释放的热量为 Q_H;气体绝热膨胀,温度回到 T_L;重复上述循环。每一次循环过程中电泵对系统做的净功为 W。上述过程描述了空调在最高效率下的工作过程。

假设室外空气的温度为 T_H,室内空气温度为 T_L,空调消耗的电功率为 P。假设空气是充分干燥的,所以空调的冷却盘管内不产生冷凝水。在常压下,水会在 373 K 时沸腾,在 273 K 时结冰。

(1) 用 T_H 和 T_L,以及空调消耗的功率 P 表示热量传递到室外的最大速率。

(2) 房间是绝热的,但是室外热量以恒定速率 $R = k\Delta T$ 传入室内,其中 ΔT

是房间内外温度差，k 是一个常数，用 T_H，T_L 和 k 表示室内最低温度。

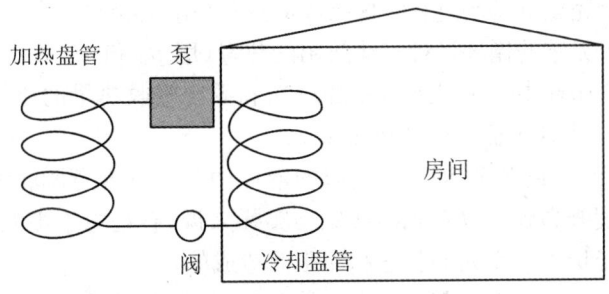

图 2

(3) 一般情况下 $k = 173 \text{ W/}°\text{C}$，如果室外温度为 $40 °\text{C}$，那么要将室内温度降为 $25 °\text{C}$，空调至少需要多大的功率？

5. (2008) 一个气缸里用可以移动的活塞密封一定量的单原子分子理想气体即可构成一个简单的热机。气缸里的气体初态压强为 p_0，体积为 V_0。将气体等容加热，一旦气体压强达到 $32p_0$，活塞将被释放，气体发生膨胀。膨胀过程中气体和外界没有热量交换。当压强降为 p_0 时，气缸外面的温度又冷却回初温，保持气压恒定。

假设单原子分子理想气体的定容摩尔热容为 $C_V = \dfrac{3}{2} R$，其中 R 是理想气体常数。可以用分数或小数的形式表示答案。若选择小数，则保留三位有效数字。此循环过程的 p-V 图如图 3 所示。

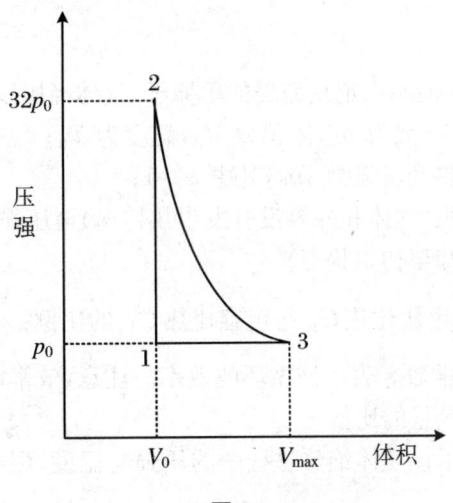

图 3

(1) 在整个循环中,设 V_{max} 表示最大体积,求 V_{max} 与 V_0 之间的关系。

(2) 求一个完整的循环过程气体吸收的热量(用 p_0 和 V_0 表示)。

(3) 求一个完整的循环过程气体放出的热量(用 p_0 和 V_0 表示)。

(4) 在一个循环中系统对外所做的净功和系统吸收热量的比值定义为热机效率 e,求这个循环的热机效率 e。

6. (2011) "单泡声致发光"即声波引起的液体中悬浮气泡急剧收缩并使得气泡中气体温度升高到足以发光的现象。实际来说,它是由于声波压力的变化,使得气泡经历了一系列的收缩和膨胀而造成的。

现在建立一个正在经历声致发光的简单气泡模型。假设最初的气泡压强为一个大气压 $p_0 = 101$ kPa。当气泡周围的液体压强降低时,气泡半径等温膨胀到 $36.0\ \mu m$。当液体压强再次增加时,气泡半径则急速收缩至 $4.50\ \mu m$ 以至于来不及发生热量交换。气泡在收缩以及随即的膨胀过程之间等容(体积不变)冷却到最初的温度与压强。已知气泡中的气体是单原子分子气体,且气泡悬浮在温度 $T = 293$ K 的水中,求:

(1) 气泡中气体的物质的量;

(2) 膨胀以后气体的压强;

(3) 收缩以后气体的压强;

(4) 收缩以后气体的温度;

(5) 整个过程中对气泡做的总功。

可能会用到以下公式:对于单原子分子气体,定容比热容 $C_V = \dfrac{3R}{2}$,定压比热容 $\gamma = \dfrac{5}{3}$。

7. (2012) 一种理想(但不一定是完美的单原子)气体经历以下循环:

(1) 开始时,气体压强为 p_0,体积为 V_0,温度为 T_0;

(2) 气体等容加热到压强为 αp_0,其中 $\alpha > 1$;

(3) 气体绝热膨胀(气体和外界没有发生热传递)至压强为 p_0;

(4) 气体等压冷却至初始状态。

绝热常数 γ 表示定压比热 C_p 与定容比热 C_V 的比例: $\gamma = \dfrac{C_p}{C_V}$。

(1) 用 α 与绝热常数 γ 表示该循环的效率。注意:效率定义为对外所做的净功和吸收的热量的比值。

(2) 实验员测量了该气体绝热过程中的压强与温度,用 T_0 与 p_0 表示其值,如表 1 所示。

表1

压强(以 p_0 为单位)	1.21	1.41	1.59	1.73	2.14
温度(以 T_0 为单位)	2.11	2.21	2.28	2.34	2.49

根据该表格数据做适当的图来确定绝热常数。

(3) 求出该气体的绝热常数 γ。

8. (2007)现有均匀带电、体积为 V_f 的液体,其电荷密度为 ρ。将这些液体喷洒进一个房间,液滴以球形漂浮在房间内。在这些液滴漂浮的过程中,可能分崩离析,也可能相互融合。假设所有的液滴具有半径 R。忽略液滴内部的作用力,并且假设 $V_f \gg R^3$。

(1) 求单个液滴的电势能。(提示:假设球体具有半径 r,要使其半径增加 dr,需要做多少功?)

(2) 求这些液滴的总电能。

对(2)的解答应能说明总能量随 R 增加而增加。若不存在表面张力,则液体将会分解成无限多的小液滴。因此假定该流体具有表面张力势能系数 γ。(该值表示单位面积的势能,并且总是正的)

(3) 在计入表面张力势能后,求这些液滴的总势能。

(4) 求液滴的平衡半径。

9. (2013)如果某材料板的导热系数为 κ,面积为 A,厚度为 d,上下表面的温度差为 ΔT,那么热量通过此板进行热传递的热功率为

$$P = \frac{\kappa A \Delta T}{d}$$

热交换器是一种将冷、热流体进行热量传递交换的装置,它的应用十分广泛。图4的热交换器由两个长为 l、宽为 w、高为 h 的长方体管道组成。管道中间隔着厚度为 d、导热率为 κ 的金属板。一开始下层管道有速度为 v 的热液体从右到左流过,上层管道有同样速度的冷液体从左到右流过,两液体单位体积热容均为 c。

流入的热液体温度较高,且与冷液体的温差为 ΔT_i,当液体流出热交换器时两者温差减小到 ΔT_f。(若原来的冷液体经过交换器流出时温度比流出的原热液高,则 $\Delta T_f < 0$)

假设每个管道的温度只与纵向位置有关,传热只考虑金属传导和液体流动传热。在该情况下,尽管每种液体的温度将随流经交换器的长度发生变化,但在金属板的同一位置上下的温差处处相同,这点无需给出证明。

求 ΔT_f。

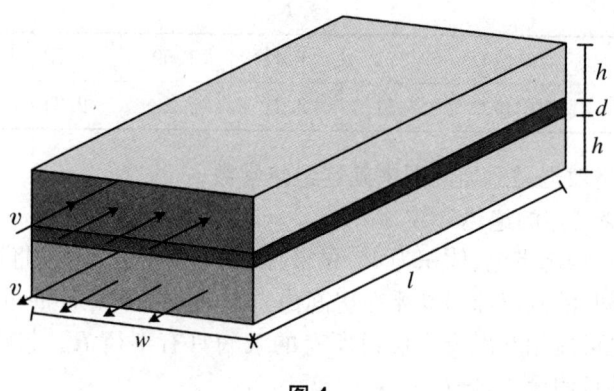

图 4

七、光　　学

1. (2000)提供一个发光物体,一个针孔与一块屏幕,在屏幕上形成针孔的像。当屏幕远离针孔时,会发生如下哪些现象?(　　)

    Ⅰ. 像会失焦;

    Ⅱ. 像会变大;

    Ⅲ. 像会变亮。

    A. 只有Ⅰ正确　　　　B. 只有Ⅱ正确　　　　C. 只有Ⅲ正确

    D. 只有Ⅰ,Ⅱ正确　　E. 只有Ⅱ,Ⅲ正确

2. (2000)光线入射时,镜面反射发生在(　　)。

    A. 光滑表面

    B. 粗糙表面

    C. 光从光密介质射向光疏介质的边界

    D. 光从光疏介质射向光密介质的边界

    E. 任何两种透明物质的边界,和折射率无关

3. (1996)有两个平面镜,镜LM放置在左侧,镜RM放置在右侧,如图1所示。两个镜子之间相互平行并且相距3.0 m。一个人站在距离镜RM 1.0 m的位置处向镜RM看去,会看到一系列像。其中在镜RM中距人第二近的像和人的距离是(　　)。

    A. 2.0 m　　　　B. 4.0 m　　　　C. 6.0 m

    D. 8.0 m　　　　E. 10.0 m

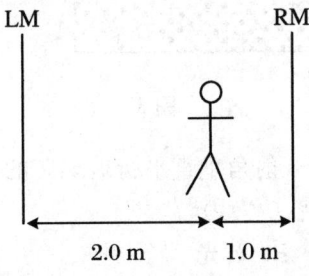

图1

4. (1999)如图 2 所示,一束光以 45°的入射角照射到角反射器上。将角反射器转动,使得光的入射角为 60°。则从角反射器出射的光(　　)。
    A. 出射角度与原出射光线相比转过 15°
    B. 出射角度与原出射光线相比转过 30°
    C. 出射角度与原出射光线相比转过 45°
    D. 出射角度与原出射光线相比转过 60°
    E. 与原出射光线平行

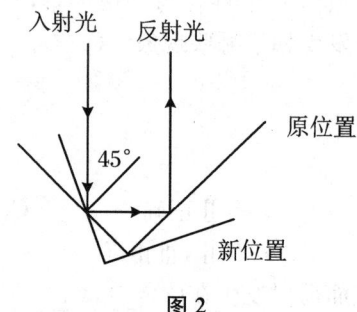

图 2

5. (2004)一束光以 45°的角度射向一块玻璃砖,如图 3 所示。通过上表面折射到玻璃砖的侧面。则光在侧面的路径最可能是(　　)。
    A. A B. B C. C
    D. D E. 以上都不是

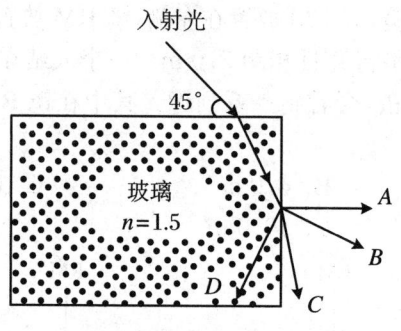

图 3

6. (2002)一束白光以 0°的入射角垂直平行玻璃砖的一面射入。最先到达玻璃砖的对面的光是什么光?(　　)
    A. 红光   B. 黄光   C. 绿光
    D. 紫光   E. 所有颜色的光同时到达

7. (2000)一束光通过介质1、介质2、介质3的光路图如图4所示。关于三个折

射率 n_1, n_2, n_3 的关系,正确的是(　　)。

A. $n_3 > n_1 > n_2$　　　B. $n_1 > n_2 > n_3$　　　C. $n_1 > n_3 > n_2$
D. $n_2 > n_3 > n_1$　　　E. $n_2 > n_1 > n_3$

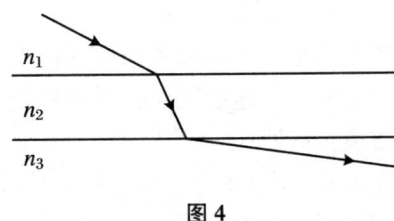

图 4

8. (2001)光从折射率 $n = 1.5$ 的材料 X 进入到折射率 $n = 2.0$ 的材料 Y。如果光在介质 Y 中的速度为 v,那么在介质 X 中的速度为(　　)。

A. $0.56v$　　　B. $0.75v$　　　C. $1.33v$
D. $1.78v$　　　E. $3.0v$

9. (2003)一束光从空气射入某种透明材料。入射角为 $49°$,折射角为 $30°$,该介质中光的速度为(　　)。

A. 1.8×10^8 m/s　　　B. 2.0×10^8 m/s　　　C. 2.3×10^8 m/s
D. 3.0×10^8 m/s　　　E. 4.5×10^8 m/s

10. (2001)如图 5 所示,平面放置一个透镜,入射光线通过透镜后的光路可能是(　　)。

A. 光路 A　　　B. 光路 B　　　C. 光路 C
D. 光路 D　　　E. 光路 E

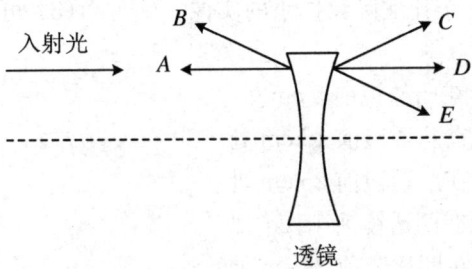

图 5

11. (2004)物体通过一个凸透镜成了一个虚像,虚像的大小是物体的两倍。将该凸透镜用一个焦距相等的凹透镜取代,成的像的放大倍数是(　　)。

A. -1　　　B. $-2/5$　　　C. $2/3$
D. $3/2$　　　E. $5/2$

12. (2003)一物体放置在距离凸透镜 60 cm 处。透过该透镜所成的像是倒立的,像的大小为物体的一半。该透镜的焦距为(　　)。

    A. 90 cm　　　　　　B. 60 cm　　　　　　C. 45 cm
    D. 30 cm　　　　　　E. 20 cm

13. (2002)两个透镜的焦距都是 +10 cm,光轴对齐相距 30 cm 放置,如图 6 所示。将物体放置在距离第一个透镜 35 cm 的位置处。光通过两个透镜后,成像在距离第二个透镜多远处?(　　)

    A. 65 cm　　　　　　B. 35 cm　　　　　　C. 27 cm
    D. 17 cm　　　　　　E. −14 cm

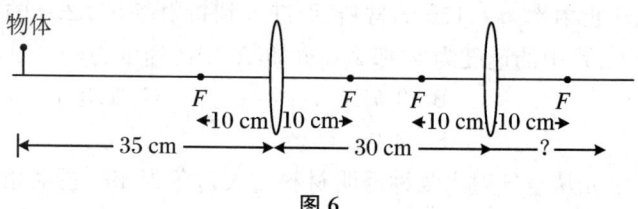

图 6

14. (2001)一个物体放置在凹透镜(曲率半径为 10 cm)前方 10 cm 处,在距离透镜多远的地方可以形成一个实像?(　　)

    A. 0 cm　　　　　　B. 5 cm　　　　　　C. 10 cm
    D. 20 cm　　　　　　E. 不能成像

15. (1993)你有两只透镜。其中凸透镜的焦距为 +10 cm,凹透镜的焦距为 −20 cm。下面哪种情况(1)可以产生一个比实际物体大的虚像?(　　)(2)可以产生一个比实际物体小的实像?(　　)(3)可以产生一个比实际物体大的实像?(　　)

    A. 将物体放置在凸透镜前 5 cm 处
    B. 将物体放置在凸透镜前 15 cm 处
    C. 将物体放置在凸透镜前 25 cm 处
    D. 将物体放置在凹透镜前 15 cm 处
    E. 将物体放置在凹透镜前 25 cm 处

16. (1997)有两个完全相同的平凸透镜,单个的平凸透镜如图 7(a)所示。当一个物体放置在距离单个平凸透镜左侧 20 cm 处时,成像于透镜右侧 40 cm 处。现在让两个平凸透镜平面相靠,组合成一个双凸透镜(见图 7(b))。将同一物体放置在双凸透镜的左侧 20 cm 处,则成像的位置大致在(　　)。

    A. 透镜右侧 6.7 cm 处　　　　　　B. 透镜右侧 10 cm 处
    C. 透镜右侧 20 cm 处　　　　　　D. 透镜右侧 80 cm 处

E. 透镜左侧 80 cm 处

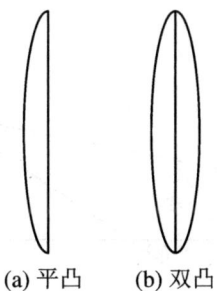

(a) 平凸   (b) 双凸

图 7

17. (2004)大多数植物中的叶绿素在促进光合作用的同时可以让我们看到植物本身呈现绿色。下列哪一种颜色的光对于植物的光合作用来说作用最小？（   ）

  A. 品红色   B. 红色   C. 绿色

  D. 蓝色   E. 所有的光作用都相同

18. (1998)S 和 S' 为两个同相振动的相干波源，如图 8 所示。X 是第二节线（振动减弱）上的点。已知波程差 $SX - S'X = 4.5$ cm，则波长大约为（   ）。

  A. 1.5 cm   B. 1.8 cm   C. 2.3 cm

  D. 3.0 cm   E. 4.5 cm

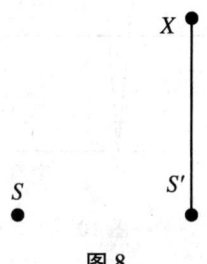

图 8

19. (1997)两个光源同相且相距为 d，发出波长为 λ 的波，如图 9 所示。光程差 $\Delta L = L_1 - L_2$ 为多少时，可以在 P 点产生相消干涉？（   ）

  A. $d\sin\theta$ B. $\dfrac{x}{L_1}$ C. $\dfrac{xd}{L_2}$

  D. $\lambda/2$ E. 2λ

20. (1995)如图 9 所示，在空气中光通过两条非常窄的狭缝后在 P 点出现了亮条纹（相长干涉）。通过下面狭缝的光程比通过上面狭缝的光程多了一个波长。如果将整个装置浸入到水中，相长干涉的角度 θ 将（   ）。

A. 不变
C. 减小,因为波长减小
E. 增加,因为波长增加
B. 减小,因为频率减小
D. 增加,因为频率增加

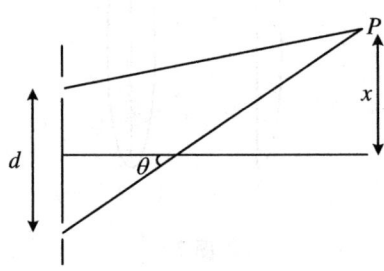

图9

21. (1994)如图10所示,厚度为 t 的肥皂膜被空气包围,一束波长为 λ 的单色光近乎垂直地入射到膜表面,当膜的厚度为多大的时候,反射光最强(相长干涉)?( )

A. $\lambda/4$ B. $\lambda/2$ C. λ
D. 2λ E. 4λ

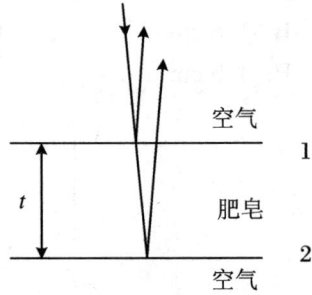

图10

22. (2002)一束光从空气垂直入射到一块玻璃砖,如图11所示,想要得到橙色反射光,玻璃砖的最小厚度是(橙色光波长为 600 nm)(   )。

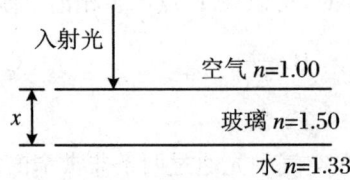

图11

七、光 学

A. 50 nm B. 100 nm C. 150 nm
D. 200 nm E. 500 nm

23. (1998)如图 12 所示,厚度为 t、折射率为 1.33 的薄膜涂在折射率为 1.50 的玻璃上。波长为 640 nm 的光垂直入射时在遇到下列哪种厚度的薄膜时反射回空气将会被减弱?（ ）(提示:光由光疏介质射向光密介质的分界面上发生反射时,反射光与入射光相位相差 π)

A. 160 nm B. 240 nm C. 360 nm
D. 480 nm E. 640 nm

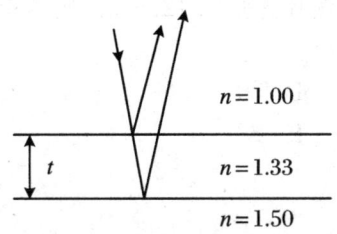

图 12

24. (1996)如图 13 所示,厚度为 t、折射率为 1.33 的薄膜涂在折射率为 1.50 的玻璃上。要想增强反射波长为 600 nm 的光,厚度 t 的最小值为( )。(提示:光由光疏介质射向光密介质的分界面上发生反射时,反射光与入射光相位相差 π)

A. 225 nm B. 300 nm C. 400 nm
D. 450 nm E. 600 nm

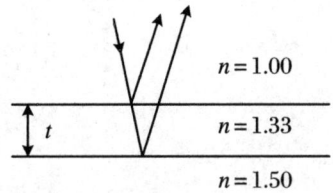

图 13

25. (2002)一束波长为 700 nm 的红光通过一个每厘米 1 000 条狭缝的衍射光栅,在 2.0 m 远处的光屏上第一和第三个亮条纹的距离是( )。

A. 14 cm B. 28 cm C. 42 cm
D. 140 cm E. 280 cm

26. (2003)一个透射光栅每厘米有 5 000 条刻痕。波长为 4.5×10^{-7} m 的光以 0°的入射角射入该光栅,光栅衍射的第一级主极大角为( )。

A. 5.2°   B. 6.4°   C. 13°
D. 27°   E. 34°

27. (1993)波长为 λ 的单色光入射到有六个等距狭缝的光栅上，一级主极大发生在角度为 0.001 00 弧度处。如果最外面的两个狭缝关闭，那么一级主极大会发生在多少弧度处？（   ）

A. 0.000 25   B. 0.000 67   C. 0.001 00
D. 0.001 50   E. 0.004 00

28. (2003)一束非偏振光连续透过两个偏振滤光片。透过第二个偏振片的光的光强是透过第一个偏振片光强的 12.5%。则两个偏振片轴线之间的夹角为（   ）。

A. 7°   B. 30°   C. 42°
D. 60°   E. 83°

八、原子物理与相对论 A 组

1. (2004)下面哪一种现象用光的波动理论进行解释比较理想?(　　)
   A. 黑体辐射　　　　B. 康普顿效应　　　　C. 光电效应
   D. 平均自由程　　　E. 衍射

2. (2002)在卢瑟福α粒子散射实验中,他发现大多数的α粒子都可以无影响地通过,从这个实验现象可以得到原子核具有以下哪个特点?(　　)
   A. 原子核都具有正电
   B. 原子的大多数质量集中在原子核上
   C. 原子核包括质子和中子
   D. 相对于原子半径原子核半径很小
   E. 以上都不能得到

3. (2002)在一种特殊的放射性衰变中,原子的原子序数增加一位,则在这种衰变中原子核必然放射出(　　)。
   A. α粒子　　　　B. β粒子　　　　C. γ粒子
   D. 光子　　　　　E. 中子

4. (2004)β粒子的速度通常由下面哪个实验测定?(　　)
   A. 密立根油滴实验观察其轨迹可得
   B. 在重力场中测量其偏转轨迹
   C. 测量释放β粒子的衰变核的半衰期
   D. 在已知磁场中测量其偏转轨迹
   E. 使用汤姆孙装置

5. (1993)图 1 给出了一个气泡室的照片,磁场方向垂直于纸面向外。所有的粒子具有相同的向右方向入射的速度。最有可能描述电子运动轨迹的是(　　)。
   A. A　　　　B. B　　　　C. C
   D. D　　　　E. E

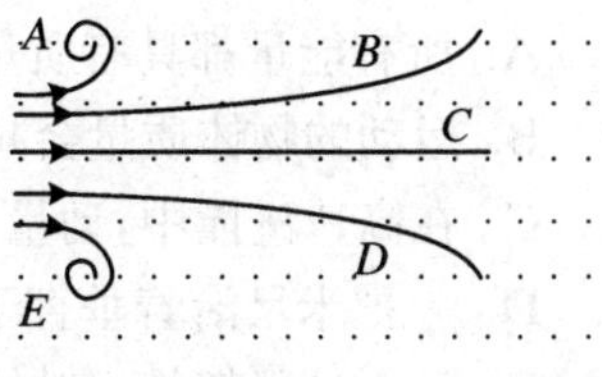

图 1

6. (2003)假设钠产生波长为 $5.89×10^{-7}$ m 的单色光。一盏 10 W 的钠蒸气灯发光时发出光子的速率为(　　)。

  A. $3.5×10^{19}$ 光子/s   B. $3.0×10^{19}$ 光子/s   C. $2.5×10^{19}$ 光子/s

  D. $2.0×10^{19}$ 光子/s   E. $1.5×10^{19}$ 光子/s

7. (2004) $^{235}_{92}U$ 核经过十亿年的时间,释放 7 个 α 粒子和 x 个 β 粒子,衰变成 $^{207}_{82}Pb$ 核,则 x 为(　　)。

  A. 3   B. 4   C. 5

  D. 6   E. 7

8. (2004)氡气产生的伽马射线在医疗方面用于治疗癌症,它的半衰期为 3.8 天。一份纯净的氡气,经过 19 天后,它将剩下(　　)。

  A. 0%   B. 3%   C. 5%

  D. 9%   E. 20%

9. (2001)如果放射性同位素样品的 25% 在 4 小时内发生衰变,则此样品的半衰期估计为(　　)。

  A. 1.9 h   B. 4.0 h   C. 8.0 h

  D. 9.6 h   E. 13.8 h

10. (1998)在氢原子光谱中,其巴耳末系可见光最长的波长是(　　)。

  A. 0.66 nm   B. 6.56 nm   C. 65.6 nm

  D. 656 nm   E. 6 560 nm

11. (2001)根据氢原子的玻尔理论,一群电子从第四能级最终跃迁到基态能级,会产生多少条氢原子谱线?(　　)

  A. 7   B. 6   C. 5

  D. 4   E. 3

12. (2000)下面是哪种类型的核反应方程?(　　)

$$^{12}_{6}C + ^{4}_{2}He \longrightarrow ^{16}_{8}O + 能量$$

  A. 核裂变   B. 核聚变   C. α 衰变

  D. β 衰变   E. 正电子衰变

13. (2004)爱因斯坦理论的含义是(　　)。

  A. 所有能量都具有质量的性质

  B. 运动的物体质量会减少

  C. 在高速碰撞中,动量不守恒

  D. 一把米尺沿着垂直于其长度的方向快速运动,它的长度会变短

  E. 每个过程都是相对的

14. (2004)海森伯原理指出,物理学不可能做出准确的预测。这是因为(　　)。

A. 实验设备总是会存在误差

B. 人类的感觉不够敏锐

C. 观察行为改变了被观察物体的运动或位置

D. 自然法则往往不是我们所能准确认识的

E. 以上说法都不对

15. (1997)一根长度为 1 m 的杆子以相对于观察者 $0.60c$ 的速度运动,观察者测得杆子的长度为 L,下面哪个陈述是正确的?（　　）。

A. $L=0.6$ m　　　B. $L=0.8$ m　　　C. 0.8 m$<L<1.00$ m

D. $L=1.00$ m　　　E. $L>1.00$ m

16. (2003)一个电子运动时的总能量是静止时(0.511 MeV)的两倍,则电子运动速度为(　　)。

A. $v=\dfrac{1}{2}c$　　　B. $v=\dfrac{3}{4}c$　　　C. $v=\dfrac{\sqrt{3}}{2}c$

D. $v=\dfrac{8}{9}c$　　　E. $v=\dfrac{\sqrt{8}}{3}c$

九、原子物理与相对论 B 组

1. (2010)太阳的辐射能主要来源于核聚变。在与太阳大小相当的恒星中,核聚变发生的主要途径是质子-质子链。核反应方程为

$$2p \longrightarrow X_1 + e^+ + X_2 (0.42\,\text{MeV}) \qquad ①$$
$$p + X_1 \longrightarrow X_3 + \gamma (5.49\,\text{MeV}) \qquad ②$$

括号中为反应产物所具有的总动能(包括 γ 光子能量)。p 是质子,e^+ 是正电子,γ 是 γ 射线,X_1,X_2,X_3 是未知粒子。

太阳核心处的电子湮灭释放的能量为 x:

$$e^+ + e^- \longrightarrow 2\gamma(x) \qquad ③$$

随后,两个主要核反应过程同时发生,第一过程是单一的核反应,释放的能量为 y:

$$2X_3 \longrightarrow {}^4\text{He} + 2X_4(y) \qquad ④$$

第二个过程包括了三个反应,释放的能量为 z:

$$X_3 + {}^4\text{He} \longrightarrow X_5 + \gamma \qquad ⑤$$
$$X_5 + e^- \longrightarrow X_6 + X_7(z) \qquad ⑥$$
$$X_6 + X_4 \longrightarrow 2\,{}^4\text{He} \qquad ⑦$$

(1) 根据 X_7 判别出 X_1,其中 X_7 和 X_2 为质量可以忽略不计的中性粒子。元素周期表中最初的几个元素顺序为:H,He,Li,Be,B,C,N,O。

(2) 电子的质量可以表示为 $0.51\,\text{MeV}/c^2$,质子的质量可以表示为 $938.27\,\text{MeV}/c^2$,氦-4 的质量为 $3\,727.38\,\text{MeV}/c^2$。求出氦核产生过程中释放的能量,包括动能和 γ 射线携带的能量。

(3) 求出上述过程中提到的未知能量 x,y。

(4) 已知上述第二过程中⑥不可能是下面的核反应:

$$X_5 \longrightarrow X_6 + e^+ + X_7$$

这是因为没有足够的能量。以此来判断⑥中 z 的限制条件。

2. (2015)一个质量为 m 的微粒,仅考虑重力时,与水平面发生完全弹性碰撞。粒子所具有的总能量为 E,其重力加速度为 g。不考虑相对论效应,将粒子看作质点。

(1) 当德布罗意波长与粒子反弹后的高度在同一数量级时,用粒子反弹时的最大动量来定义德布罗意波长,在量子效应下求出能量值 E_p。用 g,m 和普朗克常量 h 表示答案。

(2) 估算粒子碰撞的实际能量值。当粒子弹起的高度为 H 时,得到:
$$2\int_0^H p\,dx = \left(n+\frac{1}{2}\right)h,$$
其中 p 是在距离地面高度为 x 时的动量,n 为正整数,h 为普朗克常量。

① 用 g,m 和普朗克常量 h 或其中的几个量,计算对应不同正整数 n 下的能量 E_n。

② 用数值表示反弹粒子的最小能量值。其中,中子的质量 $m_n = 1.675 \times 10^{-27}$ kg $= 940$ MeV/c^2,用 J 或者 eV 表示答案。

③ 计算能量最小的中子弹起时所达到的高度。

(3) E_0 表示弹起中子的最小能量,f 代表其弹起的频率。计算比率 $\dfrac{E_0}{f}$ 的数量级。

3. (2013)一束 μ 介子在匀强磁场中做圆周运动。忽略由于电磁辐射场导致的能量损失。已知 μ 介子的质量为 1.88×10^{-28} kg,电量为 -1.602×10^{-19} C,半衰期为 1.523 μs。

(1) μ 介子的运动速度远小于光速。我们发现,在每个运动周期中,有一半的 μ 介子衰变。求磁场的磁感应强度大小。

(2) 在该磁场中进行相同的实验,但此时 μ 介子的速度增大,不再远小于光速。此时在一个周期内 μ 介子衰变的比例是增大,减小,还是不变?

下面的狭义相对论知识可能要被用到:

粒子速度为 v 时,洛伦兹因子可以表示为
$$\gamma = \frac{1}{\sqrt{1-v^2/c^2}}$$

洛伦兹因子给出了时间延缓的幅度;在以速度 v 运动的参考系中,钟的时间标度走慢了 γ 倍。

粒子的动量可以表示为
$$p = \gamma m v$$

其中,m 与速度无关。

在相对论中仍然用动量变化率来定义物体受到的力,则洛伦兹力方程为
$$\frac{d\boldsymbol{p}}{dt} = q(\boldsymbol{E}+\boldsymbol{v}\times\boldsymbol{B})$$

4. (2012)介子 S 是一种新发现的亚原子粒子,其质量为 M。当它静止时,它将

在 $\tau = 3 \times 10^{-8}$ s 时间后衰变成两个完全相同的粒子(介子 P),其质量为 αM。

(1) 在介子 S 静止的参考系中,请用质量 M、真空中光速 c 与其他数学常量表示介子 P 的:

① 动能;② 动量;③ 速度。

(2) 介子 S 在某一参考系中从产生到衰变共运动了 9 m。试求介子 S 在这个参考系中的:

① 速度;② 动能。

5. (2014)在狭义相对论中研究问题时,通常两个事件之间的时空间隔 Δs 是守恒的,这点非常重要,Δs 可以被定义为

$$(\Delta s)^2 = (c\Delta t)^2 - [(\Delta x)^2 + (\Delta y)^2 + (\Delta z)^2]$$

其中 $c = 3 \times 10^8$ m/s 是真空中的光速。

(1) 有一个与水平方向的夹角为 θ_0、以初速度 v_0 发射的弹丸,假设重力加速度 g 在弹丸运动的过程中保持不变。

① 假设弹丸在 $t = 0$ 时发射,写出弹丸从发射开始测量的时空间隔(关于时间 t 的)函数表达式(用 θ_0, v_0, c, g, t 表示)。

② 物体运动轨迹的曲率半径可以通过假设轨迹是圆的一部分来估算得到,计算初末两端点的时空间隔和在两端点连线正上方的最大高度。假定运用上述时空间隔的定义,用 θ_0, v_0, c, g 表示出曲率半径。假设弹丸最终又落回到同一水平面上,同时该运动不需要考虑相对论效应,即 $v_0 \ll c$,可以忽略 v/c 一项。

(2) 远离任何引力场的火箭船以加速度 g 沿 x 方向做匀加速直线运动。宇航员小黄人在火箭的右端,用激光射向位于火箭左端的外星人。他们两人之间的距离为 d,$dg \ll c^2$,所以你可以忽略 $(dg/c^2)^2$ 这一项。

① 请在图 1 中画出小黄人和外星人的时空图,时空图中标明渐近线和渐近线的斜率。

注:图线并不一定要严格按照比例。假设火箭在 $t = 0$ 时的速度 $v = 0$,并且初始位置 $x = 0$,$t = 0$ 时小黄人和外星人的点已经标注在图上。

② 如果小黄人测得的激光频率为 f_1,求外星人测得的激光频率(可以假设 $f_1 \gg c/d$)。

6. (2011)考虑一个在边长为 L 的立方体盒子里电磁辐射的简化模型。在该模型中,电场强度与空间位置的关系为

$$E(x, y, z) = E_0 \sin(k_x x) \sin(k_y y) \sin(k_z z)$$

其中盒子的一个顶点位于原点,盒子边框与 x, y, z 轴对齐。h 为普朗克常

量,k_B 为玻尔兹曼常数,c 为光速。

图 1 加速火箭的时空图($t=0$ 时小黄人和外星人的点已经标注在图上)

(1) 盒子每个侧面的任意位置上电场强度为零。则 k_x,k_y,k_z 应当满足什么条件?(假设其中任何一个都有可能是负值,并且包括一个或者多个 k_i 为零的情况,即使这会导致 $E=0$)

(2) 在这个模型中,每组允许的值 (k_x,k_y,k_z) 对应一个量子态。这些量子态可在状态空间中表示(即相空间的一个点),状态空间可以看作一个三维空间,三个坐标分别对应于 k_x,k_y,k_z。忽略离散效应,多少个量子态能够占据状态空间中足够大的体积为 s 的空间?

(3) 事实上,每个量子态都可能被频率为 $\omega=\dfrac{f}{2\pi}=c|k|$ 的光子占据,其中 $k=\sqrt{k_x^2+k_y^2+k_z^2}$。

在模型中,若盒子内的温度为 T,则没有光子的能量能大于 $k_B T$。问:被占据的量子态在状态空间中形成什么样(形状)的区域?

(4) 最后,假设每个被占据的量子态都包含一个光子。盒子中光子的总能量为多少？用 h, k_B, c, T 和盒子体积 V 表示。再次,假设温度足够高时,将存在大量的被占据的量子态。(提示:将相同能量的光子归到(划分到)同一个小(薄)状态空间区域中)

注:虽然这个模型中很多细节非常不准确,除了一个数值系数,最终结果仍然是正确的。

答案与解析部分

一、力 学 A 组

（一）运动学

答案：

1．A 2．C 3．B 4．C 5．A 6．B 7．B 8．B 9．C 10．D 11．B 12．B 13．B 14．E 15．D 16．C 17．C 18．E 19．(1) E;(2) D; (3) B 20．(1) D;(2) C 21．(1) B;(2) E 22．B 23．A 24．(1) C;(2) D; (3) B 25．D 26．D 27．E 28．E 29．B 30．B 31．D 32．E 33．B 34．D 35．A 36．A 37．(1) C;(2) D;(3) D;(4) C 38．(1) D;(2) B 39．(1) C;(2) C;(3) D 40．E 41．B 42．A 43．C 44．A 45．A 46．D 47．D 48．D 49．E 50．A 51．C 52．B 53．D 54．C 55．C 56．B 57．C 58．(1) C;(2) B 59．C 60．(1) B;(2) E 61．E 62．C 63．B 64．D 65．A 66．B 67．(1) A;(2) D 68．D 69．B 70．D 71．B 72．C 73．A 74．A 75．D 76．C 77．A 78．C 79．E 80．A 81．E 82．C 83．E 84．(1) D;(2) E

5．解析：平均速度等于总位移除以总时间。前 25 km 需要 0.31 h；后 75 km 需要 1.5 h。

26．解析：由于图中的 ln 图像是一条直线，所以正确的方程为
$$\ln y = Ax + B$$
或者
$$y = ae^{bx}$$

40．解析：对于匀加速过程，有
$$\Delta x = \frac{1}{2}at^2 + v_i t$$

这边有四个时刻：$t_0 = 0$ 是火车刚出发的时刻，此时火车车头与人对齐。t_1 是第一节车厢车尾与人对齐的时刻，满足
$$L = \frac{1}{2}at_1^2$$

假设每节车厢的长度均为 L，t_2 是第九节车厢车尾与人对齐的时刻，满足
$$9L = \frac{1}{2}at_2^2$$

最后,t_3 是第十节车厢通过人的时刻,满足

$$10L = \frac{1}{2}at_3^2$$

解得

$$2L/a = 25$$

所以

$$t_2 = \sqrt{9 \times 25} = 15(\text{s})$$

以及

$$t_3 = \sqrt{10 \times 25} = 15.81(\text{s})$$

64. 解析:用矢量合成法可得小船相对于河岸的速度为 3.0 m/s,故渡河时间为 $t = \frac{600}{3} = 200$ (s)。

81. 解析:如果没有重力,铅球击中悬崖所需的时间为

$$\frac{150 \text{ m}}{100 \text{ m/s}} = 1.5 \text{ s}$$

在这段时间内,铅球竖直下降的距离

$$d = \frac{1}{2}gt^2 = 11.25 \text{ m}$$

82. 解析:对于完全弹性碰撞而言,这堵墙就像一面镜子。在这种情况下,小飞和小莉水平距离相当于 30 m,根据抛体运动的距离公式

$$R = \frac{v^2}{g}\sin 2\theta$$

得到

$$v^2 = \frac{gR}{\sin 2\theta} \approx \frac{300}{\sqrt{3}/2} \text{ m}^2/\text{s}^2$$

$$v \approx 19 \text{ m/s}$$

83. 解析:足球竖直方向的初速度越大,则足球运动的时间越长。与此同时,足球的水平方向初速度随着 l 的增加而增加,随着运动时间的增加而减少。因此,最小运动时间在可能的最小竖直方向初速度时取到,在这种情况下,就使水平方向初速度需要比较大,特别是在 l 较大的情况下;与之对应,最大运动时间在可能的最大竖直方向初速度时取到,同样制约着水平方向初速度的大小,同样地,l 越大的情况下,水平分速度需要越大。因此,提高速度的最大值 $v_{\max}$ 可以扩大抛出角度的范围,而提高 l 则缩小了抛出角度的范围。

以下是抛体运动的标准方程,对于喜欢采用数学方法的人,设抛出角度为 θ,初速度大小为 v_0,满足

$$2v_0\sin\theta = gt \quad (v_0\cos\theta)t = l$$

由于 $\sin^2\theta + \cos^2\theta = 1$，得到

$$v_0^2 = \left(\frac{gt}{2}\right)^2 + \left(\frac{l}{t}\right)^2 \tag{1}$$

$$\frac{g^2}{4}t^4 - v_0^2 t^2 + l^2 = 0$$

$$t^2 = 2\frac{v_0^2 \pm \sqrt{v_0^4 - g^2 l^2}}{g^2}$$

不难发现结果均为正值，同样清楚地表明随着 l 的增大，抛出角度的范围将会缩小，以及随着 v_{max} 的增大，所需的最大时间将会增加，对于所需的最小时间

$$t_-^2 = 2\frac{v_0^2 - \sqrt{v_0^4 - g^2 l^2}}{g^2}$$

$$\frac{\partial(t_-^2)}{\partial(v_0^2)} = \frac{2}{g^2}\left(1 - \frac{v_0^2}{\sqrt{v_0^4 - g^2 l^2}}\right)$$

$$= \frac{2}{g^2}\left(1 - \frac{1}{\sqrt{1 - \frac{g^2 l^2}{v_0^4}}}\right)$$

由于等式右边部分总是负的，故 t_- 的最小值总是在 v_0 最大时取到。

（1）式整理得

$$v_0^2 = \frac{g^2}{4}t^2 + \frac{l^2}{t^2}$$

可以看出函数 v_0^2-t^2 为勾函数，以 t^2 为纵坐标，v_0^2 为横坐标绘制出的双值函数图像，如图1所示，则

$$v_0^2 = \frac{g^2}{4}t^2 + \frac{l^2}{t^2} \geqslant 2\sqrt{\frac{g^2}{4}t^2 \times \frac{l^2}{t^2}} = gl$$

当 $\frac{g^2}{4}t^2 = \frac{l^2}{t^2}$，即 $t^2 = 2\frac{l}{g}$ 时，$v_{0\min}^2 = gl$。

图像中同一 v_0^2 对应两个 t^2 的值，下面我们来讨论图像的物理意义。

由（1）式可得

$$\frac{g^2}{4}t^4 - v_0^2 t^2 + l^2 = 0 \tag{2}$$

由（2）式解得 t^2 的两个值分别为

$$t_+^2 = 2\frac{v_0^2 + \sqrt{v_0^4 - g^2 l^2}}{g^2} \tag{3}$$

$$t_-^2 = 2\frac{v_0^2 - \sqrt{v_0^4 - g^2 l^2}}{g^2} \tag{4}$$

容易看出(3)式中 t_+^2 随 v_0^2 单调递增,对应图像的上半枝;则图像的下半枝为 t^2-v_0^2 图像,得出(4)式中 t_-^2 随 v_0^2 单调递减。

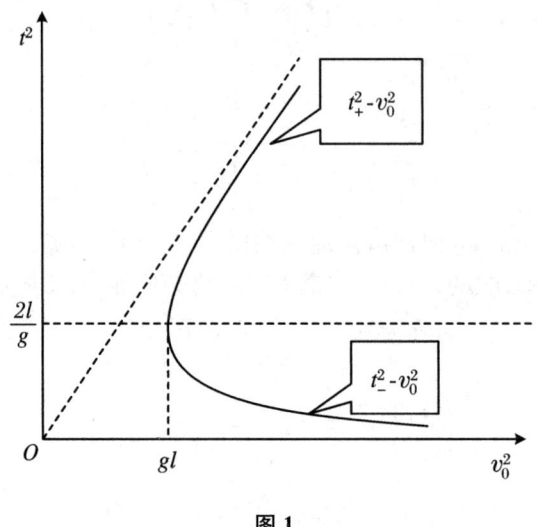

图1

综上分析可以得出:抛体运动的最小时间应选用(4)式进行分析,且 v_0^2 越大,t^2 越小。

（二）动力学

答案:

1. A 2. D 3. A 4. A 5. D 6. A 7. (1) B;(2) E 8. C 9. E 10. (1) C;(2) B 11. E 12. (1) B;(2) A 13. A 14. A 15. (1) C;(2) C 16. B 17. D 18. B 19. D 20. B 21. C 22. A 23. B 24. C 25. A 26. A 27. D 28. B 29. D 30. A 31. C 32. E 33. D 34. D 35. (1) C;(2) B 36. E 37. A 38. E 39. D 40. E 41. E 42. B 43. A 44. E 45. C 46. B 47. C 48. D 49. D 50. C 51. (1) A;(2) B;(3) E 52. B 53. C

13. 解析:只有当 $P > \mu_s mg$ 时,箱子才会开始运动。

当箱子开始运动后,加速度为 $a = \dfrac{P}{m} - \mu_k g$。注意图像在 $P = \mu_s mg$ 处是不连续的,且斜率为 $\dfrac{1}{m}$。

15. 解析:体重计并不能直接测量重力,其测得的是人受到的支持力 F_N:

$$m_{测}g = F_N$$

学生受到向上的支持力以及向下的重力，显然初始时合外力向下，因此学生获得向下的加速度，满足

$$ma = mg - F_N$$

整理得

$$a = g\left(1 - \frac{m_{测}}{m}\right)$$

刚开始时，电梯处于静止状态，学生的加速度为0，故其质量为80 kg。从题目的图中可以看出，其中有两个匀变速过程，第一个过程向下的加速度大小为

$$a = (10 \text{ m/s}^2)\left(1 - \frac{60 \text{ kg}}{80 \text{ kg}}\right) = 2.5 \text{ m/s}^2$$

同理可知，在第二个过程人获得向上的加速度具有同样的数值，最大的下落速度在两个匀变速过程之间取到，这个过程中为匀速运动，发生在4 s到22 s之间（见图1）。

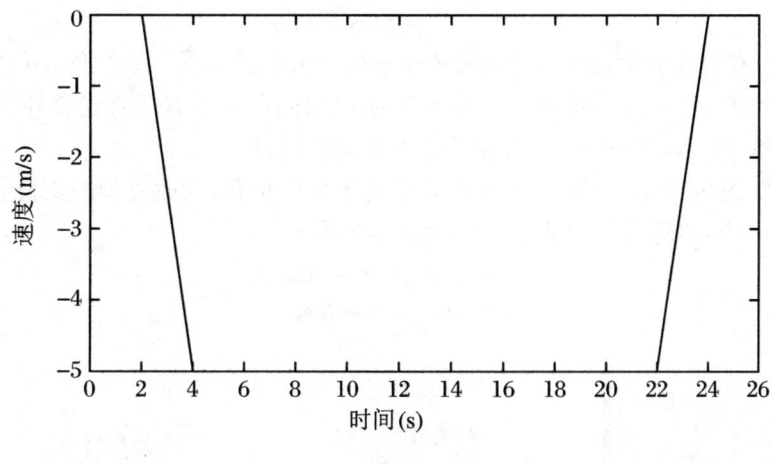

图1

向下的加速度持续了2 s，故电梯在加速后的速度为5 m/s。两个加速过程之间的时间间隔接近20 s，故由此距离最接近100 m。事实上，从图1可以看出这个计算结果就是精确值。

（三）力的平衡

答案：

1. C 2. C 3. E 4. B 5. C 6. C 7. E 8. B 9. B 10. E 11. D

12. C 13. (1) E;(2) D 14. D 15. B 16. A 17. C 18. D 19. E 20. C
21. D 22. D 23. D 24. A 25. B 26. A 27. C 28. C 29. C 30. C
31. C 32. C 33. D 34. E 35. D 36. E 37. D 38. D 39. D 40. B
41. D 42. E 43. C 44. C 45. B 46. B

12. 解析:每个小方块均受两个力作用:斜面对其的支持力以及自身重力。支持力必然与重力在斜面上的法向分量平衡,对于左边的方块而言,即

$$F_N = mg\cos\alpha$$

方块对于斜面压力的竖直分量通过斜面传递给地面,大小为

$$F_{Ny} = mg\cos^2\alpha$$

同理,对于右面的方块,亦采用同样的分析,综上可知,地面对斜面的支持力为

$$F_总 = mg\cos^2\alpha + mg\cos^2\beta + Mg$$

又因为斜面为直角三角形的直角边,故 $\cos^2\alpha + \cos^2\beta = 1$,所以

$$F_总 = mg + Mg$$

注意到左边方块对斜面压力的水平分量为

$$F_{Nx} = mg\cos\alpha\sin\alpha$$

同样地,右边方块对斜面压力的水平分量为 $mg\cos\beta\sin\beta$。再一次明确斜面为直角三角形,故 $\cos\alpha\sin\alpha = \cos\beta\sin\beta$,所以斜面在水平方向所受合外力为 0。这样就证明了题中斜面不会在水平方向滑动的假设。

33. 解析:如图1所示,人单脚着地处于平衡状态,地面对脚的支持力 $F = mg = 600$ N,以踝关节为基点,由力矩平衡方程得

$$T \cdot 5 \text{ cm} = F \cdot 20 \text{ cm}$$
$$T = 4F = 2\,400 \text{ N}$$

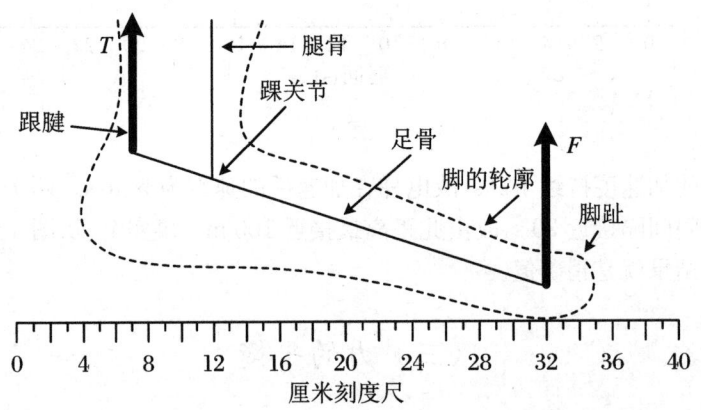

图 1

35. 解析：由于物体在斜面上匀速下滑，故
$$\tan\theta = \mu \quad ①$$
在施加 P 之后，物块沿斜面向上匀速运动，此时
$$F_N = mg\cos\theta + P\sin\theta \quad ②$$
故摩擦力满足
$$F_f = \mu(mg\cos\theta + P\sin\theta) \quad ③$$
又由于受力平衡，有
$$P\cos\theta = \mu(mg\cos\theta + P\sin\theta) + mg\sin\theta$$
代入角度 θ 以及结合式①得到
$$P = \mu(W + P\mu) + W\mu$$
即
$$P = \frac{2\mu}{1-\mu^2}W$$
即
$$P = \frac{2\cdot\frac{1}{\sqrt{3}}}{1-\frac{1}{3}}W = \sqrt{3}W$$

36. 解析：对于每根杆而言，其所受到的摩擦力必须和另一杆对其顶部的力平衡。由力矩平衡，得
$$\frac{L}{2}\times\frac{M}{2}g\sin\alpha = LF_f\cos\alpha$$
其中 F_f 为杆受到的摩擦力，$\alpha = \frac{1}{2}\theta$。地面对杆的支持力应和重力平衡，故
$$F_N = \frac{Mg}{2}$$
对于临界状态，有
$$\mu F_N = F_f$$
则
$$\frac{L}{2}\times\frac{M}{2}g\sin\alpha = L\mu\times\frac{M}{2}g\cos\alpha$$
即
$$\tan\frac{\theta}{2} = 2\mu$$

37. 解析：假设在水面以上部分占总的比例为 α，令杆的总长为 l，杆的体积为 V，水的密度为 ρ_w，杆的密度为 ρ_r。重力相对于悬挂点的力矩为

$$M_G = \rho_r V g \cdot \frac{1}{2} l$$

水下部分占总的比例为 $1-\alpha$，又因为水下部分的中心距离悬挂点为 $\left(\alpha + \frac{1}{2}(1-\alpha)\right)l$，故浮力的力矩为

$$M_b = \rho_w (1-\alpha) V g \left[\alpha + \frac{1}{2}(1-\alpha)\right] l$$

$$M_b = \frac{1}{2}\rho_w (1-\alpha^2) V g l$$

由力矩平衡，得

$$M_G = M_b$$

$$\frac{1}{2}\rho_r = \frac{1}{2}\rho_w (1-\alpha^2)$$

$$\frac{\rho_r}{\rho_w} = 1 - \alpha^2$$

又因为题中已经说明 $\frac{\rho_r}{\rho_w} = \frac{5}{9}$，故

$$\frac{5}{9} = 1 - \alpha^2$$

$$\alpha = \frac{2}{3}$$

43. 解析：由于淹没比例就是球与水的密度之比，即 $\rho_{球} = \frac{2}{3}\rho_{水}$。

那小球进入油之后，淹没的比例为

$$\frac{\rho_{球}}{\rho_{油}} = \frac{2/3}{3/4} = \frac{8}{9}$$

（四）动量、能量

答案：

1. C 2. A 3. B 4. C 5. A 6. D 7. A 8. B 9. D 10. D 11. B 12. D 13. (1) C；(2) D；(3) A 14. B 15. (1) E；(2) D 16. A 17. (1) E；(2) A 18. C 19. A 20. B 21. A 22. C 23. B 24. (1) B；(2) A 25. D 26. D 27. A 28. C 29. C 30. B 31. A 32. E 33. (1) E；(2) D；(3) A 34. E 35. E 36. C 37. E 38. D 39. E 40. E 41. E 42. B 43. C 44. B 45. D 46. B 47. (1) A；(2) E 48. B 49. D 50. C 51. E 52. A 53. B 54. C 55. A 56. E 57. A 58. A 59. B 60. B 61. D 62. A

答案与解析部分

63. (1) A;(2) B 64. (1) A;(2) E 65. A 66. E 67. B 68. (1) C;(2) E
69. B 70. C 71. D 72. D 73. (1) D;(2) E 74. C 75. B 76. E 77. A
78. A 79. E 80. A 81. C 82. A 83. E 84. C 85. E 86. E 87. E
88. (1) A;(2) C 89. B 90. B 91. B 92. C

3. 解析：根据机械能守恒定律

$$m_1 gh = \frac{1}{2} m_1 v_1^2$$

可得 2.0 kg 的物体在碰撞前的速度

$$v_1 = \sqrt{2gh} = 10.0 \text{ m/s}$$

根据动量守恒定律可得完全非弹性碰撞后的共同速度为

$$v_f = v_1 \frac{m_1}{m_1 + m_2} = 2.5 \text{ m/s}$$

碰撞后系统的总动能为

$$K_f = \frac{1}{2}(m_1 + m_2) v_f^2 = \frac{1}{2} \times 8.0 \text{ kg} \times (2.5 \text{ m/s})^2 = 25 \text{ J}$$

此后压缩弹簧，弹性势能增加。两物体的重力势能减少，根据机械能守恒可得

$$\frac{1}{2} kx^2 - (m_1 + m_2) gx = K_f$$

即

$$36 x^2 - 20 x - 25 = 0$$

解得方程中的 x：

$$x = 1.15 \text{ m} \quad \text{或} \quad x = -0.6 \text{ m}$$

注：聪明的读者会认为 1.15 m 应该被四舍五入到 1.2 m，而不应该是 1.1 m。

8. 解析：因为 $P = Fv$，所以 $P = kv^3$，则 $v/v_0 = \sqrt[3]{P/P_0}$。

17. 解析：在绳上张力达到最大值瞬间，重力势能全部转化为弹性势能：

$$mgH = \frac{1}{2} kh^2$$

已知此时绳上张力为人重力的 4 倍：

$$kh = 4mg$$

由此可解得

$$k = \frac{8mg}{H}$$

$$h = \frac{H}{2}$$

或者

$$k = \frac{4mg}{h}$$

不过题中没有提供这一选项。

36. 解析：当 θ 小于某一临界角度时，小球下坡时只滚不滑，这种情况下小球没有因为摩擦而损失能量。当 θ 大于临界角度时，小球下坡时将出现滑动，因为滑动摩擦而损失能量。当角度为 $90°$ 时小球做自由落体运动，它和斜坡没有摩擦，也没有能量损失。因此必定存在某一角度使得小球因摩擦而损失的能量最多。

37. 解析：进行量纲分析，设 a,b,c,d 为指数的表达式 $\rho^a \sigma^b r^c h^d$，以单位质量的能量为单位。则

$$(M/L^3)^a\ (M/LT^2)^b\ (L)^c\ (L)^d = (L^2/T^2)$$

解得 $b=1, a=-1, c=-d$。根据量纲分析无法解出 d，但可以加以推断。设厚度加倍后，其质量和能量都变为原来的两倍，但飞轮不会解体时的最大角速度并不会改变，所以 $d=0$。

38. 解析：动能和动量满足如下关系

$$E_k = \frac{p^2}{2m}$$

得到

$$\frac{E_{k1}}{E_{k2}} = \frac{m_2}{m_1}$$

47.（1）解析：只考虑大小的情况下，有

$$K_i = \delta K = W = Fx$$

（2）解析：同样只考虑大小，有

$$p_i = \Delta p = Ft$$

又因为

$$x = \frac{1}{2}at^2 = \frac{1}{2}(at)t = \frac{1}{2}vt$$

故

$$p_i = 2Fx/v$$

59. 解析：在质心系下观察，两辆卡车具有等大反向的动量，故总动量为 0。由于弹性碰撞前后动量、机械能守恒，故在质心系下观察到两卡车动量反向。根据这一想法可知质心速度应为 3 m/s，这样质量为 m 的卡车接近质心和远离质心的速度均为 9 m/s。

注意到另一辆车的质量和初速度并没有用到。

62. 解析：任何一次碰撞都不改变质心速度，因此

$$v_{cm} = \frac{1.9\ \text{kg} \times 1.7\ \text{m/s} + 1.1\ \text{kg} \times (-2.5\ \text{m/s}) + 1.3\ \text{kg} \times 0\ \text{m/s}}{1.9\ \text{kg} + 1.1\ \text{kg} + 1.3\ \text{kg}}$$

= 0.11 m/s

63. 解析：(1) 第一次碰撞后，两车的速度为 $v_0/(1+3)$，第二次碰撞后，三车的速度为 $v_0/(1+3+9)$。

(2) 根据能量守恒与动量守恒定律，一辆静止小车与另一辆运动小车碰撞后，速度分别为

$$v_{1f} = v_0 \frac{m_1 - m_2}{m_1 + m_2}$$

$$v_{2f} = v_0 \frac{2m_1}{m_1 + m_2}$$

因此，第一辆小车被反弹，第二辆小车以速度 $\frac{v_0}{2}$ 向前运动。

类似地，重复碰撞过程，可得第三辆小车的末速度为 $\frac{v_0}{4}$。

64. 解析：(1) 题目中提供的速度数据满足"勾3股4弦5"的三角形，尽管这是错误的。

由于动量守恒，作一个直角三角形。则

$$p_{2f}^2 + p_{1f}^2 = p_{1i}^2$$

根据

$$p_{1i} = 0.65 \text{ kg} \times 5.0 \text{ m/s} = 3.25 \text{ kg} \cdot \text{m/s}$$

$$p_{2f} = 0.75 \text{ kg} \times 4.0 \text{ m/s} = 3.0 \text{ kg} \cdot \text{m/s}$$

因此

$$p_{1f} = 1.25 \text{ kg} \cdot \text{m/s}$$

则

$$v_{1f} = 1.25/0.65 \text{ m/s} = \frac{25}{13} \text{ m/s}$$

(2) 根据表达式

$$p_{2f}^2 + p_{1f}^2 = p_{1i}^2$$

则

$$\Delta K = \frac{1}{2}\left(\frac{p_{2f}^2}{m_2} + \frac{p_{1f}^2}{m_1} - \frac{p_{1i}^2}{m_1}\right) = \frac{1}{2}\left(\frac{p_{2f}^2}{m_2} - \frac{p_{2f}^2}{m_1}\right) = \frac{1}{2}\frac{p_{2f}^2}{m_1}\left(\frac{m_1}{m_2} - 1\right)$$

显然这是一个负数，绝对值比 K_i 小。

87. 解析：首先，由于系统动量守恒，又因为刚开始时系统总动量为 0，故排除 B 选项。

其次，系统角动量相对于任意一点也是守恒的（由于物体视为质点，故不考虑自旋角动量），又因为刚开始时系统的角动量为 $2 \text{ kg} \cdot \text{m}^2/\text{s}$，可据此排除 C、D 两选项。

最后,由于开始时系统动量为0,故质心速度为0,据此排除 A 选项。

89. 解析:对于一次碰撞,$C_R = v_f/v_i$。两次碰撞之间的飞行时间为 $t = 2v/g$,其中 v 是物体碰撞反弹上升时的初速度。由此得到一个无限数列:

$$t_n = \frac{2}{g}v_n = \frac{2}{g}v_0 C_R^n$$

级数求和得到总飞行时间

$$T = \sum \frac{2}{g}v_0 C_R^n = \frac{2}{g}v_0 \sum C_R^n = \frac{2}{g}v_0 \frac{1}{1-C_R}$$

因此,有

$$T = \frac{2}{10 \text{ m/s}^2} \times 50 \text{ m/s} \times \frac{1}{1-0.9} = 100 \text{ s}$$

(五) 刚体角动量

答案:

1. D 2. A 3. E 4. E 5. E 6. B 7. E 8. D 9. A 10. A 11. C
12. B 13. B 14. (1) B;(2) A;(3) D 15. E 16. B 17. E 18. D 19. D
20. E 21. B 22. C 23. D 24. E 25. E 26. D 27. A 28. D 29. B
30. A 31. E 32. (1) C;(2) D 33. (1) E;(2) B 34. B 35. B 36. E
37. B 38. A 39. B 40. E 41. D 42. D 43. D 44. C

13. 解析:B 选项所提供的方案是可行的,实心球的转动惯量比空心球的小,可以更快地从斜面上滑下来。

A,C 两选项提供的方案不可行,因为其测量了外部的重力场,而在这种情况下,球对称的物体产生的重力场只和其质量有关。类似地,选项 E 中测得的重力只和总质量有关,选项 D 中的浮力只与物体的外部形态有关。

29. 解析:可以从力矩和能量两个角度分别解决该题。

系统相对于球与斜面接触点所在轴的力矩为

$$\tau = RF\sin\theta = 2MgR\sin\theta$$

系统的角加速度满足

$$\tau = I\alpha$$

又因为系统相对于接触点所在轴线的转动惯量

$$I = \frac{2}{3}MR^2 + MR^2 + MR^2 = \frac{8}{3}MR^2$$

质心加速度满足

$$a = \alpha R = \frac{2MgR\sin\theta}{\frac{8}{3}MR^2}R = \frac{3}{4}g\sin\theta$$

另外,系统动能满足
$$T = \frac{1}{2}(2M)v^2 + \frac{1}{2} \cdot \frac{2}{3}MR^2\omega^2$$

系统势能与竖直方向下落高度 y 有关,满足
$$U = -(2M)gy$$

再根据机械能守恒,得到
$$\frac{\mathrm{d}}{\mathrm{d}t}(T + U) = 0$$
$$\frac{8}{3}Mv\frac{\mathrm{d}v}{\mathrm{d}t} = (2M)g\frac{\mathrm{d}y}{\mathrm{d}t}$$

又因为
$$\frac{\mathrm{d}y}{\mathrm{d}t} = v\sin\theta$$

得到
$$\frac{\mathrm{d}v}{\mathrm{d}t} = \frac{3}{4}g\sin\theta$$

32. 解析:(1) 对其中一个质点受力分析,绳子拉力提供向心力:
$$F = mr\omega^2 = 5.0 \text{ kg} \times 1.5 \text{ m} \times (4.0 \text{ rad/s})^2 = 120 \text{ N}$$

(2) 功数值上等于系统动能的改变量,因此
$$W = \frac{1}{2I_\mathrm{f}}L^2 - \frac{1}{2I_\mathrm{i}}L^2$$

其中 L 是恒定角动量,即 $L = I_\mathrm{i}\omega_\mathrm{i}$,$I$ 是转动惯量,即 mr^2。

因此,$I_\mathrm{i} = 22.5 \text{ kg} \cdot \text{m}^2$,$I_\mathrm{f} = 2.5 \text{ kg} \cdot \text{m}^2$,$L = 90 \text{ kg} \cdot \text{m}^2/\text{s}$。

所以,$W = 1\,440 \text{ J}$。

(六)万有引力和天体运动

答案:

1. C 2. D 3. D 4. C 5. E 6. D 7. B 8. D 9. D 10. C 11. B
12. A 13. B 14. D 15. E 16. C 17. C 18. E 19. E 20. A 21. D
22. A 23. B 24. B 25. B 26. C 27. (1) D;(2) A 28. A 29. C 30. D
31. B 32. C 33. B 34. E

22. 解析:如果是土星的一部分,则 $\omega = v/R$ 为定值,有
$$v \propto R$$

如果在轨道上,则
$$\frac{v^2}{R} = \frac{GM}{R^2}$$

即 $v^2 \propto 1/R$。

30. 解析：该题的考点为量纲分析，注意到所有答案均有以下形式：
$$t = 0.5427 \times G^{-1/2} \rho_0^{-1/2} r_0^n$$
t 的量纲为[T]，G 的量纲为$[L]^3[M]^{-1}[T]^{-2}$，ρ_0 的量纲为$[L]^{-3}[M]$，r_0 的量纲为[L]，所以
$$[T] = ([L]^3[M]^{-1}[T]^{-2})^{-1/2} ([L]^{-3}[M])^{-1/2} [L]^n$$
$$[T] = [T][L]^n$$
$$n = 0$$

31. 解析：由于引力以 $1/r^2$ 的方式衰减，故离地球更近的物体受到的引力更大。另一方面，两者具有相同的角速度，故物体向心加速度随着距离 r 的增加而增加，则离地球远的物体所需向心力更大。故杆必须对外面的物体存在向内的力而对里面的物体则存在向外的力。因此杆上存在拉力。

系统的平衡种类在转动参考系下最容易判断，在转动参考系下，对于外面的物体，分别受到向外的径向力（惯性离心力和地面对其引力的合力，下同）以及杆对其向内的拉力，对于里面的物体，分别受到向内的径向力以及杆对其向外的拉力，当杆缓缓转动时，上述这些力都会提供恢复力矩，故状态是稳定平衡的。

（七）振动和波

答案：

1. D 2. A 3. B 4. E 5. B 6. A 7. D 8. D 9. E 10. B 11. B 12. A 13. E 14.（1）E；（2）D 15.（1）B；（2）E；（3）A 16. D 17.（1）A；（2）B 18. A 19. D 20.（1）E；（2）C 21. E 22. A 23. D 24. B 25. C 26. D 27. B 28. A 29. D 30.（1）E；（2）B 31. D 32. C 33. C 34. D 35. D 36. E 37. E 38. D 39. A 40. A 41. C 42. C 43. E 44.（1）E；（2）B 45. B 46. E 47.（1）B；（2）D 48. B 49. D 50. E 51. D 52. E 53. A

14.（2）解析：其中向心加速度指向圆心，切向加速度沿圆周切线方向向下，可得合加速度为 D 选项所示。

15.（3）解析：单摆有一个指向固定点的向心加速度，当摆锤速度为 v 时，该加速度大小
$$a_c = \frac{v^2}{L}$$
两个力作用在单摆的径向上：分别是杆对其拉力以及重力在此方向的分量，当

单摆与竖直方向成 θ 角时,重力在径向上的分量
$$F_{g,r} = mg\cos\theta$$
设杆上张力为 F,由牛顿运动定律
$$F - F_{g,r} = ma_c$$
$$F = mg\cos\theta + m\frac{v^2}{L}$$

上式右边的两项在单摆下落到最低点的过程中均增大,显然张力 F 的最大值在最低点取到。在单摆初始状态时摆锤距离最低点的竖直高度为 $L(1-\cos\theta_0)$,由能量的转化与守恒得到
$$\frac{1}{2}mv^2 = mgL(1-\cos\theta_0)$$

故在最低点
$$F = mg + 2mg(1-\cos\theta_0)$$
$$= mg(3-2\cos\theta_0)$$

该过程显然是周期性的(有一种观点认为由于能量的耗散单摆将最终静止),结合量纲分析可知周期具有如下形式:
$$T = f(\theta_0)\sqrt{\frac{l}{g}}$$

因此,对于任意固定的 θ_0,周期与 $\sqrt{l}$ 成正比。

17. 解析:(1)弹簧振子做简谐运动的振动频率
$$f = \frac{1}{2\pi}\sqrt{k/m}$$

其中 m 为质量,k 为弹簧的劲度系数。

本问中 $m = LA\rho$,其中 L 为液体总长度。设液体偏离平衡位置的距离为 x,液体所受的净回复力为 $2xgA\rho$,因此 $k = 2gA\rho$。

故有
$$f = \frac{1}{2\pi}\sqrt{2g/L}$$

(2)要求受力平衡。设只有水的那一侧的高度为 x,则
$$x\rho_w = (L-x)\rho_w + L\rho_0$$
即
$$x = L - x + L/2$$
即 $x = 3L/4$。高度差为
$$(2L-x) - x = 2(L-x) = L/2$$

18. 解析:你可以利用矩阵的方法解决这个问题,也可以通过透彻分析解决

这个问题。

对于同步振动的情况,两车间距是恒定的,所以 A 对 B 的作用力是恒定的。因此,只有一根弹簧施加了一个变力,角频率

$$\omega_1 = \sqrt{k/m}$$

对于异步振动的情况,两车间距是不恒定的,但两车中间的连接弹簧上存在一个点是不动的。任一小车的振动都可以看成在两根并联弹簧作用下发生的,其中一根弹簧长度为 L,另一根弹簧长度为 $L/2$。这相当于一根劲度系数为 k 的弹簧与一根劲度系数为 $2k$ 的弹簧并联。所以等效劲度系数为 $k+2k=3k$。

因此,频率为

$$\omega_2 = \sqrt{3k/m} = \sqrt{3}\omega_1$$

28. 解析:当 $T>\sigma A$ 时,弦将断裂,其中 σ 是抗拉强度,A 是横截面积,则

$$v = \sqrt{\frac{T}{M/L}} = \sqrt{\frac{\sigma AL}{M}} = \sqrt{\frac{\sigma}{\rho}}$$

其中 ρ 为密度。该表达式与弦长无关,因此两根弦上波速相等。

由于 $v=f\lambda$,弦长相等,所以它们的基本频率相等。

二、力 学 B 组

1. 解析:(1) 当物体在转盘上转动的过程中,它需要的向心力超过最大静摩擦力时将会发生相对滑动。

假设转动的角速度为 ω,则有 $\omega=\alpha t$。

根据牛顿第二定律 $F=ma$,物体的加速度可以分解为切向加速度和法向加速度:

$$a_\tau = \alpha R$$
$$a_n = \omega^2 R$$
$$a = \sqrt{a_n^2 + a_\tau^2}$$

静摩擦力可以表示为 $F_f \leq \mu_s N$,其中 N 为正压力,此处 $N=mg$,g 为重力加速度,所以有

$$a_n^2 + a_\tau^2 = \mu_s^2 g^2$$

这是发生滑动的条件,联立可得

$$\alpha^2 R^2 + \omega^4 R^2 = \mu_s^2 g^2$$
$$\alpha^2 R^2 (1 + \alpha^2 t^4) = \mu_s^2 g^2$$

$$t = \sqrt{\frac{1}{\alpha}} \sqrt{\sqrt{\frac{\mu_s^2 g^2}{\alpha^2 R^2}} - 1}$$

当物体刚要相对滑动时的线速度为

$$v_t = R\omega = R\alpha t = \sqrt{R} \sqrt{\sqrt{\mu_s^2 g^2 - \alpha^2 R^2}}$$

(2) 圆盘转过的角度可以用 $\theta = \frac{1}{2}\alpha t^2$ 表示,所以

$$\theta = \frac{1}{2\alpha R} \sqrt{\mu_s^2 g^2 - \alpha^2 R^2}$$

代入数值得

$$\theta = \frac{1}{2 \times 0.2 \times 4} \sqrt{0.5^2 \times 9.8^2 - 0.2^2 \times 4^2} = 3.021 \text{(rad)}$$

也可以表示为 $173°$。

2. 解析:当物体滚下斜面时,以质心为转轴的力矩为

$$M = Rf$$

其中 f 为摩擦力,那么角加速度为

$$\alpha = \frac{M}{I} = \frac{f}{\beta m R}$$

或者,可以写成

$$f = \alpha \beta m R$$

物体沿斜面向下的线加速度为

$$ma = mg\sin\theta - f$$

需要考虑如下情况:物体无滑滚动时,则

$$f \leqslant \mu mg\cos\theta, \quad a = \alpha R$$

或者物体滚动时伴随着滑动,那么

$$f = \mu mg\cos\theta, \quad a > \alpha R$$

(1) 物体无滑滚动时,联立方程有

$$ma = mg\sin\theta - \beta ma$$

或者

$$a = g\frac{\sin\theta}{1+\beta}$$

(2) 滚动同时有滑动,联立方程有

$$ma = mg\sin\theta - \mu mg\cos\theta$$

或者

$$a = g(\sin\theta - \mu\cos\theta)$$

在倾角达到一定角度时即静摩擦力最大时为临界状态。即两个条件相等时,有

$$f = \mu mg\cos\theta$$

和

$$a = \alpha R$$

在这种情况下

$$\frac{\sin\theta_c}{1+\beta} = \sin\theta_c - \mu\cos\theta_c$$

或者

$$\tan\theta_c = \left(\frac{1}{\beta}+1\right)\mu$$

3. 解析:(1) 小球受到两个力:重力和空气阻力。以向上为正方向,根据牛顿运动定律可得

$$ma = -mg - kv$$

由于 a 在变化,求解速度 v 有些困难。将加速度定义 $a = dv/dt$ 代入上式,则

$$\frac{dv}{dt} = -\left(g + \frac{k}{m}v\right)$$

或者

$$\frac{dv}{g + \frac{k}{m}v} = -dt$$

对两边进行积分,有

$$\frac{m}{k}\ln\frac{mg/k + v}{mg/k + v_0} = -(t - t_0)$$

设 $t_0 = 0$,那么

$$v = (mg/k + v_0)e^{-\frac{k}{m}t} - mg/k$$

当 $t \to \infty$ 时,速度接近恒定值 $v_t = mg/k$。当然,它可能会先着地。

(2) 小球上升直到速度为零,有

$$-\frac{v_t}{g}\ln\frac{v_t}{v_t + v_0} = t_r$$

即

$$t_r = \frac{v_t}{g}\ln\left(1 + \frac{v_0}{v_t}\right)$$

为了求出高度,我们需要再次积分,因为 $v = dx/dt$,所以可得

$$dx = \left[(v_t + v_0)e^{-\frac{g}{v_t}t} - v_t\right]dt$$

容易得到

$$h = (v_t + v_0)\left(-\frac{v_t}{g}\right)(e^{-\frac{g}{v_t}t_r} - 1) - v_t t_r$$

t_r 代入可得

$$h = \frac{v_t v_0}{g} - \frac{v_t^2}{g}\ln\left(1 + \frac{v_0}{v_t}\right)$$

当 $k \to 0$ 时,可以变为 $h = v_0^2/2g$。

4. 解析:(法一)对两个小珠进行受力分析,设 F_N 为圆环施加给小珠的弹力(向里),小珠下滑角度为 θ(与水平方向夹角)时速度为 v,设环半径为 r。

由牛顿第二定律可得

$$F_N + mg\cos\theta = m\frac{v^2}{r}$$

即

$$F_N = m\frac{v^2}{r} - mg\cos\theta$$

竖直向下的分力

$$F_{Ny} = F_N \cos\theta$$

由牛顿第三定律可得两珠子对环一起施加的向上的力

$$F_u = 2F_{Ny} = 2m\cos\theta\left(\frac{v^2}{r} - g\cos\theta\right)$$

两珠子均下落高度 $r(1-\cos\theta)$,由能量守恒,得

$$\frac{1}{2}mv^2 = mgr(1-\cos\theta)$$

$$\frac{v^2}{r} = 2g(1-\cos\theta)$$

代入 F_u 的表达式,则

$$F_u = 2m\cos\theta[2g(1-\cos\theta) - g\cos\theta]$$
$$= 2mg(2\cos\theta - 3\cos^2\theta)$$

当 $F_u \leqslant m_h g$ 时,环始终与地面接触。令 $s = \cos\theta$,则

$$F_u = 2mg(2s - 3s^2)$$

让 F_u 对 s 求导,有

$$\frac{dF_u}{ds} = 2mg(2 - 6s)$$

令导数为零,最大值在 $s = \frac{1}{3}$ 时得到,且有

$$F_{u\max} = \frac{2}{3}mg$$

由条件 $\frac{2}{3}mg \leqslant m_h g$,可得

$$\frac{m}{m_h} \leq \frac{3}{2}$$

（法二）由机械能守恒可得
$$v = \sqrt{2gr(1-\cos\theta)}$$
竖直向下的速度分量为
$$v_y = v\sin\theta = \sin\theta\sqrt{2gr(1-\cos\theta)}$$
环未离地时系统在竖直方向上的动量即为两珠子向下的动量：
$$p_y = 2mv_y = 2m\sin\theta\sqrt{2gr(1-\cos\theta)}$$
系统受到的向下的合力为
$$F_{合} = \frac{\mathrm{d}p_y}{\mathrm{d}t} = \frac{\mathrm{d}p_y}{\mathrm{d}\theta}\cdot\frac{\mathrm{d}\theta}{\mathrm{d}t} = \frac{\mathrm{d}p_y}{\mathrm{d}\theta}\cdot\frac{v}{r}$$
$$= 2m\sqrt{2gr}\frac{\mathrm{d}}{\mathrm{d}t}(\sin\theta\sqrt{1-\cos\theta})\cdot\frac{1}{r}\sqrt{2gr(1-\cos\theta)}$$
$$= 4mg\left(\cos\theta\sqrt{1-\cos\theta} + \sin\theta\frac{1}{2\sqrt{1-\cos\theta}}\sin\theta\right)\sqrt{1-\cos\theta}$$
简化可得
$$F_{合} = 4mg\left(\cos\theta - \cos^2\theta + \frac{1}{2}\sin^2\theta\right)$$
$$= 2mg(2\cos\theta - 3\cos^2\theta + 1)$$
系统受到的合力由两珠的重力、圆环的重力以及地面对环的弹力提供：
$$F_{合} = 2mg + m_h g - F_N$$
因为圆环不脱离地面，所以
$$F_N \geq 0$$
即
$$2mg + m_h g - F_{合} \geq 0$$
可得
$$2mg(2\cos\theta - 3\cos^2\theta) \leq m_h g$$
后续解法同法一。

5. 解析：(1) 在转动参考系中，独轮车受到 4 个力的作用：作用在接触点上的支持力和摩擦力，竖直向下的重力以及惯性离心力。

如果 $h \ll R$，独轮车所有部位都可以看成在做半径为 R 的圆周运动，此时，各部分的向心加速度为 $\omega^2 R$。然后可以认为惯性离心力作用于质心处以便求其力矩。如果质心距离接触点的距离为 l，以接触点为转轴的力矩为
$$M = m\omega^2 Rl\cos\theta - mgl\sin\theta$$
在转动参考系中独轮车是静止的，所以 $M = 0$：

$$m\omega^2 Rl\cos\theta - mgl\sin\theta = 0$$

$$\omega = \sqrt{\frac{g}{R}\tan\theta}$$

注：求解过程忽略了车轮的转动。

(2) 独轮车各部分的向心加速度和位置有关，在转动参考系中，以接触点为转轴，则惯性离心力的力矩为

$$M_c = \int \omega^2 rz \, \mathrm{d}m$$

其中 r 为到圆心的距离，z 为距离地面的高度，$\mathrm{d}m$ 为质量微元。设独轮车质量沿长度 h 均匀分布，所以质量微元 $\mathrm{d}m$ 和长度微元 $\mathrm{d}s$ 的关系为 $\mathrm{d}m = \frac{m}{h}\mathrm{d}s$，所以有

$$M_c = \int_0^h \omega^2 (R - s\sin\theta)(s\cos\theta)\frac{m}{h}\mathrm{d}s$$

$$= m\omega^2 h\cos\theta\left(\frac{R}{2} - \frac{h}{3}\sin\theta\right)$$

重力作用在重心处，其以接触点为转轴的力矩为

$$M_g = -mg\frac{h}{2}\sin\theta$$

同理，合力矩为零，所以

$$m\omega^2 h\cos\theta\left(\frac{R}{2} - \frac{h}{3}\sin\theta\right) - mg\frac{h}{2}\sin\theta = 0$$

$$\omega = \sqrt{\frac{g}{R}\tan\theta\left(1 - \frac{2}{3}\frac{h}{R}\sin\theta\right)^{-1}}$$

6. 解析：随着油被注入，油对橡皮鸭子的浮力越来越大，所以橡皮鸭子浸入水中的部分减少，因此水位下降。水位最终停止下降，要么是因为橡皮鸭子完全浸没在油中，要么是因为已经完全漂浮在水面之上。

根据阿基米德定律，橡皮鸭子排开的水的质量（未注油时）和排开的油的质量（未浸入水时）相等：

$$\rho_0 g \Delta V_0 = \rho_w g \Delta V_w$$

基于这样的认识，求解的方法有很多。下面列举一个：如图1所示，我们可以很容易从图表中读出，排开的水的体积变化可以由点划线和虚线间的距离求得，为143 mL。此时排开的油的体积则需要考虑量筒中油的增加量。显然在 $t = 0$ 时是没有油的，因为此时油位和水位相等。

而在 $t > 6$ min 以后油量变化率即为倒油的速率，这是因为此后水位不再发生变化。外推到 $t = 0$ 得出这样的结论：任意时间量筒中油的体积由图中阴

影区域的高度给出。排开的油的体积可以由实线和虚线间的距离求得,为 186 mL。

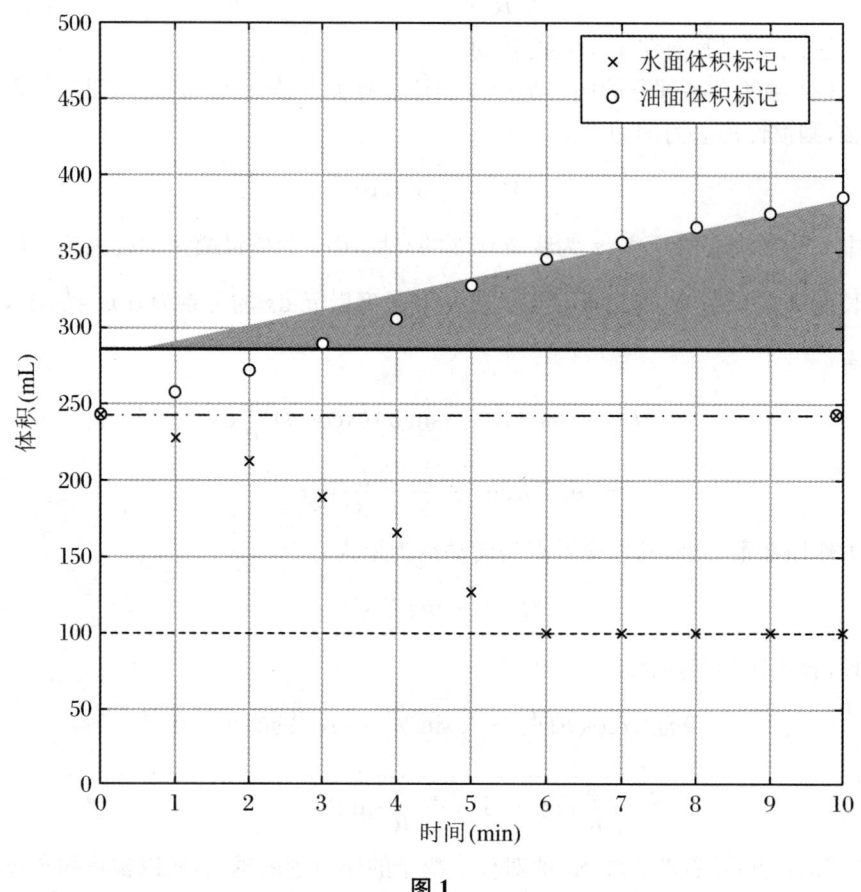

图1

则油的密度为

$$\rho_0 = \rho_w \frac{\Delta V_w}{\Delta V_0} = 1.00 \text{ g/mL} \times \frac{143 \text{ mL}}{186 \text{ mL}}$$

解得

$$\rho_0 = 0.77 \text{ g/mL}$$

7. 解析:两种情况都可能。

(1) 在发生相对运动时两物体间的相互作用力产生或消耗的净功率与相对速度的关系为

$$P = F \cdot v_r$$

其数值与测量功率的参考系无关,即使传递到每个物体的功率不同也没关系。

这可以根据牛顿第三定律推导得出;若两物体在某一特定参考系速度分别为 v_1 和 v_2,则净功率为
$$P = Fv_1 + (-F)v_2 = F(v_1 - v_2)$$
注:空气对叶片做功的功率经严格推导并做了相应的近似。

"黑鸟"与空气的相对速度和与地面的相对速度不同;如果对地速为 v,则对空气的速度顺风时为 $v - v_w$,逆风时为 $v + v_w$。因此,空气施加的力与地面施加的力两者即便平衡,两力对应的功率也可以不相等。

动力总是由较大的相对速度对应的力提供。所以,顺风时,能量从车轮转移到螺旋桨。而逆风时能量从螺旋桨转移到车轮(实际上,"黑鸟"需要重新配置相应机构后才能在另一种情况下发生这种能量逆转)。

顺风时,车轮获得的功率为
$$P_w = Fv$$
螺旋桨获得的功率为
$$P_p = F(v - v_w)$$
能量转移到螺旋桨上,则
$$P_p = (1 - \alpha)P_w$$
$$F(v - v_w) = (1 - \alpha)P_w$$
$$v = \frac{v_w}{\alpha}$$

在能量损耗多的情况下,即 $\alpha \to 1$ 时,车速将接近风速;在能量损耗很小时,任何速度都是可能的。

(2) 逆风时,车轮获得的功率为
$$P_w = Fv$$
但螺旋桨获得的功率为
$$P_p = F(v + v_w)$$
能量转移到车轮上,则
$$P_w = (1 - \alpha)P_p$$
$$Fv = (1 - \alpha)F(v + v_w)$$
$$v = v_w\left(\frac{1}{\alpha} - 1\right)$$

在能量损耗多时,即 $\alpha \to 1$ 时,车无法前进;而能量损耗很小时,依然是任何速度都可以达到。

8. 解析:(1) 设物块转过角度 θ 后速度为 v,此时物块受到的筒壁的弹力提供它做圆周运动的向心力:

$$F_\omega = \frac{mv^2}{r}$$

圆筒底面对物块的支持力为

$$F_N = mg$$

所以物块受到的总的摩擦阻力为

$$f = \mu m\left(\frac{v^2}{r} + g\right) \qquad ①$$

物块转过角度 $d\theta$ 时,运动了距离 $ds = rd\theta$,摩擦力对其做功为 W,物体因此减少的动能为 dE。

$$dE = W = -fds = -frd\theta$$

代入 f,得

$$dE = -\mu m(v^2 + gr)d\theta$$

$$\frac{dE}{d\theta} = -\mu(mv^2 + mgr) = -\mu(2E + mgr) \qquad ②$$

其中动能 $E = \frac{1}{2}mv^2$。

(2) 由式②解得

$$\int \frac{dE}{2E + mgr} = \int -\mu d\theta$$

$$\frac{1}{2}\ln|2E + mgr| = -\mu\theta + C$$

可得

$$2E + mgr = C \cdot e^{-2\mu\theta}$$

用 E_0 表示初动能,由初始条件可得

$$C = 2E_0 + mgr$$

由题意,当 $\theta = 2\pi$ 时,$E = 0$,所以有

$$mgr = (2E_0 + mgr)e^{-4\pi\mu}$$

解得

$$E_0 = \frac{1}{2}mgr(e^{4\pi\mu} - 1)$$

因为 $E_0 = \frac{1}{2}mv_0^2$,所以

$$v_0 = \sqrt{gr(e^{4\pi\mu} - 1)}$$

9. 解析:两球一起做自由落体运动,设到达平面的速度为 v_0,根据机械能守恒得到:

$$\frac{1}{2}mv_0^2 = mgh$$

$$v_0 = \sqrt{2gh}$$

当保龄球与平面撞击之后,它以速度 v_0 向上运动,而高尔夫球以速度 v_0 向下运动。

此后的撞击,以保龄球为参考系更容易理解。在这个参考系中,保龄球静止,高尔夫球以 $2v_0$ 的速度向下运动,由于保龄球的质量远远大于高尔夫球的质量,所以高尔夫球会以 $2v_0$ 的相对速度反弹。由于两球表面无摩擦,反射角等于入射角。因此高尔夫球反弹速度方向与竖直方向成 2α 角。

在保龄球的参考系中,高尔夫球反弹速度水平分量为 $2v_0\sin 2\alpha$,竖直分量为 $2v_0\cos 2\alpha$。转换到地面参考系,高尔夫球做抛体运动的初始条件为

$$v_x = 2v_0\sin 2\alpha$$
$$v_y = 2v_0\cos 2\alpha + v_0$$

则高尔夫球的飞行时间为

$$v_y t - \frac{1}{2}gt^2 = 0$$
$$t = \frac{2v_y}{g}$$

则水平位移为

$$l = v_x t = \frac{2v_x v_y}{g}$$

(这是一个众所周知的结论,因此直接引用)

综合之前的结论:

$$l = \frac{2}{g}(2v_0\sin 2\alpha)(2v_0\cos 2\alpha + v_0)$$
$$= \frac{8v_0^2}{g}\sin 2\alpha \left(\cos 2\alpha + \frac{1}{2}\right)$$

代入 v_0^2,可得

$$l = 16h\sin 2\alpha \left(\cos 2\alpha + \frac{1}{2}\right)$$

设 $\beta = 2\alpha$,则

$$l = 16h\sin \beta \left(\cos \beta + \frac{1}{2}\right)$$
$$\frac{dl}{d\beta} = 16h\left[\cos \beta \left(\cos \beta + \frac{1}{2}\right) - \sin^2 \beta\right]$$

令该微分值为 0,得到最大值:

$$\cos^2 \beta - \sin^2 \beta + \frac{1}{2}\cos \beta = 0$$

$$2\cos^2\beta + \frac{1}{2}\cos\beta - 1 = 0$$

$$\cos\beta = \frac{-\frac{1}{2} \pm \sqrt{\frac{1}{4}+8}}{4}$$

取正解(取最大值则需其二阶导数小于0),有

$$\cos\beta = \frac{\sqrt{33}-1}{8} = 0.593$$

则

$$\sin\beta = \sqrt{1-\cos^2\beta} = 0.805$$

因此在最大值处:

$$l = 16h \times 0.805 \times \left(0.593 + \frac{1}{2}\right) = 14.08h$$

此时

$$\cos 2\alpha = 0.593$$
$$\alpha = 0.468 \text{ rad} = 26.8°$$

10. 解析:(1) 以物块为参考系,小球沿着竖直方向飞出,根据水平方向动量守恒,在碰撞后,物块和小球的水平速度 v_1 可以表示为

$$v_1 = \frac{m}{M+m}v_0$$

此时小球具有一个竖直分速度 v_2,因为整个过程中不计摩擦,所以可以利用能量守恒来确定竖直分速度。在碰撞之前,小球的动能为

$$E_0 = \frac{1}{2}mv_0^2$$

碰撞后,物块获得了部分能量,物块所具有的动能为

$$E_1 = \frac{1}{2}Mv_1^2$$

所以,此时小球具有的动能为

$$E_2 = E_0 - E_1 = \frac{1}{2}m(v_1^2 + v_2^2)$$

由能量守恒定律得

$$\frac{1}{2}mv_0^2 - \frac{1}{2}Mv_1^2 = \frac{1}{2}m(v_1^2 + v_2^2)$$

$$\Rightarrow mv_0^2 - (M+m)\left(\frac{m}{m+M}\right)^2 v_0^2 = mv_2^2$$

$$\Rightarrow \left(1 - \frac{m}{m+M}\right)v_0^2 = v_2^2$$

$$\Rightarrow \sqrt{\frac{M}{M+m}} v_0 = v_2$$

小球在空中运动的时间可以表示为
$$t_2 = 2v_2/g$$
小球在空中运动的过程中,水平方向上发生的位移可以表示为
$$x = v_1 t_2 = 2v_1 v_2/g$$
或者
$$x = 2\frac{m}{m+M} v_0 \sqrt{\frac{M}{m+M}} v_0 \frac{1}{g} = \frac{2v_0^2}{g}\sqrt{\frac{m^2 M}{(M+m)^3}}$$

当小球重新落回到物块,经过弹性碰撞以速度 v_3 从侧孔弹出,匀速返回到最初碰撞的位置,则
$$v_3 = v_0 \frac{m-M}{m+M}$$

小球从侧孔弹出,匀速返回到第一次碰撞处所需的时间为
$$t_3 = \frac{x}{|v_3|}$$
或者
$$t_3 = \frac{2v_0}{g}\sqrt{\frac{m^2 M}{(M+m)^3}} \frac{m+M}{M-m}$$
$$= \frac{2v_0}{g}\sqrt{\frac{m^2 M}{(m+M)(M-m)^2}}$$

忽略小球在物块中孔道碰撞所耗时间,所以总的时间为 t_2, t_3 之和:
$$t = \frac{2v_0}{g}\left(\sqrt{\frac{M}{M+m}} + \sqrt{\frac{m^2 M}{(M+m)(M-m)^2}}\right)$$
$$= \frac{2v_0}{g}\sqrt{\frac{M}{M+m}}\left(1 + \sqrt{\frac{m^2}{(M-m)^2}}\right)$$
$$= \frac{2v_0}{g}\sqrt{\frac{M}{m+M}} \frac{M}{M-m}$$

将 $\beta = \frac{M}{m}$ 代入后有
$$t = \frac{2v_0}{g}\sqrt{\frac{\beta}{1+\beta}}\frac{\beta}{\beta-1}$$

(2) 小球相对于物块竖直向上弹出,所以水平方向上发生的是完全非弹性碰撞。这意味着小球与物块碰撞后的水平速度 v_1 可以表示为
$$v_1 = \frac{m}{M+m} v_0$$

不同的是,小球的竖直速度从 v_2 变成了 v_4。摩擦力的冲量使得小球的动量减小,其减小量为

$$\Delta p = f \Delta t$$

小球的角动量发生变化:

$$L = \tau \Delta T = rf \Delta t$$

其中,$L = I\omega = Iv_4/r$,且 $m(v_2 - v_4) = \Delta p$,所以

$$Iv_4/r = mr(v_2 - v_4)$$

或者写成 $I = \alpha mr^2$,则

$$v_4 = \frac{v_2}{1 + \alpha}$$

由于存在着竖直分速度 v_4,所以小球可以达到的高度为

$$h = \frac{v_4^2}{2g}$$

即

$$h = \frac{v_0^2}{2g} \frac{1}{(1+\alpha)^2} \frac{M}{M+m}$$

将 $\beta = M/m$, $\alpha = 2/5$ 代入得

$$h = \frac{v_0^2}{2g} \cdot \frac{25}{49} \cdot \frac{\beta}{1+\beta}$$

注:严格求解十分困难,此处提供了一种近似解答。

11. 解析:(法一)(1) 考虑过球与桌面的接触点且垂直于桌面的轴(此解法中只考虑相对于此轴的力矩和角动量)。台球获得初始冲击后,对于此轴的合力矩为0,因此角动量守恒。初始冲击发生在离转轴垂直距离为$(\beta + 1)r$处,所以角动量

$$L = (\beta + 1)rJ$$

台球在桌面滑行一段距离后,将开始无滑滚动,此时

$$\omega = \frac{v_f}{r}$$

同时,根据平行轴定理可得相对此轴的转动惯量 $I = I_{cm} + mr^2 = \frac{7}{5}mr^2$,所以台球最终的角速度可由 $L = I\omega$ 代入后得

$$(\beta + 1)rJ = \frac{7}{5}mr^2\omega$$

即

$$(\beta + 1)J = \frac{7}{5}mv_f$$

所以
$$v_f = \frac{5J}{7m}(1+\beta)$$

(2) 由于水平冲击，台球获得切线方向的动量 J，设初速度为 v，则有
$$mv = J$$

无滑滚动时初速度与初始角速度应满足
$$v = \omega r$$

所以
$$(\beta+1)J = \frac{7}{5}J$$
$$\beta = \frac{2}{5}$$

（法二）考虑相对质心的力矩和角动量。若在球杆击球瞬间，所给予的水平冲量与摩擦阻力施加的水平冲量相比很大，那么台球所受的冲量矩等于角动量的变化量：
$$J\beta r = \frac{2}{5}mr^2\omega_0$$

由冲量 = 动量的变化量，则
$$J = mv_0$$

无滑滚动时初速度与初始角速度应满足 $v_0 = \omega_0 r$，则
$$J\beta = \frac{2}{5}mv_0 = \frac{2}{5}J$$
$$\beta = \frac{2}{5}$$

当台球没有立刻无滑滚动而是沿桌面滑动时，以球心为参考轴，摩擦力的冲量矩为 ftr，则有
$$ftr = \frac{2}{5}mr^2(\omega_f - \omega_0)$$

同时摩擦力产生的冲量为 $-ft$，等于动量变化量：
$$-ft = m(v_f - v_0)$$

两式联立可得
$$-m(v_f - v_0) = \frac{2}{5}mr(\omega_f - \omega_0)$$

台球滑动一段距离后开始无滑滚动，此时 $\omega_f = \dfrac{v_f}{r}$，故得
$$-v_f + v_0 = \frac{2}{5}v_f - \frac{2}{5}r\omega_0$$

由冲量 J 和初角动量、初线动量的关系可得

$$-v_f + \frac{J}{m} = \frac{2}{5}v_f - \frac{J\beta}{m}$$

所以有

$$\frac{J}{m}(1+\beta) = \frac{7}{5}v_f$$

即

$$v_f = \frac{5J}{7m}(1+\beta)$$

12. 解析:(1) 设质点质量为 m,高度 z_0 处的半径为 r_0,碗内表面与水平面之间的夹角为 θ。

质点受到两个力:支持力与重力。若质点在水平面内做匀速圆周运动,两个力的合力必须等于向心力 $F_c = \frac{mv_h^2}{r_0}$,其中竖直分量为 0。则

$$F_N\sin\theta = \frac{mv_h^2}{r_0}$$
$$F_N\cos\theta - mg = 0$$

联立可得

$$\tan\theta = \frac{v_h^2}{gr_0}$$

$\tan\theta$ 即为碗壁斜率,$\frac{dz}{dr} = 2kr_0$,因此

$$2kr_0 = \frac{v_h^2}{gr_0}$$

又因为 $z_0 = kr_0^2$,可得

$$v_h = \sqrt{2gz_0}$$

(2) 设高度最大值为 z,此处碗的半径为 r,质点在该点的速度为 v。由能量守恒得

$$\frac{1}{2}mv_0^2 + mgz_0 = \frac{1}{2}mv^2 + mgz$$

同时,作用在质点上的两个力在碗中心轴方向上不会产生力矩,因此关于这个轴的角动量守恒。再者,质点在最高点时,质点速度为水平方向。根据角动量守恒,有

$$mv_0r_0 = mvr \Rightarrow v = v_0\frac{r_0}{r}$$

由于 $z = kr^2$ 以及 $z_0 = kr_0^2$,则

$$v = v_0 \sqrt{\frac{z_0}{z}}$$

综上所述：
$$\frac{1}{2}mv_0^2 + mgz_0 = \frac{1}{2}mv_0^2 \frac{z_0}{z} + mgz$$

$$z^2 - \left(\frac{v_0^2}{2g} + z_0\right)z + \frac{v_0^2}{2g}z_0 = 0$$

$$(z - z_0)\left(z - \frac{v_0^2}{2g}\right) = 0$$

其中一根 $z = z_0$ 就是初始条件，另一个根为

$$z = \frac{v_0^2}{2g}$$

如我们期待的一样，当 $v_0 = v_h$ 时，$z = z_0$；这与(1)的情景相符。

(3)① 下面给出动力学和能量两种方法。在两种方法中，r 都是质点所处位置的半径，$z = kr^2$ 是质点高出碗底的高度。

动力学方法：设碗内表面与水平面的夹角为 θ。由于 z_0 很小，则

$$\sin\theta \approx \theta \approx \tan\theta = \frac{\mathrm{d}z}{\mathrm{d}r} = 2kr$$

$$\cos\theta \approx 1$$

考虑重力沿碗切线的分量，即 $mg\sin\theta$；根据牛顿第二定律，得到加速度 a 的大小：

$$ma = mg\sin\theta$$

由于质点被限制在碗表面，z_0 很小，不考虑向心加速度。径向加速度 a_r 为

$$a_r = -a\cos\theta$$

将 a 代入得

$$a_r = -g\cos\theta\sin\theta$$

z 很小时，可以近似为

$$a_r \approx -g\tan\theta$$

$$a_r = \frac{\mathrm{d}^2 r}{\mathrm{d}t^2} = -2krg$$

能量方法：从计算总能量开始，

$$E = \frac{1}{2}mv^2 + mgz$$

速度 v 为

$$v^2 = \left(\frac{\mathrm{d}r}{\mathrm{d}t}\right)^2 + \left(\frac{\mathrm{d}z}{\mathrm{d}t}\right)^2$$

由于 z 很小,$\dfrac{\mathrm{d}z}{\mathrm{d}t} \ll \dfrac{\mathrm{d}r}{\mathrm{d}t}$,因此

$$E = \dfrac{1}{2}m\left(\dfrac{\mathrm{d}r}{\mathrm{d}t}\right)^2 + mgkr^2$$

根据能量守恒,$\dfrac{\mathrm{d}E}{\mathrm{d}t} = 0$,则

$$0 = m\dfrac{\mathrm{d}r}{\mathrm{d}t}\dfrac{\mathrm{d}^2 r}{\mathrm{d}t^2} + 2mgkr\dfrac{\mathrm{d}r}{\mathrm{d}t}$$

$$0 = \dfrac{\mathrm{d}^2 r}{\mathrm{d}t^2} + 2gkr$$

两种方法都可以得到简谐运动的标准微分方程:

$$\dfrac{\mathrm{d}^2 x}{\mathrm{d}t^2} + \omega^2 x = 0$$

角频率 $\omega = \sqrt{2kg}$,根据周期 $T = \dfrac{2\pi}{\omega}$,则

$$T = \dfrac{2\pi}{\sqrt{2kg}}$$

② 实际周期大于简谐运动周期。可以通过两种方式得到:

在动力学方法中,我们得到准确的方程:

$$a_r = -g\cos\theta\sin\theta$$

近似后的方程则为

$$a_r = -g\tan\theta$$

由于 $\cos\theta\sin\theta < \tan\theta$,径向加速度小于前面的近似值,因此实际上质点回到初始出发点要花的时间比近似得到的长,意味着周期更长。

在能量方法中,在 v 的表达式中近似舍去 $\dfrac{\mathrm{d}z}{\mathrm{d}t}$ 项后,用 $\dfrac{\mathrm{d}r}{\mathrm{d}t}$ 表示 v。因此我们估高了 $\dfrac{\mathrm{d}r}{\mathrm{d}t}$,实际上质点回到初始出发点花的时间比近似得到的长。

13. 解析:(1) 对于该系统,不受其他力的作用,因此

$$0 = \dfrac{\mathrm{d}p}{\mathrm{d}t} = \dfrac{\mathrm{d}m}{\mathrm{d}t}v + m\dfrac{\mathrm{d}v}{\mathrm{d}t}$$

所以

$$a = -\dfrac{1}{m(t)}v_e\dfrac{\mathrm{d}m}{\mathrm{d}t} = \dfrac{v_e}{m_r + m_f(1 - t/T)}\dfrac{m_f}{T}$$

(2) 根据题目中的描述,可以知道:

$$\dfrac{1}{v_e}\mathrm{d}v = -\dfrac{1}{m}\mathrm{d}m$$

其积分为
$$\frac{1}{v_e}v = \ln\frac{m_r + m_f}{m_r}$$
或者表示为
$$v = v_e \ln\frac{m_r + m_f}{m_r}$$

14. 解析:(1) 对于半径为 R_C 的圆形轨道,由万有引力提供向心力可得
$$\frac{GM_s m}{R_C^2} = m\frac{v_c^2}{R_C}$$
对于椭圆轨道,近日点与太阳距离为 R_1,远日点与太阳距离为 R_2,飞船机械能可以表示为
$$\frac{1}{2}mv^2 - \frac{GM_s m}{R} = E$$
由角动量守恒,有
$$mv_1 R_1 = mv_2 R_2$$
联立方程得
$$\frac{1}{2}mv_1^2 - \frac{GM_s m}{R_1} = \frac{1}{2}mv_1^2\left(\frac{R_1}{R_2}\right)^2 - \frac{GM_s m}{R_2}$$
整理得
$$\frac{1}{2}v_1^2\left[1 - \left(\frac{R_1}{R_2}\right)^2\right] = GM_s\frac{R_2 - R_1}{R_2 R_1}$$
因为 $R_1/R_2 = \alpha$,则
$$\frac{1}{2}v_1^2(1 - \alpha^2) = \frac{GM_s}{R_1}(1 - \alpha)$$
解出 v_1 得
$$v_1 = v_E\sqrt{\frac{2}{1 + \alpha}}$$
因为 v_1 一定比 v_E 大,所以
$$\Delta v_1 = v_E\left(\sqrt{\frac{2}{1 + \alpha}} - 1\right)$$

(2) 类似地,我们可以研究得到在远日点 R_2 处的运动情况,即
$$\frac{1}{2}v_2^2\left[1 - \left(\frac{1}{\alpha}\right)^2\right] = \frac{GM_s}{R_2}\left(1 - \frac{1}{\alpha}\right)$$
解得
$$v_2 = v_M\sqrt{\frac{2}{1 + \frac{1}{\alpha}}}$$

因为 v_2 比 v_M 小,所以飞船必须要有一次喷火加速,则

$$\Delta v_2 = v_M \left(1 - \sqrt{\frac{2}{1+\frac{1}{\alpha}}}\right)$$

若用 v_E 表示,需通过相关计算,根据开普勒定律:

$$v_E^2 R_E = v_M^2 R_M$$
$$v_M = v_E \sqrt{\alpha}$$

所以

$$\Delta v_2 = v_E \sqrt{\alpha} \left(1 - \sqrt{\frac{2}{1+\frac{1}{\alpha}}}\right)$$

(3) 由开普勒第三定律可得

$$\frac{T}{T_M} = \left[\frac{\frac{1}{2}(R_E + R_M)}{R_M}\right]^{3/2} = \left(\frac{\alpha+1}{2}\right)^{3/2}$$

在飞船从地球出发到达火星轨道的时间里,火星运动的角位移为

$$\theta_M = \frac{2\pi}{T_M} \cdot \frac{T}{2} = \pi \left(\frac{\alpha+1}{2}\right)^{3/2}$$

同时,飞船运动的角位移为 π,所以发射点(也就是地球所在位置)的角位置为

$$\theta = \pi \left[1 - \left(\frac{\alpha+1}{2}\right)^{3/2}\right]$$

15. 解析:(1) 为了让两物体发生碰撞,系统的总角动量必须为 0,因此 $v_0 = 0$。

(2) 在这种情况中,两物体沿着半径为 $\frac{l}{2}$ 的相同圆轨道,以速度 v_0 做匀速圆周运动,因此

$$\frac{Gm^2}{l^2} = \frac{mv_0^2}{\frac{l}{2}}$$

$$\frac{Gm}{v_0^2 l} = 2$$

(3) 两物体如果没有足够的能量逃逸,则它们会沿着封闭轨道运动,即系统的总能量为负值。系统总能量为 $2 \cdot \frac{1}{2}mv_0^2 - \frac{Gm^2}{l}$,因此需满足

$$mv_0^2 - \frac{Gm^2}{l} < 0$$

$$\frac{Gm}{v_0^2 l} > 1$$

(4) 两物体总是绕着质心对称运动。因此,为了使两者的间距最小,它们的速度必须垂直于连接它们的连线(并且速度反向)。设最小间距为 d,每个物体在最小间距时的速度为 v。

$$L = 2mv\frac{d}{2} = mvd$$

系统初始角动量为 mv_0l,根据角动量守恒:

$$mvd = mv_0l$$

$$v = v_0\frac{l}{d}$$

根据能量守恒:

$$2\times\frac{1}{2}mv_0^2 - \frac{Gm^2}{l} = 2\times\frac{1}{2}mv^2 - \frac{Gm^2}{d}$$

$$v_0^2 - \frac{Gm}{l} = v^2 - \frac{Gm}{d}$$

联立可得

$$v_0^2 - \frac{Gm}{l} = v_0^2\frac{l^2}{d^2} - \frac{Gm}{d}$$

$$\left(1 - \frac{Gm}{v_0^2 l}\right)\left(\frac{d}{l}\right)^2 + \frac{Gm}{v_0^2 l}\left(\frac{d}{l}\right) - 1 = 0$$

$$\left(\frac{d}{l} - 1\right)\left[\left(1 - \frac{Gm}{v_0^2 l}\right)\frac{d}{l} + 1\right] = 0$$

因此

$$d = l \quad \text{或} \quad d = \frac{l}{\frac{Gm}{v_0^2 l} - 1}$$

只有当 $\frac{Gm}{v_0^2 l} > 1$ 时,第二个根才成立。只有当 $\frac{Gm}{v_0^2 l} > 2$ 时,第二个根才比第一个根小。

因此,当 $\frac{Gm}{v_0^2 l} \leqslant 2$ 时,最小间距为 l;其余情况,最小间距为 $\frac{l}{\frac{Gm}{v_0^2 l} - 1}$。

16. 解析:两恒星的质心位置

$$R = d/2$$

两恒星间的引力为

$$F = GM^2/d^2$$

万有引力提供向心力,求得轨道周期:

$$F = M\frac{4\pi^2 R}{T_s^2} = G\frac{M^2}{d^2}$$

或

$$T_s = 2\pi\sqrt{\frac{d^3}{2GM}} = 4\pi\sqrt{\frac{R^3}{GM}}$$

小行星在平面上方 z 处,因此到任一恒星间的距离为 $\sqrt{R^2+z^2}$。平行于平面的分量相互抵消,垂直于平面的分量矢量相加可得合力为

$$F = 2\frac{GmM}{R^2+z^2}\frac{z}{\sqrt{R^2+z^2}}$$

该表达式是精确的。但是当 $z \ll d$ 时,则可以近似为

$$F \approx 2\frac{GmM}{R^3}z$$

回复力符合做简谐运动的力的特征,所以小行星周期为

$$T_p = 2\pi\sqrt{\frac{m}{k}}$$

其中 $k = 2\dfrac{GmM}{R^3}$,所以有

$$T_p = 2\pi\sqrt{\frac{R^3}{2GM}} = 2\pi\sqrt{\frac{d^3}{16GM}}$$

因此

$$\frac{T_p}{T_s} = \frac{\sqrt{2}}{4}$$

17. 解析:设行星绕恒星做匀速圆周运动的轨道半径为 R、周期为 T。根据 R、T 和万有引力常数 G 可以写出恒星质量的表达式,假设行星的质量远小于恒星的质量。

质量为 M 的恒星和质量为 m 的行星间的万有引力为

$$F = \frac{GMm}{R^2}$$

假设 $M \gg m$,那么系统的质心在恒星上,所以行星轨道半径为 R,万有引力提供向心力:

$$F = m\frac{v^2}{R} = m\frac{(2\pi R/T)^2}{R} = 4\pi^2 m\frac{R}{T^2}$$

联立解得

$$\frac{4\pi^2 R}{T^2} = \frac{GM}{R^2}$$

或者根据开普勒定律:

$$\frac{R^3}{T^2} = \frac{GM}{4\pi^2}$$

可以整理为
$$M = 4\pi^2 \frac{R^3}{GT^2}$$

为了得到北落师门恒星的质量 M，设太阳质量为 M_s，可得 $\frac{M}{M_s}$ 的比例式为
$$\frac{M}{M_s} = \frac{R_b^3/T_b^2}{R_e^3/T_e^2}$$

其中 b 代表北落师门行星 b，e 代表地球。即
$$\frac{M}{M_s} = \left(\frac{R_b}{R_e}\right)^3 \left(\frac{T_e}{T_b}\right)^2$$

注意不需要对"13 角秒"展开计算，只需要由图中的比例得
$$R_b/R_e \approx 110$$

求周期比略微复杂些，注意到图中右下方大方框约为图中小方框的 10 倍大小。由图中比例可得：在两年时间里，北落师门行星 b 运行距离约为 1.4 AU。而行星 b 的圆周轨道周长约为 690 AU，这样就意味着行星 b 需要花费 980 年完成一个周期。所以
$$T_b/T_e = 980$$

代入可得
$$M/M_s \approx 1.4$$

在测量过程中，误差 10% 是可以接受的，所以最终质量比值结果是在 0.87 到 2.2 之间。

18. 解析：(1) 若无相对滑动，木板所具有的最大加速度可以用公式 $m_b a_{\max} = \mu m_t g$ 求出，因为上面的物块没有相对滑动，所以整体的角频率可以表示为
$$\omega_2 = \sqrt{\frac{k}{m_t + m_b}}$$

则有
$$a_{\max} \geq A_c \omega_2^2$$

可以解得
$$A_c = \mu g \frac{m_t}{k} \left(1 + \frac{m_t}{m_b}\right)$$

(2) 振动的能量可以表示为
$$E = \frac{1}{2} k A^2$$

由于 $A \gg A_c$，所以 $\Delta A \ll A$，求导后我们可以得到
$$\Delta E = k A \Delta A$$

这里的能量损失来源于摩擦力。在两个物块达到共同速度时，物块近似完成了半个振动周期，所以其能量损失也约为一半，约为

$$\frac{1}{2}\Delta E = 2Af = 2A\mu m_t g$$

其中 f 是摩擦力，联立可得

$$4\mu m_t g = k\Delta A$$

所以

$$\Delta A = 4\frac{\mu m_t g}{k} = 4\frac{\mu g}{\omega_t^2}$$

（3）木板的加速度为

$$a = \frac{\mu g m_t}{m_b}$$

由于摩擦力恒定，所以物块仍以固有频率振动，其振动频率为

$$\omega_t = \sqrt{k/m_t}$$

半个周期的时间表示为

$$t = \pi\sqrt{m_t/k}$$

所以木板最大速度可以表示为

$$v_b = \mu g \frac{m_t}{m_b}\pi\sqrt{m_t/k}$$

物块的最大速度

$$v_t = A\omega_t$$

则

$$\frac{v_b}{v_t} = \mu g \frac{m_t}{m_b}\frac{m_t}{kA}$$

因为

$$A_c = \mu g \frac{m_t}{k}\left(1 + \frac{m_t}{m_b}\right)$$

所以

$$\frac{v_b}{v_t} = \frac{A_c}{A}\frac{m_t}{m_b + m_t} \ll 1$$

19. 解析：复摆周期为

$$T = 2\pi\sqrt{\frac{I}{mgR}} = 2\pi\sqrt{\frac{\frac{1}{12}L^2 + R^2}{gR}}$$

则

$$g\frac{T^2 R}{4\pi^2} - \frac{1}{12}L^2 = R^2$$

上式可变为 $mx + b = y$，若使

$$y = R^2, \quad x = \dfrac{T^2 R}{4\pi^2}$$

由给定的数据填写表1可得：

表1

R	T	$\dfrac{T^2 R}{4\pi^2}$	R^2
0.050	3.842	0.018 7	0.002 5
0.075	3.164	0.019 0	0.005 6
0.102	2.747	0.019 5	0.010 4
0.156	2.301	0.020 9	0.024 3
0.198	2.115	0.022 4	0.039 2
0.211	2.074	0.023 0	0.044 5
0.302	1.905	0.027 8	0.091 2
0.387	1.855	0.033 7	0.149 8
0.451	1.853	0.039 2	0.203 4
0.588	1.900	0.053 8	0.345 7

$\dfrac{T^2 R}{4\pi^2}$ 关于 R^2 的图像应该是一条直线，斜率为 g，截距为 $-\dfrac{1}{12}L^2$（见图2）。

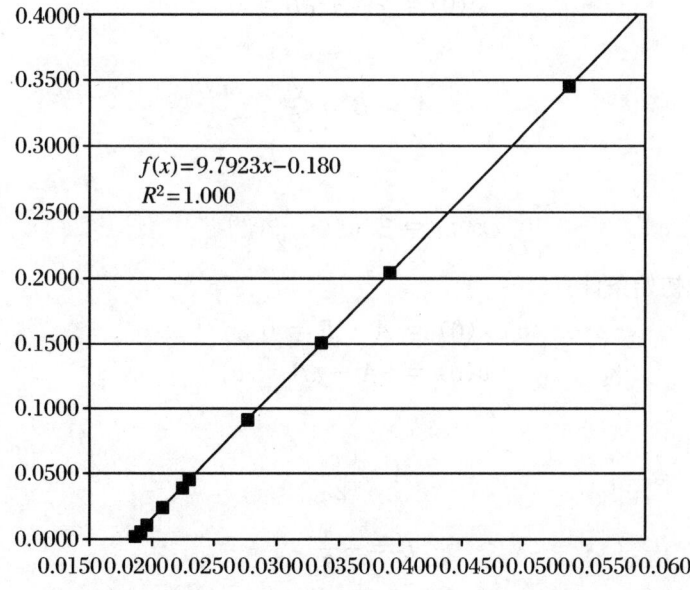

图2

所以有
$$g = 9.7923 \text{ m/s}^2$$
$$L = 1.470 \text{ m}$$

20. 解析：(1) 根据牛顿运动定律：
$$ma = m\alpha^2 x$$
$$\frac{d^2 x}{dt^2} - \alpha^2 x = 0$$

如简谐运动的情况一样，我们代入测试函数(此处即为 $x(t) = Ae^{rt}$)，有
$$\frac{d^2}{dt^2}Ae^{rt} - \alpha^2 Ae^{rt} = 0$$
$$r^2 Ae^{rt} - \alpha^2 Ae^{rt} = 0$$
$$r^2 - \alpha^2 = 0$$

解得 $r = \pm\alpha$，记 $r_1 = \alpha, r_2 = -\alpha$。

(2) 由前面讨论可知
$$x(t) = Ae^{\alpha t} + Be^{-\alpha t}$$

因此
$$v(t) = \alpha Ae^{\alpha t} - \alpha Be^{-\alpha t}$$

代入初始值，有
$$x(0) = A + B = x_0$$
$$v(0) = \alpha A - \alpha B = 0$$

解得
$$A = B = \frac{x_0}{2}$$

因此
$$x(t) = \frac{x_0}{2}e^{\alpha t} + \frac{x_0}{2}e^{-\alpha t}$$

(3) 由初始条件：
$$x(0) = A + B = 0$$
$$v(0) = \alpha A - \alpha B = v_0$$

解得
$$A = \frac{v_0}{2\alpha}$$
$$B = -\frac{v_0}{2\alpha}$$

因此

$$x(t) = \frac{v_0}{2\alpha}e^{\alpha t} - \frac{v_0}{2\alpha}e^{-\alpha t}$$

经过很长时间,第二项 $e^{-\alpha t}$ 将变得微不足道。因此,第二个质点追上第一个质点时,第一项相等,有

$$\frac{x_0}{2}e^{\alpha t} = \frac{v_0}{2\alpha}e^{\alpha t}$$

$$v_0 = \alpha x_0$$

21. 解析:(1)需要计算出平板的转动惯量,可以表示为

$$I = \frac{1}{12}ML^2$$

假设物体与中心位置的距离为 x,平板受到的力矩为

$$M = xmg\cos\theta \approx mgx$$

所以角加速度为

$$\alpha = -\frac{mg}{I}x \qquad ①$$

因为 $m \ll M$,所以可以忽略物块的转动惯量。物块的线性加速度可以表示为

$$a = -g\sin\theta \approx -g\theta \qquad ②$$

假定物块的运动可以通过 $x = \frac{L}{2}\cos\omega t$ 表示,则加速度可以表示为

$$a = -\frac{L}{2}\omega^2\cos\omega t \qquad ③$$

同理,$\theta = \theta_0\cos\omega t$,所以角加速度为

$$\alpha = -\theta_0\omega^2\cos\omega t \qquad ④$$

需要注意的是:ω 不是木板的角速度!

比较式①④两式可得

$$\theta_0\omega^2 = \frac{mg}{I}\frac{L}{2} \qquad ⑤$$

比较式②③两式可得

$$\frac{L}{2}\omega^2 = g\theta_0 \qquad ⑥$$

联立式⑤⑥可得

$$\frac{\theta_0^2}{L/2} = \frac{m}{I}\frac{L}{2} \Rightarrow \theta_0^2 = 3\frac{m}{M}$$

所以

$$\theta_0 = \sqrt{3\frac{m}{M}} \qquad ⑦$$

(2)将⑦代入式⑥可得

$$\omega^2 = \frac{2g}{L}\sqrt{3\frac{m}{M}}$$

所以振动周期为

$$T = \frac{2\pi}{\omega} = \frac{2\pi}{\sqrt{\frac{2g}{L}\sqrt{3\frac{m}{M}}}}$$

(3) 忽略物体的向心加速度是否合理? 向心加速度可以写成

$$a_c = x\left(\frac{d\theta}{dt}\right)^2 = x\theta_0^2\omega^2\sin^2\omega t$$

而 $a = x\omega^2$,则比率 a_c/a 为

$$\frac{a_c}{a} = \theta_0^2\sin^2\omega t$$

一般情况下这个比率是比较小的。

(4) 系统的动能是物块动能和木板转动动能之和,为

$$\frac{1}{2}m\left(\frac{L}{2}\omega\sin\omega t\right)^2 + \frac{1}{2}\left(\frac{1}{12}ML^2\right)(\theta_0\omega\sin\omega t)^2$$

可以简化为

$$\frac{1}{2}(L\omega\sin\omega t)^2\left(\frac{m}{4} + \frac{M}{12}\theta_0^2\right)$$

根据上面的结果,动能减少到

$$\frac{m}{4}(L\omega\sin\omega t)^2 = \frac{mgL\theta_0}{2}\sin^2\omega t$$

势能取决于物体所在的位置,所以

$$mgh = mgx\theta$$
$$= mg\frac{L}{2}\cos\omega t \cdot \theta_0\cos\omega t$$
$$= \frac{mgL\theta_0}{2}\cos^2\omega t$$

这结果符合做简谐运动的系统能量特征。当 $\omega t = \frac{\pi}{4}$ 时,势能和动能相等,此时

$$x = \frac{L}{2} \cdot \frac{\sqrt{2}}{2}$$

$$\theta = \theta_0 \cdot \frac{\sqrt{2}}{2}$$

所以

$$y = x\theta = \frac{L}{4}\theta_0 = \frac{L}{4}\sqrt{3\frac{m}{M}}$$

22. 解析:(1) 由受力分析可得:当木块在斜面上不滑动时
$$\mu mg\cos\theta \geqslant mg\sin\theta$$
因此
$$\mu \geqslant \tan\theta$$
由题意 $\mu_c = \tan\theta$,因此
$$\mu = \frac{\tan\theta}{2}$$

(2) 在一个周期内输入系统的能量为 $MgL\sin\theta$。木块下滑过程中的机械能减少。在平板上升过程中损失的机械能为 $L\mu mg\cos\theta$。在平板和木块下滑过程中损失的机械能为 $L\mu(m+M)g\cos\theta$。因此
$$MgL\sin\theta = L\mu mg\cos\theta + L\mu(m+M)g\cos\theta$$
而 $2\mu\cos\theta = \sin\theta$,所以
$$M = \frac{m}{2} + \frac{m+M}{2} = 2m$$
$$R = M/m = 2$$

(3) 轻弹簧和活动平板的振动周期为
$$T = 2\pi\sqrt{\frac{m}{k}}$$
由于在上升和下滑过程中摩擦力大小都不变,因此两个过程都可以看成简谐运动(只是平衡位置不同)。因此
$$T_0 = \pi\sqrt{\frac{m}{k}} + \pi\sqrt{\frac{3m}{k}}$$
$$T' = 2\pi\sqrt{\frac{m}{k}}$$
$$\frac{T_0}{T'} = \frac{1+\sqrt{3}}{2}$$

(4) 下滑和上升过程都可看成简谐运动,并且两个过程中振动质量都为 m。两个过程中的平衡位置是不同的。在上升阶段,平衡位置显然在离 B 距离为 $\frac{L}{2}$ 的位置,由于 B 和 A 是振动的两端点,平衡位置在两者中间。在下滑过程中,平衡位置的偏移距离 y 由下式给出:
$$ky = 2\mu mg\cos\theta = mg\sin\theta$$
其中 $2\mu mg\cos\theta$ 是上升和下滑阶段摩擦力的差值。

平板最终停止的位置应该是某一次振动的终点(上升或者下滑阶段),此时重力和弹簧力的合力小于最大静摩擦力。为了达到这一条件,平板在最后一次振动过程中不能越过另外一个平衡点。

下面来确定振动终点的位置,运输完木块后第一次上升阶段它们是 B 和 A。在接下来的下滑阶段,平板会停止在距离 B 点 $(2mg\sin\theta)/k$ 的位置(因为平衡位置移动了 $(mg\sin\theta)/k$)。而在接下去的上升阶段,平板停止在距离 B 点 $L - (2mg\sin\theta)/k$ 的位置,上升的平衡位置不变,还是处在斜面的中点。类似分析可得停止位置为

$$n(2mg\sin\theta)/k \quad \text{和} \quad L - n(2mg\sin\theta)/k$$

其中 n 为整数。无论如下哪个情况先发生,平板都会完全停止:

$$n(2mg\sin\theta)/k > L/2$$

或

$$L - n(2mg\sin\theta)/k < L/2 + (mg\sin\theta)/k$$

(第一种情况对应于下滑过程中停在中点之上,第二种情况对应于上升过程中停在上一平衡位置之下)。第二种情况可以重新写成以下形式:

$$\left(n + \frac{1}{2}\right)(2mg\sin\theta)/k > L/2$$

23. 解析:(1) 在 t 时刻录音机所处的位置为

$$y = h - \frac{1}{2}gt^2$$

在 t 时刻录音机的速度为

$$v_s = -gt$$

观测者"听到"录音机早 δt 发出的声音,因为声音传到观测者需要一定的时间。在这种情况下,由于 $v_a \gg v_s$,所以有

$$y = v_a \delta t$$

所以在 t 时刻,观测者听到的声音是录音机在 $t' = t - \delta t$ 时刻发出来的,或者

$$t' = t - \frac{h}{v_a} + \frac{g}{2v_a}(t')^2$$

整理可得

$$\frac{g}{2}(t')^2 - v_a t' + (v_a t - h) = 0$$

二次函数求解可以得到

$$t' = \frac{v_a \pm \sqrt{v_a^2 + 2gh - 2gv_a t}}{g}$$

在 h 很小 v_a 很大的条件下 $t' = t$。因此 t 时刻听到声音时声源(录音机)的速度为

$$v_s = \sqrt{v_a^2 + 2gh - 2gv_a t} - v_a$$

v_s 为负说明运动方向是向下的,即向着观测者运动。所以在多普勒频移公式中 v_s 前面要选用正号。

根据多普勒频移公式有

$$f = f_0 \frac{v_a}{\sqrt{v_a^2 + 2gh - 2gv_a t}}$$

在 h 很小 v_a 很大的条件下有

$$f = f_0 \left(1 + \frac{g}{v_a}t\right)$$

（2）根据正确的表达,我们可以重新写成

$$\frac{1}{f^2} = \frac{1}{f_0^2}\left(1 + \frac{2gh}{v_a^2} - \frac{2g}{v_a}t\right)$$

绘制一个图表,横轴为 t,纵轴为 $1/f^2$。斜率可以表示为 $-\frac{2g}{v_a f_0^2}$,在纵轴的截距可以表示为 $\frac{1}{f_0^2}\left(1 + \frac{2gh}{v_a^2}\right)$。

我们可以用表2呈现出来：

表2

t(s)	f(Hz)	$1/f^2$($\times 10^{-6}$ s^2)
2.0	581	2.96
4.0	619	2.61
6.0	665	2.26
8.0	723	1.91
10.0	801	1.56

斜率为 -1.75×10^{-7} s。那么

$$f_0 = \sqrt{\frac{2 \times 9.8}{1.75 \times 10^{-7} \times 340}} \text{ Hz} = 574 \text{ Hz}$$

截距为 3.31×10^{-6} s^2,(以 m 为单位)高度为

$$h = 340 \times \frac{3.31}{0.175} - \frac{(340)^2}{2 \times 9.8} = 533 \text{ m}$$

显然,这是一座宏伟的高楼和一个让人印象深刻的磁带录音机。

三、电磁学 A 组

答案：

1. E 2. A 3. D 4. D 5. D 6. C 7. B 8. B 9. E 10. E 11. E

12. D 13. D 14. B 15. D 16. C 17. C 18. D 19. B 20. D 21. B
22. C 23. A 24. C 25. A 26. E 27. D 28. C 29. B 30. D 31. A
32. B 33. A 34. D 35. C 36. B 37. C 38. B 39. B 40. E 41. B
42. C 43. B 44. E 45. (1) A;(2) D;(3) D 46. B 47. A 48. C 49. E
50. E 51. C 52. (1) D;(2) D 53. A 54. C 55. (1) A;(2) A;(3) B
56. A 57. D 58. D 59. D 60. E 61. D 62. D 63. A 64. (1) C;
(2) C 65. (1) A;(2) D 66. D 67. D 68. (1) E;(2) D 69. A 70. A
71. E 72. C 73. E 74. C 75. A 76. B 77. C 78. B 79. D 80. E
81. B 82. A 83. A 84. E 85. E 86. B 87. C 88. D 89. A 90. D
91. A 92. D

四、电磁学 B 组

1. 解析:(1) ① 因为导体球壳整体是不带电的,所以在 $r=a$, $r=b$ 处有电性相反的电荷。导体内部的场强为零,所以根据高斯定理,导体内表面的电量为 $-q$。根据球对称和高斯定理,可得球壳外部场强为

$$E(r>b) = \frac{q}{4\pi\varepsilon_0 r^2}$$

在 $x=r=b$ 时,我们有

$$E(b) = \frac{q}{4\pi\varepsilon_0 b^2}$$

② E-x 图如图 1 所示:

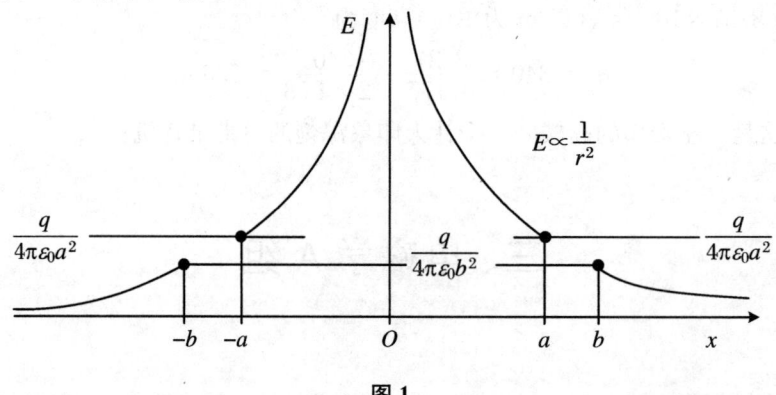

图 1

③ 导体球壳表面是等势面,整体是个等势体。这意味着在 $r = a$, $r = b$ 处的电势是相等的。根据球对称和高斯定理,对于球壳外的点,可以简化为放于球心处的点电荷的电场,所以

$$U(r > b) = \frac{q}{4\pi\varepsilon_0 r}$$

而 $U(a) = U(b)$,所以 $U(x = a)$ 可以写作

$$U(a) = \frac{q}{4\pi\varepsilon_0 b}$$

④ U-x 图如图 2 所示:

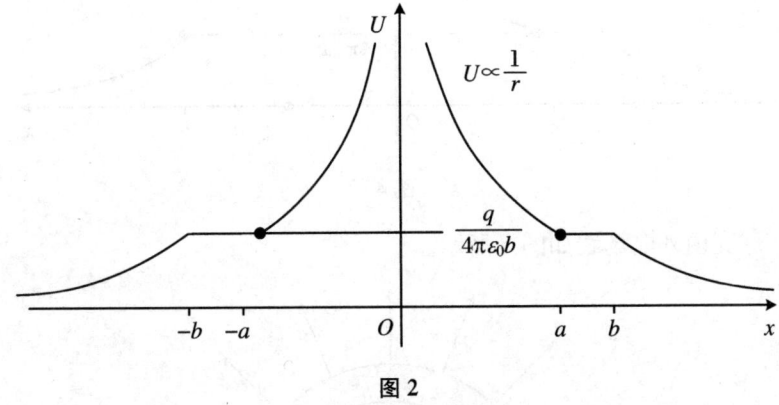

图 2

(2) ① 同理用球对称可以分析得到答案和(1)-①一样:

$$E(b) = \frac{q}{4\pi\varepsilon_0 b^2}$$

② E-x 图如图 3 所示。

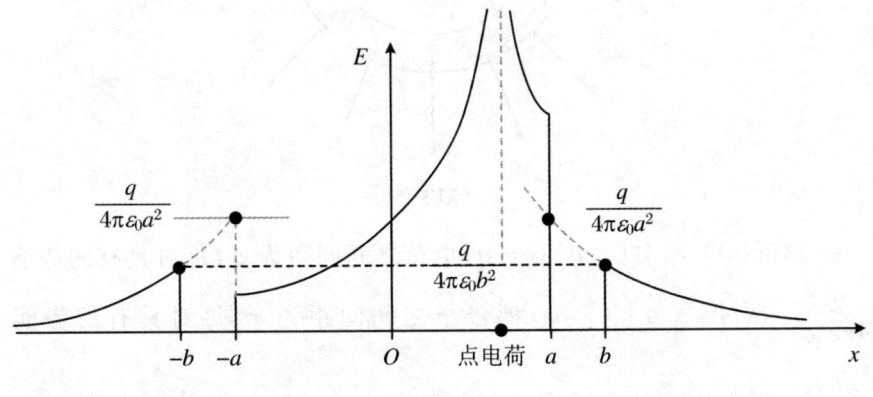

图 3

③ 同理用球对称可以分析得到：
$$U(a) = \frac{q}{4\pi\varepsilon_0 b}$$

④ U-x 图如图 4 所示。

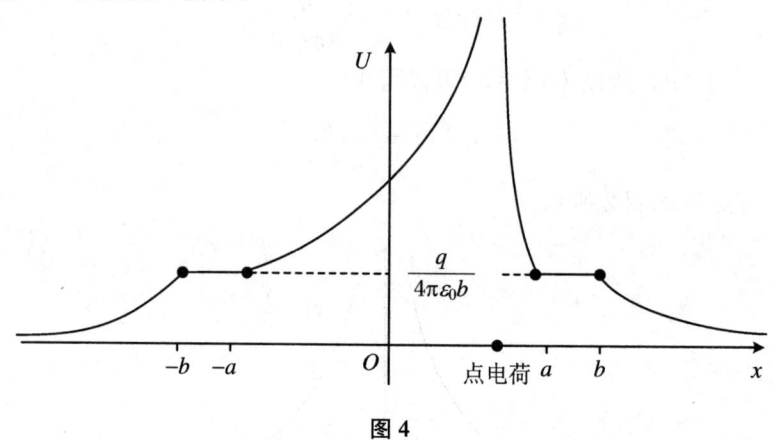

图 4

⑤ 球壳内外电场线如图 5 所示。

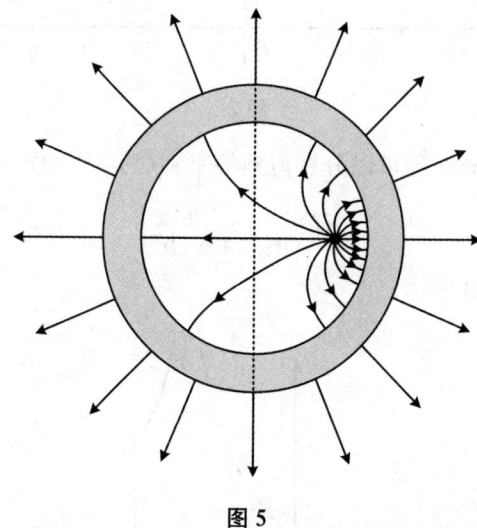

图 5

2. 解析：(1) 两对 $(+q)$-$(-q)$ 电荷之间间距为 d，每对具有的势能为 $-\dfrac{q^2}{4\pi\varepsilon_0 d}$。两对 $(+q)$-$(-q)$ 偶极子之间间距为 r，每对具有的势能为 $-\dfrac{q^2}{4\pi\varepsilon_0 r}$。

一对$(+q)$-$(+q)$偶极子与一对$(-q)$-$(-q)$偶极子之间间距为$\sqrt{r^2+d^2}$,每对具有的势能为

$$\frac{q^2}{4\pi\varepsilon_0 \sqrt{r^2+d^2}}$$

注意到:r越大,后两项越接近于0,而第一项与r无关。因此,在给定的零势面条件下系统势能只包含后两项:

$$E = \frac{q^2}{4\pi\varepsilon_0}\left(\frac{-2}{r} + \frac{2}{\sqrt{r^2+d^2}}\right)$$

(2) 根据

$$E = \frac{2q^2}{4\pi\varepsilon_0 r}\left[\frac{1}{\sqrt{1+\left(\frac{d}{r}\right)^2}} - 1\right]$$

和二项式近似,$(1+x)^n \approx 1 + nx (x \to 0)$,可得

$$E \approx \frac{2q^2}{4\pi\varepsilon_0 r}\left[1 - \frac{1}{2}\left(\frac{d}{r}\right)^2 - 1\right]$$

$$= -\frac{q^2 d^2}{4\pi\varepsilon_0 r^3}$$

或者用p表述:

$$E \approx -\frac{p^2}{4\pi\varepsilon_0 r^3}$$

(3) 根据对称性判断,力的方向水平(沿着r方向)。由于势能随着距离减小而减小,力为吸引力。其大小通过对势能求导可得

$$F = \frac{dE}{dr} = -3\frac{p^2}{4\pi\varepsilon_0 r^4}$$

负号表示力为引力。

当然,也可以运用类似于前面的方法,即准确写出力的表达式,运用上述的二项式近似。分析的时候必须注意,两个同种点电荷之间的力的方向与异种点电荷之间的力的方向并不在同一方向上。

3. 解析:下面给出两种方法来解决。第一种方法,图6给出了三个等效步骤,设每个电容器都用C表示。

第一步连接方式中因为C_2被短路,电路中两个电容器串联,所以每个电容器上的电压为$U_0/2$,且每个电容器中上面的平行极板电势高于下面的平行极板。两个电容器的上极板带正电荷为$q_0 = CU_0/2$,下极板带负电荷为$-q_0$。

第二步中移除C_2两端的导线和移除电源都不会使另外两个电容器的电量和电势差发生变化。

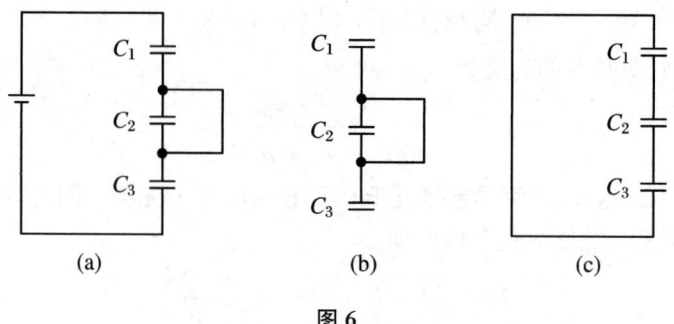

图 6

第三步中用导线将上下两个电容器 C_1,C_3 连接起来。正电荷从 C_1 的上极板流出到 C_3 的下极板(实际上移动的是自由电子)。同时,负电荷从 C_1 的下极板流出到 C_2 的上极板。设最后 C_1 的电压为 U_1,C_2 的电压为 U_2,C_3 的电压为 U_3。三个电容器的上极板的电荷量分别表示为 q_1,q_2,q_3。

电压关系有

$$U_1 + U_2 + U_3 = 0$$

根据对称关系,有

$$U_1 = U_3$$

所以

$$2U_1 = -U_2$$

根据 C_1 的下极板和 C_2 的上极板的电荷守恒,有

$$-q_0 = -q_1 + q_2$$

因为 $q = CU$,所以

$$-\frac{1}{2}U_0 = -U_1 + U_2$$

联立以上方程可得

$$-\frac{1}{2}U_0 = \frac{1}{2}U_2 + U_2$$

$$-\frac{1}{3}U_0 = U_2$$

最终,可以解得

$$U_1 = U_0/6$$

第二种方法,根据高斯定理可得

$$|\Delta E_\perp| = |\sigma/\varepsilon_0|$$

同时,对于平行板

$$|\Delta U| = |Ed|$$

且三个电容器的 ε_0 和 d 是相同的。

三个步骤中电容器内部的电场分布如图 7 所示,对于第一步(见图 7(a))有
$$2E_0 = U_0/d$$
第二块金属板的电荷(密度)分布需要有
$$\Delta E = E_0$$
图 7(c)中由于最顶部的金属板和最底部的金属板电势相等,所以有
$$2E_1 + E_2 = 0$$

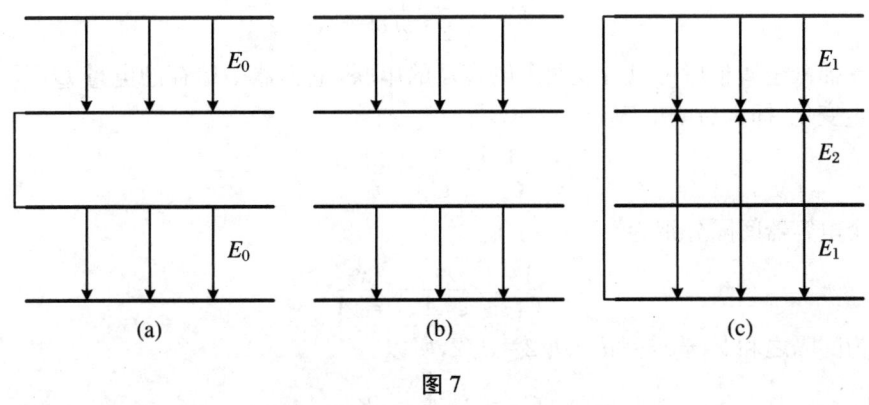

图 7

在第二块金属板上同理由高斯定理可得
$$\Delta E = E_1 - E_2$$
联立可得
$$E_0 = -\frac{1}{2}E_2 - E_2 = -\frac{3}{2}E_2$$
所以有
$$U_2 = -\frac{1}{3}U_0 \quad 以及 \quad U_1 = U_0/6$$

4. 解析:平行板电容器的电容为
$$C = \varepsilon_0 A/d$$
下面给出推导。电容器板间的电场强度为
$$E = \frac{Q}{\varepsilon_0 A}$$
所以,两个平行板间的电势差为
$$U = Ed = \frac{Qd}{\varepsilon_0 A}$$
所以电容为
$$C = Q/U = \varepsilon_0 A/d$$
电容器中储存的能量可以表示为

$$E = \frac{1}{2}QU = \frac{1}{2}CU_0^2$$

设原来的电容为 C_0，充满后电量为

$$Q_0 = C_0 U_0 = \frac{\varepsilon_0 A U_0}{d}$$

储存的能量为

$$E_0 = \frac{1}{2}\frac{\varepsilon_0 A}{d}U_0^2$$

插入金属板后可以看成两个电容器的串联，电容器中储存的电量 Q_0 没有发生变化，插入后的电容为

$$\frac{1}{C_e} = \frac{1}{C_1} + \frac{1}{C_2}$$

两个电容器间隔分别为 x_1, x_2，于是

$$\frac{1}{C_e} = \frac{x_1}{\varepsilon_0 A} + \frac{x_2}{\varepsilon_0 A}$$

因为间隔之和 $x_1 + x_2 = d - d/2 = d/2$，所以

$$C_e = \frac{\varepsilon_0 A}{d/2} = 2C_0$$

那么系统中的能量可以写作

$$E = \frac{1}{2}Q_0 U = \frac{Q_0^2}{2C_e} = \frac{Q_0^2}{4C_0}$$

显然

$$E = \frac{1}{2}E_0$$

对板做的功为

$$W = E - E_0$$

即

$$W = -\frac{1}{4}\frac{\varepsilon_0 A}{d}U_0^2$$

负功意味着金属板是被平行板电容器"吸"进去的，要把它取出来是需要施加向外的拉力。

5. 解析：(1) 两块平板间的电场强度

$$E = \frac{U}{d}$$

因此带电小球的受力为

$$F = Eq = \frac{Uq}{d}$$

小球的加速度为
$$a = \frac{Uq}{md}$$
由运动学公式可知小球在飞行时间内运动的距离是
$$d = \frac{1}{2}at^2$$
因此
$$t = \sqrt{\frac{2d}{a}} = \sqrt{\frac{2md^2}{qU}}$$

(2) 小球在平板间运动所获取的动能是 $E_k = qU$，在非弹性碰撞中转化为内能。

(3) 电流定义式为
$$I = \frac{\Delta Q}{\Delta t}$$
小球的总数为
$$N = n_0 A$$
其中 A 是平板的表面积。

充电电荷 ΔQ 为
$$\Delta Q = n_0 q A$$
因此电流为
$$I = \frac{\Delta Q}{\Delta t} = \frac{n_0 q A}{\sqrt{\frac{2md^2}{qU}}}$$

将 A 和 d 用要求的物理量替代，由于 $C = \varepsilon_0 A / d$，我们可以得到
$$I = \frac{n_0 q A}{\sqrt{\frac{2md^2}{qU}}}$$
$$= \frac{A}{d} n_0 q \sqrt{\frac{qU}{2m}}$$
$$= \frac{C}{\varepsilon_0} n_0 q \sqrt{\frac{qU}{2m}}$$

(4) 由于 $R = U/I$，所以
$$R = \frac{U}{I} = \frac{\varepsilon_0 U}{C n_0 q} \sqrt{\frac{2m}{qU}}$$

简化得到

$$R = \frac{\varepsilon_0}{Cn_0 q}\sqrt{\frac{2mU}{q}}$$

(5) 由于 $P = UI$,所以

$$P = U\frac{C}{\varepsilon_0}n_0 q\sqrt{\frac{qU}{2m}} = \sqrt{\frac{n_0^2 C^2 q^3 U^3}{2m\varepsilon_0^2}}$$

6. 解析:设 q 为负,Q 为正。

(1) 对半径为 r 的球壳应用高斯定理($r < R$),有

$$E \cdot 4\pi r^2 = \frac{4\pi \rho r^3}{3\varepsilon_0}$$

其中电荷密度 $\rho = \frac{3Q}{4\pi R^3}$。

则可求得距球心 r 处的电场强度

$$E = \frac{\rho r}{3\varepsilon_0}$$

由此可知球心处到外边界的电势差为

$$U = -\int_0^R E\,dr$$

将 E 代入可得

$$U = -\frac{\rho R^2}{6\varepsilon_0}$$

根据能量守恒,有

$$\Delta E_k = -qU$$

所以

$$E_{k0} = qU = \frac{-qQ}{8\pi R\varepsilon_0}$$

(2) 对位于距球心 r 处的带电粒子 q,运用牛顿第二定律可得

$$F_{合} = ma$$

$$qE = m\frac{d^2 r}{dt^2}$$

$$\frac{d^2 r}{dt^2} = \frac{q\rho r}{3\varepsilon_0 m}$$

这是简谐运动的微分方程:

$$\frac{d^2 r}{dt^2} = -\omega^2 r$$

其中,$\omega = \sqrt{\frac{-q\rho}{3\varepsilon_0 m}}$。

由于带电粒子具有到达边界所需的最小动能,所以它从球心到边界的时间为 $\frac{1}{4}$ 周期:

$$t = \frac{T}{4} = \frac{\pi}{2\omega} = \frac{\pi}{2}\sqrt{\frac{3\varepsilon_0 m}{-q\rho}} = \frac{\pi}{2}\sqrt{\frac{4\pi\varepsilon_0 mR^3}{-qQ}}$$

7. 解析:球壳的外表面在感应出 $+Q$ 的同时,其内表面将有 $-Q$ 的电量感应出来,所以球壳整体是中性的。

根据球对称和高斯定理,可以知道球壳内的电场强度为

$$E = \frac{1}{4\pi\varepsilon_0}\frac{q_0 - Q(t)}{r^2}$$

电流密度表示为

$$j = \frac{E}{\rho} = \frac{1}{4\pi\varepsilon_0\rho}\frac{q_0 - Q(t)}{r^2}$$

所以电流可以表示为

$$I = jA = \frac{1}{\varepsilon_0\rho}(q_0 - Q)$$

其中 Q 是时间的函数,而 $I = \frac{dQ}{dt}$,所以

$$\frac{dQ}{q_0 - Q} = \frac{dt}{\varepsilon_0\rho}$$

积分后得到

$$\ln\frac{q_0}{q_0 - Q} = \frac{t}{\varepsilon_0\rho}$$

或者

$$\frac{Q}{q_0} = 1 - e^{-t/\varepsilon_0\rho}$$

注:解答的第一步,电荷只在内外表面说明,整个过程中导体内部无净电荷,这是因为 $I = jA$ 处处相同,与 r 无关。

8. 解析:因为新灯泡发出相同光谱的光,其发射功率与表面积成正比:

$$P \propto 2\pi aL$$
$$P \propto aL$$

若灯丝的电阻率为 ρ,则其电阻为

$$R = \frac{\rho L}{A} = \frac{\rho L}{\pi a^2}$$

其功率为

$$P = \frac{U^2}{R} = \frac{U^2 \pi a^2}{\rho L}$$

$$P \propto \frac{a^2}{L}$$

综上所述

$$a \propto P^{2/3}$$
$$L \propto P^{1/3}$$

因此新灯丝的长度为 $n^{1/3}L$，半径为 $n^{2/3}a$。

9. 解析：(1) 这个电路具有高度对称性。b,c,e 三点的电势是相等的，同理，d,f,g 三点的电势也是相等的。

因此，整个电路被简化为三个电阻群的串联。三个并联电阻群的等效电阻分别为 $1\,\Omega$，$\frac{8}{5}\,\Omega$，$\frac{1}{3}\,\Omega$。

所以可得整个电路的等效电阻为 $\frac{44}{15}\,\Omega$。

(2) 换为电容器后，很长一段时间，将没有电流通过含有电容器的支路。

因此，整个电路被简化为三个串联电阻群的并联，电路的等效电阻为 $4\,\Omega$，因此通过电路的电流为

$$\frac{12\,\text{V}}{4\,\Omega} = 3\,\text{A}$$

三个支路电流是相等的，都为 $1\,\text{A}$。

每个电容器的电压与每个 $8\,\Omega$ 电阻的电压是相等的，所以

$$U_C = 1\,\text{A} \times 8\,\Omega = 8\,\text{V}$$

故最后每个电容器的电量为

$$Q = 15\,\mu\text{F} \times 8\,\text{V} = 120\,\mu\text{C}$$

10. 解析：(1) N 只灯泡并联后总电阻为

$$R_e = R/N$$

所以回路中总的电阻为 $r + R/N$。

电路中的电流为

$$I = \frac{U_0}{r + R/N}$$

消耗的热功率为

$$P = I^2 R_e$$

所以

$$P = \frac{U_0^2}{(r + R/N)^2} \frac{R}{N} = NR\frac{U_0^2}{(Nr + R)^2}$$

(2) 当内外电阻相等的时候，输出功率最大：

$$r = R_e = \frac{R}{N}$$

事实上 $r=R/5$ 时外电路消耗功率不一定刚好达到最大值。最大的功率可能在 $R/4$ 和 $R/5$ 之间，或者在 $R/5$ 和 $R/6$ 之间。

粗略估计，
$$\frac{R}{5.5} \leqslant r \leqslant \frac{R}{4.5}$$

更好的估计是在 P_{max} 附近假设功率为 $1/N$ 的二次函数（将 P 泰勒展开），重要的一点是 $1/N$ 和 $1/(N\pm 1)$ 之间的中点：
$$\frac{1/N + 1/(N\pm 1)}{2} = \frac{1}{2N} + \frac{1}{2(N\pm 1)} = \frac{N \pm 1/2}{N(N\pm 1)}$$

所以，界限为
$$\frac{5.5R}{30} \leqslant r \leqslant \frac{4.5R}{20}$$

若严格解，可假设在 N 和 $N\pm 1$ 时输出功率是相等的，可以解出电阻值 r：
$$\frac{N}{(Nr+R)^2} = \frac{N\pm 1}{(Nr\pm r+R)^2}$$

或者
$$N^3 r^2 + 2N^2(R\pm r)r + N(R\pm r)^2$$
$$= N^3 r^2 + 2N^2 Rr + NR^2 \pm N^2 r^2 \pm 2NRr \pm R^2$$

忽略立方项可得
$$\pm 2N^2 r^2 \pm 2NRr + Nr^2 = \pm N^2 r^2 \pm 2NRr \pm R^2$$

化简可得
$$N^2 r^2 \pm Nr^2 = R^2$$

舍去负号解，所以
$$r = \frac{1}{\sqrt{N(N\pm 1)}} R$$

综上可得取值范围为
$$\frac{R}{\sqrt{30}} \leqslant r \leqslant \frac{R}{\sqrt{20}}$$

11. 解析：(1) 理想电压表的内阻可以看成无限大，所以 A,B 之间为断路。由于左、右两支电路对称，所以流经每一支路的电流均为 $I_s/2$。假设下端电势为 0，根据欧姆定律，有
$$U_A = \frac{I_s}{2} 2R = I_s R$$

同理得到 B 点的电势为
$$U_B = \frac{I_s}{2} 4R = 2I_s R$$

A，B 之间的电势差为
$$U_A - U_B = -I_s R$$

(2) 理想电流表其内阻为零，因此 A，B 之间短路。虽然，电流会流向左侧。根据对称性，电流从节点流经两支路电流值是一样的，因此，我们可以得到一系列方程：
$$I_s = I_2 + I_4$$
$$I_2 = I_6 + I_4$$
$$I_4 4R = I_2 2R + I_6 6R$$

解得
$$I_s = I_6 + 2I_4$$
$$4I_4 = 2(I_6 + I_4) + 6I_6$$

即
$$I_4 = 4I_6$$
$$I_s = 9I_6$$

所以有
$$I_6 = \frac{1}{9} I_s$$

(3) 根据前面计算的结果，我们可以看出所有的电流都会流经 A，B，所以
$$I_t = I_6 = \frac{1}{9} I_s$$

如果电路为断路，A，B 之间的电压恒为 $I_s R$，因此
$$R_t = 9R$$

12. 解析：(1) 在该圆柱中心轴周围假设一个半径为 r、长度为 l 的高斯圆柱。根据高斯定理：
$$\oint E dA = \frac{q_{包围}}{\varepsilon_0}$$
$$2\pi r E l = \frac{\lambda_{包围} l}{\varepsilon_0}$$
$$E = \frac{\lambda_{包围}}{2\pi r \varepsilon_0}$$

其中，$\lambda_{包围}$ 是包围在高斯圆柱内的电荷线密度。

因此，仅由空心圆筒产生的电场为
$$E_{施加} = \begin{cases} 0, & r < a \\ \dfrac{\lambda}{2\pi r \varepsilon_0}, & a < r < 4a \\ 0, & r > 4a \end{cases}$$

绝缘体的电场则会减为 $1/\kappa$，因此合计有

$$E = \begin{cases} 0, & r < a \\ \dfrac{\lambda}{2\pi r \varepsilon_0}, & r < a \\ \dfrac{\lambda}{2\pi r \kappa \varepsilon_0}, & 2a < r < 3a \\ \dfrac{\lambda}{2\pi r \varepsilon_0}, & 3a < r < 4a \\ 0, & r > 4a \end{cases}$$

(2) 根据前一问的结果可以得到包围在内的电荷线密度 $\lambda_{包围}$ 关于半径的函数：

$$\lambda_{包围} = \begin{cases} 0, & r < a \\ \lambda, & a < r < 2a \\ \dfrac{\lambda}{\kappa}, & 2a < r < 3a \\ \lambda, & 3a < r < 4a \\ 0, & r > 4a \end{cases}$$

设

$$\lambda_i = \left(1 - \dfrac{1}{\kappa}\right)\lambda$$

可以得到这样的结论：电介质内、外表面电荷密度分别为 $-\lambda_i$ 和 $+\lambda_i$，内部没有电荷。

对于一个非常长的螺线管，我们期望内外磁场完全平行于圆柱体轴线，且 r 很大时，磁场逐渐趋向于 0。取一个沿半径延伸的长度为 l 的安培环路，内侧边在半径 r 处（并与磁场平行），外侧边在无穷远处。对这个安培环路，有

$$\oint B dl = \mu_0 I_{包围}$$

设 B 为半径 r 处的磁感应强度：

$$lB = \mu_0 I_{包围}$$

$$B = \dfrac{\mu_0 I_{包围}}{l}$$

由于空心圆筒上的电荷不发生移动，当 $r > 3a$ 时，$I_{包围} = 0$。当 $2a < r < 3a$ 时，安培环路包围了介质圆柱的外表面。经 $\dfrac{2\pi}{\omega}$ 时间，有 $\lambda_i l$ 的电荷经过环路，因此外表面的电流为

$$I_{外} = \dfrac{\lambda_i l \omega}{2\pi}$$

因此这也是 $2a<r<3a$ 范围内的电流 $I_{包围}$。对于 $r<2a$，安培环路包含了介质圆柱的内外两个表面，内表面形成的电流与外表面电流相抵消，因此 $I_{包围}=0$。综上所述：

$$B = \begin{cases} 0, & r < 2a \\ \dfrac{\mu_0 \omega}{2\pi}\lambda_i, & 2a < r < 3a \\ 0, & r > 3a \end{cases}$$

λ_i 代入后可得

$$B = \begin{cases} 0, & r < 2a \\ \left(1-\dfrac{1}{\kappa}\right)\dfrac{\mu_0 \omega \lambda}{2\pi}, & 2a < r < 3a \\ 0, & r > 3a \end{cases}$$

13. 解析：(1) ① 由库仑定律可知

$$F = \frac{e^2}{4\pi\varepsilon_0 R^2}$$

② 做圆周运动所需的向心力

$$F = \frac{m_e v^2}{R} = m_e R \omega_0^2$$

向心力由库仑力提供，因此

$$m_e R \omega_0^2 = \frac{e^2}{4\pi\varepsilon_0 R^2}$$

解得

$$\omega_0 = \sqrt{\frac{e^2}{4\pi\varepsilon_0 m_e R^3}}$$

③ 由毕奥-萨伐尔定律可得

$$B_e = \frac{\mu_0 i}{4\pi}\oint \frac{d\mathbf{s} \times \mathbf{r}}{r^3}$$

$$B_e = \frac{\mu_0 i}{4\pi} 2\pi R \frac{R}{(z^2+R^2)^{\frac{3}{2}}}$$

$$\approx \frac{\mu_0 i R^2}{2z^3}$$

其中的电流 i 可以写为

$$i = \frac{q}{t} = \frac{e\omega_0}{2\pi}$$

因此

$$B_e = \frac{\mu_0 e \omega_0 R^2}{4\pi z^3}$$

④ 将小磁铁磁场表达式代入后可得

$$m = \frac{e\omega_0 R^2}{2}$$

(2) ① 由于一半的电子顺时针旋转,而另一半的电子逆时针旋转,所以总磁矩为

$$M = 0$$

② 由于磁场施加的洛伦兹力

$$F_B = qvB_0 = eR\omega B_0$$

则向心力表述修改为

$$m_e R\omega^2 = \frac{e^2}{4\pi\varepsilon_0 R^2} \pm eR\omega B_0$$

其中正号对应于逆时针旋转,负号对应于顺时针旋转。

与前面式子联立可得

$$m_e R(\omega^2 - \omega_0^2) = \pm eR\omega B_0$$
$$m_e R(\omega - \omega_0)(\omega + \omega_0) = \pm eR\omega B_0$$
$$m_e (\Delta\omega)(2\omega_0) = \pm e\omega_0 B_0$$

最后一步用了近似 $\omega \approx \omega_0$。因此

$$\Delta\omega = \pm \frac{eB_0}{2m_e}$$

③ 感应电动势

$$\varepsilon = n\frac{\Delta\Phi}{\Delta t} = \frac{\Delta n}{\Delta t}\Phi$$

但 $\Delta n/\Delta t$ 是在时间间隔 Δt 内由于电子运动的等效匝数的度量值。因此

$$\frac{\Delta n}{\Delta t} = \frac{\omega_0 R}{2\pi R} = \frac{\omega_0}{2\pi}$$

代入可得

$$\varepsilon = \frac{\omega_0}{2\pi}B_0\pi R^2 = \frac{1}{2}\omega_0 B_0 R^2$$

④ 动能的变化量

$$\Delta E_k = \Delta\left(\frac{1}{2}m_e\omega^2 R^2\right)$$
$$= m_e R^2 \omega \Delta\omega$$
$$\approx m_e R^2 \omega_0 \Delta\omega$$
$$= m_e \omega_0 R^2 \left(\pm\frac{eB_0}{2m_e}\right)$$
$$= e\varepsilon$$

⑤ $\Delta M = N\Delta m$,其中 N 是原子数,Δm 是每个原子磁矩的变化量。

$$\Delta m = \Delta\left(\frac{e\omega_0 R^2}{2}\right)$$

$$= \frac{eR^2}{2}\Delta\omega$$

$$= \frac{e^2 R^2 B_0}{4m_e}$$

注:逆时针和顺时针旋转电子磁矩变化量 Δm 的大小和方向相同。
因此

$$\Delta M = N\frac{e^2 R^2 B_0}{4m_e}$$

⑥ 由楞次定律可知相互发生排斥。

14. 解析:(1) ① 根据磁场强度的表达式,q_m 的单位为牛顿/特斯拉。又因为特斯拉可以表示为牛顿/(安培·米),所以 q_m 也可表示为安培·米。

② z 轴的磁场强度由两个磁单极子的磁场叠加而得,故有

$$B(z) = \frac{\mu_0}{4\pi}\frac{-q_m}{z^2} + \frac{\mu_0}{4\pi}\frac{q_m}{(z+d)^2}$$

化简可得

$$B(z) = \frac{\mu_0}{4\pi}q_m\left[\frac{(z+d)^2 - z^2}{z^2(z+d)^2}\right]$$

整理可得

$$B(z) = \frac{\mu_0}{4\pi}q_m d\left[\frac{2 + d/z}{z^2(z+d)^2}\right]$$

③ 基于上一个表达,当 $d\to 0$ 时有

$$B(z) = \frac{\mu_0}{2\pi}\frac{q_m d}{z^3} = \frac{\mu_0}{2\pi}\frac{p_m}{z^3}$$

(2) ① 应用毕奥-萨伐尔定律可得

$$B(z) = \frac{\mu_0}{4\pi}I\oint\frac{\mathrm{d}l\times s}{s^3} = \frac{\mu_0}{4\pi}I\frac{2\pi r}{r^2+z^2}\sin\theta$$

其中 θ 为环形电流上的点同 z 点的连线与 z 轴的夹角。我们可以得到

$$B(z) = \frac{\mu_0}{4\pi}I\frac{2\pi r^2}{(r^2+z^2)^{3/2}}$$

② 根据(1)-③中的 p_m 可知,其单位为安培·米^2,所以 $\gamma = 2$。

③

$$B(z) = \frac{\mu_0}{4\pi}I\frac{2\pi r^2}{(r^2+z^2)^{3/2}} = \frac{\mu_0}{2\pi}\frac{I\pi r^2}{z^3}$$

即

$$B(z) = \frac{\mu_0}{2\pi} \frac{\pi}{k} \frac{p'_m}{z^3}$$

④ 通过对比 $B(z) = \frac{\mu_0}{2\pi} \frac{p_m}{z^3}$ 和 $B(z) = \frac{\mu_0}{2\pi} \frac{\pi}{k} \frac{p'_m}{z^3}$ 可知,$k = \pi$。

(3)① 除表面外,内部相邻的两个磁性相反、大小为 q_m 的磁单极子相互抵消。所以正方形的磁单极子模型可类比为平行板电容器。

如果偶极子间距为 d,位于表面处的单极子磁量密度为
$$\sigma_m = q_m/d^2$$
类比平行板电容器,磁场强度可以表示为
$$B = \mu_0 \sigma_m = \mu_0 \frac{p_m}{d^3}$$
方向向左。

② 同理,安培型的磁偶极子可以等效为只在圆柱体表面的环形电流,则可类比为一个通电螺线管。在这种情况下
$$B = \mu_0 i$$
其中 i 是电流表面的密度,在这里可以表示为 I/d,因此
$$B = \mu_0 \frac{I}{d} = \mu_0 \frac{p_m}{d^3}$$
对于安培偶极子,$p_m = Id^2$,方向向右。

15. 解析:(1)① 滑杆在下落过程中受到重力和安培力两个力作用做加速度变小的加速运动,最后加速度为零,做匀速直线运动。

保险丝熔断电流为 5 A,此时滑杆受到的安培力和重力相等。
$$F = iLB$$
$$\Rightarrow F = 1.8 \text{ N}$$
所以最小质量为
$$F = mg$$
$$\Rightarrow m = \frac{1.8 \text{ N}}{10 \text{ m/s}^2} = 0.18 \text{ kg}$$

② 安培力
$$F = iLB$$
其中电流
$$i = \frac{E}{R}$$
感应电动势
$$E = \frac{d\Phi_B}{dt} = \frac{dBA}{dt}$$

$$= \frac{\mathrm{d}BLx}{\mathrm{d}t} = BL\frac{\mathrm{d}x}{\mathrm{d}t}$$
$$= BLv$$

所以
$$F = \frac{B^2L^2v}{R}$$

一旦达到了这个特定速度,那么质量为 $m = 0.18$ kg 的杆子将会产生 5 A 的电流,速度为
$$v = \frac{FR}{B^2L^2} = \frac{1.8\text{ N} \times 0.25\text{ }\Omega}{(1.2\text{ T})^2 \times (0.3\text{ m})^2} = 3.47\text{ m/s}$$

(2) ① 由 $E = \frac{U}{L}$,其中 L 为保险丝的长度,$U = IR_f$,所以电场强度
$$E = \frac{IR_f}{L}$$

而保险丝的电阻为 $R_f = \rho_f L/(\pi r^2)$,所以
$$E = \frac{I\rho_f}{\pi r^2}$$

② 根据安培环路定理可得磁感应强度
$$B = \frac{\mu_0}{2\pi}\frac{I}{r}$$

③ 所以,坡印亭矢量
$$S = \frac{I^2\rho_f}{2\pi^2 r^3}$$

它指向保险丝的内侧,所以电磁能通过电磁场从保险丝的侧面输入使它越来越热。

④ 保险丝向里辐射的总功率等于坡印亭矢量乘以保险丝的表面积,也可以表示为
$$P = I^2R_f$$

当保险丝温度升高向外辐射能量,直到达到平衡,有
$$\sigma T_f^4 = \frac{I^2\rho_f}{2\pi^2 r^3}$$

所以可以得到导线的半径为
$$r = \sqrt[3]{\frac{(5\text{ A})^2(120 \times 10^{-9}\text{ }\Omega \cdot \text{m})}{2\pi^2(5.67 \times 10^{-8}\text{ J/(s} \cdot \text{m}^2 \cdot \text{K}^4))(500\text{ K})^4}} = 0.35\text{ mm}$$

16. 解析:(1) 圆筒内部的磁感应强度
$$B = \mu_0 I/l$$

(2) 因此磁通量

$$\Phi_B = BA = \pi\mu_0 r^2 I/l$$

自感系数
$$L = \Phi_B/I = BA/I = \pi\mu_0 r^2/l$$

自感电动势和变化电流的关系为
$$\varepsilon = -L\frac{dI}{dt} = -\frac{\pi\mu_0 r^2}{l}\frac{dI}{dt}$$

(3) 感应电动势驱动电流，所以
$$\varepsilon = IR$$

其中 R 为电阻，表示为
$$R = \rho\frac{l}{S}$$

圆周长为 $2\pi r$，导体截面积为 ld。因此
$$\varepsilon = I\rho\frac{2\pi r}{ld}$$

(4) 综上所述，得到一个微分方程：
$$I\rho\frac{2\pi r}{ld} = -\frac{\pi\mu_0 r^2}{l}\frac{dI}{dt}$$

简化为
$$-\alpha I = \frac{dI}{dt}$$

其中
$$\alpha = \frac{2\rho}{\mu_0 rd}$$

因此，解得
$$I(t) = I(0)e^{-\alpha t}$$

17. 解析：(法一)该磁单极子产生的磁感应强度
$$B = \frac{\mu_0}{4\pi}\frac{q_m}{r^2}$$

穿过金属圈的磁通量为
$$\Phi_B = \int \boldsymbol{B} \cdot d\boldsymbol{A} = \int B 2\pi r \sin\theta r d\theta = \frac{1}{2}\mu_0 q_m \int \sin\theta d\theta$$
$$= \frac{1}{2}\mu_0 q_m (1 - \cos\theta) = \frac{1}{2}\mu_0 q_m \left(1 - \frac{x}{\sqrt{x^2 + b^2}}\right)$$

其中 θ 是指磁单极子与线圈边缘任一点的连线与线圈轴线的夹角。

很容易得到：
$$d\Phi_B = \frac{1}{2}\mu_0 q_m \sin\theta d\theta$$

根据法拉第电磁感应定律,磁通量的变化会在金属圈内引起电流 I。

$$\frac{\mathrm{d}\Phi_B}{\mathrm{d}t} = IR$$

其中 R 是金属圈的电阻,后面可以求出 R。

$$\varepsilon = \frac{\mathrm{d}\Phi_B}{\mathrm{d}t} = \frac{1}{2}\mu_0 q_\mathrm{m} \sin\theta \frac{\mathrm{d}\theta}{\mathrm{d}t}$$

$$= \frac{1}{2}\mu_0 q_\mathrm{m} \sin\theta \frac{v\sin\theta}{\sqrt{x^2+b^2}}$$

$$= \frac{\mu_0 q_\mathrm{m} b^2 v}{2(x^2+b^2)^{\frac{3}{2}}}$$

感应电流产生的磁场将阻碍磁单极子的运动。根据毕奥-萨伐尔定律可以求得磁感应强度。

沿着金属圈的轴线,有

$$\mathrm{d}B = \frac{\mu_0 I}{4\pi} \frac{\mathrm{d}l \times r}{r^3}$$

其中 r 是磁单极子指向金属圈边缘某点的矢量。根据对称性可得,只存在平行于金属圈轴线的 B 分量,所以有

$$\mathrm{d}B = \frac{\mu_0 I}{4\pi} \frac{\mathrm{d}l}{r^2}\sin\theta$$

积分比较简单,其他量不变,只需沿着圆周对 $\mathrm{d}l$ 进行积分,即

$$B = \frac{\mu_0 I b}{2r^2}\sin\theta$$

考虑金属圈的半径 b 比磁单极子与金属圈边缘点间距 r 更方便。因为

$$\sin\theta = \frac{b}{r}$$

所以

$$B = \frac{\mu_0 I}{2b}(\sin\theta)^3$$

作用在磁单极子上的力

$$F = q_\mathrm{m} B = q_\mathrm{m}\frac{\mu_0 I}{2b}(\sin\theta)^3 = q_\mathrm{m}\frac{\mu_0}{2b}(\sin\theta)^3\frac{1}{R}\frac{\mathrm{d}\Phi_B}{\mathrm{d}t}$$

乘以 $\mathrm{d}t$ 后,可以给出动量变化的表达式:

$$\mathrm{d}p = q_\mathrm{m}\frac{\mu_0}{2b}(\sin\theta)^3\frac{1}{R}\mathrm{d}\Phi_B = q_\mathrm{m}^2\frac{\mu_0^2}{4bR}(\sin\theta)^4\mathrm{d}\theta$$

利用题设给出的积分公式可得,磁单极子从一侧运动到另一侧之后

$$\Delta p = \frac{q_\mathrm{m}^2 \mu_0^2}{4bR}\frac{3\pi}{8}$$

若磁单极子从轨道底部上方高度为 H 处静止下落,则系统初始能量为 mgH,因此穿过金属圈之前的初始动量(假设不存在金属圈)为

$$p_0 = m\sqrt{2gH}$$

磁单极子每次穿越金属圈,动量将会减少 Δp。因此穿越金属圈的次数为

$$N = \frac{p_0}{\Delta p} = m\sqrt{2gH}\left(\frac{q_m^2 \mu_0^2}{4bR}\frac{3\pi}{8}\right)^{-1}$$

或

$$N = \frac{32bRm\sqrt{2gH}}{3\pi\mu_0^2 q_m^2}$$

显然还需要求出 R。由于 $a \ll b$,可以将金属线圈看成细长的圆柱形导线,则

$$R = \frac{\rho 2\pi b}{\pi a^2}$$

最终可得

$$N = \frac{64b^2 \rho m\sqrt{2gH}}{3\pi\mu_0^2 q_m^2 a^2}$$

(法二)法一分析受力求解,这里关注金属圈消耗的功率:

$$P = \frac{\varepsilon^2}{R}$$

$$= \frac{\left[\dfrac{1}{2}\mu_0 q_m \dfrac{b^2}{(b^2+x^2)^{\frac{3}{2}}}\dfrac{dx}{dt}\right]^2}{\dfrac{2b\rho}{a^2}}$$

$$= \frac{\mu_0^2 q_m^2 a^2 b^3}{8\rho}\frac{1}{(b^2+x^2)^3}\left(\frac{dx}{dt}\right)^2$$

单位时间内磁单极子能量损失:

$$P = -\frac{d}{dt}\frac{1}{2}mv^2 = -mv\frac{dv}{dt}$$

联立,且 $v = \dfrac{dx}{dt}$,则

$$\frac{dv}{dt} = -\frac{\mu_0^2 q_m^2 a^2 b^3}{8\rho m}\frac{1}{(b^2+x^2)^3}\frac{dx}{dt}$$

利用题设给出的积分公式(或者查积分公式表),继续求解,以下略。

18. 解析:(1) ① 根据对称性,薄板上、下的电场强度的大小和方向都是相同的。根据高斯定理,我们可以选取一个圆柱形的高斯面:

$$2EA = \frac{\sigma A}{\varepsilon_0}$$

$$E = \sigma/2\varepsilon_0$$

垂直于薄板方向建立 z 轴,可表示为

$$E = \frac{\sigma}{2\varepsilon_0}z \quad （薄板上方）$$

$$E = -\frac{\sigma}{2\varepsilon_0}z \quad （薄板下方）$$

② 运动不会影响电场强度。电场强度方向垂直于薄板,大小为

$$E = \sigma/(2\varepsilon_0)$$

③ 根据右手定则,(如果 $v>0$)我们可以判断出磁感应强度的方向:当 $z>0$ 时,磁感应强度的方向沿着 $-y$ 方向;当 $z<0$ 时,磁感应强度的方向沿着 $+y$ 方向。

根据安培环路定理,平行 x 轴方向选取一个长度为 l 的矩形安培环路,我们有

$$2Bl = \mu_0 \sigma v l$$

这是因为在时间 t 内,通过矩形安培环路的薄板面积为 vtl,所以通过的电量为 σvtl,则电流为 σvl。

所以

$$B = \frac{\mu_0 \sigma v}{2}$$

具体可以写成

$$B = -\frac{\mu_0 \sigma v}{2} y \quad （薄板上方）$$

$$B = \frac{\mu_0 \sigma v}{2} y \quad （薄板下方）$$

④ 运动不会影响电场强度。电场强度方向垂直于薄板,大小为

$$E = \sigma/2\varepsilon_0$$

⑤ 在薄板的上方和下方均没有磁场。有趣的是,在薄板上也没有磁场。

应用安培环路定律时,设在 x-y 平面上有面积为 A 的安培环路。当带电薄板通过时,通过环的电流为 $A\sigma\delta(t)$。

通过这个环路的反向的电通量变化率大小为 $A\frac{\sigma}{\varepsilon_0}\delta(t)$,所以,麦克斯韦-安培定律的右边项保持为零。

(2) ① 电场不受电荷运动的影响,所以在运动观察者的参考系中电场强度并没有发生变化,仍为 E。

② 当带电薄板沿着电场方向运动时是不会产生磁场的,所以同样在运动观察者的参考系中,在运动方向上的电场分量同样不会产生磁场。

当带电薄板沿着 $+x$ 方向运动时,将会产生一个 $-y$ 方向的磁场;观察者沿着 $+x$ 方向运动,等同于"带电薄板沿着 $-x$ 方向运动",所以会产生一个 $+y$ 方向的磁场。

这里更确切地说,"z 方向的电场"是让"沿着 x 方向运动的观察者"观测到沿着 $y = z \times x$ 方向的磁场的原因。

此外,电场和磁场的关系满足:
$$B = \mu_0 \varepsilon_0 vE$$
与之前的公式联立可得
$$\boldsymbol{B}' = -\mu_0 \varepsilon_0 \boldsymbol{v} \times \boldsymbol{E}$$
或者,根据 $c^2 = 1/(\mu_0 \varepsilon_0)$,得到
$$\boldsymbol{B}' = -\frac{1}{c^2} \boldsymbol{v} \times \boldsymbol{E}$$
或者,在题设定条件 $\boldsymbol{v} = v\boldsymbol{z}$ 下,有
$$\boldsymbol{B}' = \frac{v}{c^2}(E_y \boldsymbol{x} - E_x \boldsymbol{y})$$

(3) ① 若把两根导线看作整体则是不带电的,所以在导线外侧没有电场。

② 导线中的电流为 λv,取一个以导线为中心、半径为 r 的圆形安培环路,环路平面垂直于导线,根据安培环路定理很容易得到:
$$B = \mu_0 \frac{\lambda v}{2\pi r}$$
根据安培定则判断:既然电流是沿着 $-z$ 方向,顺着电流方向看,磁场应为顺时针方向。

③ 根据(2)中的讨论可知电场的运动产生的磁场
$$\boldsymbol{B}' = -\frac{1}{c^2} \boldsymbol{v} \times \boldsymbol{E}$$
根据对称性和量纲正确的要求,不妨假设:
$$\boldsymbol{E}' = \pm \boldsymbol{v} \times \boldsymbol{B}$$
取正号,叉乘可得电场矢量的方向是向外的,其大小为
$$E' = v\mu_0 \frac{\lambda v}{2\pi r} = \frac{\lambda}{2\pi \varepsilon_0} \frac{v^2}{c^2}$$
注:这与考虑带电棒尺缩带来的电场变化结果一致。

19. 解析:(1) ① 长度为 l 的一段圆柱带电:
$$q = \pi R^2 l \rho$$
其所受电场力
$$F = qE$$
而输送功率

$$P = Fv$$

综合可得

$$P = \pi R^2 l\rho Ev$$

则单位长度传输功率

$$p = \pi R^2 \rho Ev$$

② l 长的这段圆柱运动经过一点的时间

$$t = \frac{l}{v}$$

所以杆上的电流为

$$I = \frac{q}{t} = \pi R^2 \rho v$$

取半径为 R 的安培环路，由安培环路定理得

$$\oint B \mathrm{d}l = \mu_0 I_{内}$$

$$2\pi RB = \mu_0 \pi R^2 \rho v$$

$$B = \frac{1}{2}\mu_0 R\rho v$$

磁场方向由安培定则给出。

③ 因为电场与磁场是相互垂直的，所以坡印亭矢量的大小为

$$S = \frac{1}{\mu_0}EB = \frac{1}{2}R\rho vE$$

由右手螺旋定则可以判出坡印亭矢量的方向沿着圆柱径向里（即垂直表面向里），每单位长度的表面积为 $2\pi R \times 1$。

所以杆单位长度的电磁能量传输速率为

$$p = 2\pi RS = \pi R^2 \rho vE$$

这和(1)-①推导的结论相符合。

(2) ① 电容可由标准的平行板电容器公式得：

$$C = \frac{\varepsilon_0 \pi R^2}{d}$$

电容器两端电压为

$$U = \frac{Q}{C} = \frac{Qd}{\varepsilon_0 \pi R^2}$$

功率为

$$P = IU = \frac{IQd}{\varepsilon_0 \pi R^2}$$

（也可用电场的能量密度公式 $\frac{1}{2}\varepsilon_0 E^2$ 求解）。

② 电容器里面电场强度垂直极板,其大小为

$$E = \frac{U}{d} = \frac{Q}{\varepsilon_0 \pi R^2}$$

取一个通过电容器中心的平顶高斯面,电通量为

$$\varphi_E = \pi R^2 E = \frac{Q}{\varepsilon_0}$$

这也可以利用对称性和高斯定理求得。

考虑一个包围电容器边缘的安培环路,由麦克斯韦-安培定律可得

$$\oint B \mathrm{d}l = \mu_0 \varepsilon_0 \frac{\mathrm{d}\varphi_E}{\mathrm{d}t}$$

$$2\pi RB = \mu_0 \frac{\mathrm{d}Q}{\mathrm{d}t}$$

$$B = \frac{\mu_0 I}{2\pi R}$$

磁场方向可以由安培定则得到。

其实还可以直接取一个曲面,避开电容器的中心,横穿一根充电线。在这种情况下,可以直接有

$$\oint B \mathrm{d}l = \mu_0 I$$

结论一样。

③ 因为电场与磁场是相互垂直的,所以坡印亭矢量的大小为

$$S = \frac{1}{\mu_0} EB = \frac{IQ}{2\varepsilon_0 \pi^2 R^3}$$

由右手螺旋定则可以判出坡印亭矢量的方向沿径向向里(指向线圈的轴线),该区域面积为 $2\pi Rd$,所以电磁能传输功率

$$P = 2\pi Rd \cdot S = \frac{IQd}{\varepsilon_0 \pi R^2}$$

和(2)-①小题的结论相符合。

(3) ① 假设螺线管长为 l,则自感系数

$$L = \mu_0 N^2 \pi R^2 l$$

可以直接引用上述公式。也可以推导如下:

因为磁场只存在于电感线圈内部,取一个与电感线圈相交长为 d 的安培环路,环路包含了长为 Nd 匝的线圈,根据安培环路定理:

$$\oint \boldsymbol{B} \cdot \mathrm{d}\boldsymbol{l} = \mu_0 I_{\mathrm{enc}}$$

可得

$$Bd = \mu_0 NdI$$

$$B = \mu_0 NI$$

长为 l 的电感线圈匝数为 Nl,所以全磁通为

$$\Phi = NlB\pi R^2 = \mu_0 N^2 I\pi R^2 l$$

又因为 $\Phi = LI$,则

$$L = \mu_0 N^2 \pi R^2 l$$

电感两端的电压

$$U = L\frac{dI}{dt}$$

$$= \mu_0 N^2 \pi R^2 l \frac{dI}{dt}$$

则传输给电感的功率

$$P = IU$$

$$= \mu_0 N^2 \pi R^2 lI \frac{dI}{dt}$$

除以 l 得每单位长度的功率

$$p = \mu_0 N^2 \pi R^2 I \frac{dI}{dt}$$

(也可用磁场的能量密度公式 $\frac{1}{2\mu_0}B^2$ 求解)。

② 在电感线圈内表面取一个环路,从前面讨论可知,穿过环路的磁场 $B = \mu_0 NI$。则有

$$\oint E dl = \frac{d\varphi_B}{dt}$$

$$2\pi RE = \mu_0 N\pi R^2 \frac{dI}{dt}$$

$$E = \frac{1}{2}\mu_0 NR \frac{dI}{dt}$$

电感周围的电场方向可由楞次定律判断得到。

③ 因为电场与磁场是相互垂直的,所以坡印亭矢量的大小为

$$S = \frac{1}{\mu_0}EB$$

$$= \frac{1}{2}\mu_0 N^2 RI \frac{dI}{dt}$$

由右手螺旋定则可以判出坡印亭矢量的方向沿着电容器的边缘向里(即垂直表面向里),每单位长度的表面积为 $2\pi R$。所以每单位长度上电磁能传输功率

$$p = 2\pi RS = \mu_0 N^2 \pi R^2 I \frac{dI}{dt}$$

这和(3)-①推导的结论相符合。

20. 解析:(1) ① 由于负载是纯电阻,它的平均功率

$$P_{平均} = U_{有效}I_{有效}$$

$$I_{有效} = \frac{P_{平均}}{U_{有效}} = 2\,000 \text{ A}$$

② 电缆的横截面积 $S = \pi r^2 = 7.07 \times 10^{-4} \text{ m}^2$,因此电阻

$$R = \rho \frac{l}{S} = 19.8 \text{ }\Omega$$

功率损失

$$P = I^2 R = 79.2 \text{ MW}$$

(2) ① 磁感线是垂直于导线的平面内的同心圆,根据安培环路定理:

$$\oint \boldsymbol{B} \cdot \mathrm{d}\boldsymbol{s} = \mu_0 I_{包围}$$

$$B \cdot 2\pi r = \mu_0 I$$

$$B = \frac{\mu_0 I}{2\pi r}$$

② 感应电动势的大小与磁通量的变化率成正比。由于磁场范围随时间是均匀不变的,磁通量的变化主要是由于磁场本身的变化。由于越靠近电缆磁场越强,线圈应该直接放在电缆下方,由于该位置的磁场是水平的,并且垂直于电缆,所以线圈应当竖直放置,并且平行于电缆。

总之,线圈应该竖直(与电缆平行)直接放在电缆下方,其长边垂直于电缆,这样穿过线圈的磁场更强。

③ 根据法拉第定律:

$$\varepsilon = N \frac{\mathrm{d}}{\mathrm{d}t} \Phi_B$$

其中 Φ_B 是指穿过一匝线圈的磁通量。磁通量的定义为

$$\Phi_B = \int \boldsymbol{B} \cdot \mathrm{d}\boldsymbol{A}$$

将线圈分为径向宽度 $\mathrm{d}r$ 与长度 b:

$$\Phi_B = \int_{h-a}^{h} B(r) b \mathrm{d}r = \int_{h-a}^{h} \frac{\mu_0 I}{2\pi r} b \mathrm{d}r = \frac{\mu_0 I}{2\pi} \ln \frac{h}{h-a}$$

因此

$$\varepsilon = N \frac{\mathrm{d}}{\mathrm{d}t} \frac{\mu_0 I b}{2\pi} \ln \frac{h}{h-a}$$

由于线圈固定不动,只有 I 会随着 t 变化,因此

$$\varepsilon = N \frac{\mu_0 b}{2\pi} \ln \frac{h}{h-a} \frac{\mathrm{d}I}{\mathrm{d}t}$$

$$= N\frac{\mu_0 b}{2\pi}\ln\frac{h}{h-a}I_0\omega\cos\omega t$$

④ $I_0\cos\omega t$ 的有效值与 $I_0\sin\omega t$ 的有效值相等,即为 $I_{有效}$。根据前面的结果,有效值

$$\varepsilon_{有效} = N\frac{\mu_0 b}{2\pi}\ln\frac{h}{h-a}\omega I_{有效}$$

其频率 $f=\frac{\omega}{2\pi}$,因此

$$\varepsilon_{有效} = N\mu_0 bf\ln\frac{h}{h-a}I_{有效}$$

根据已知数据:

$$\mu_0 bf\ln\frac{h}{h-a}I_{有效} = 0.015\ 5\ \text{V}$$

则线圈匝数

$$N = 7\ 757$$

(3) ① 异相的电流与原来的电压在一个周期内功为零,可以说不传递功率。总功率不变,所以同相的电流不变。因此,总电流增加(由于存在异相电流),在电缆上的功率损耗也增加。

② LC 电路的振荡频率为

$$\omega = \frac{1}{\sqrt{LC}}$$

因此

$$C = \frac{1}{\omega^2 L}$$

$\omega = 2\pi f = 377\ \text{s}^{-1}$,因此

$$C = 28.1\ \mu\text{F}$$

五、热 学 A 组

答案:

1. B 2. C 3. A 4. B 5. B 6. B 7. A 8. D 9. A 10. B 11. B
12. D 13. D 14. D 15. E 16. B 17. B 18. C 19. C 20. D 21. E
22. C 23. A 24. D 25. D 26. A 27. C 28. C 29. A 30. A 31. E
32. E

六、热 学 B 组

1. 解析：只要气缸内的压强比外部压强大，土豆将会加速。因此，如果气缸足够长，气缸内部体积的最终气压为 p_{atm}，土豆的动能最大。

理想双原子气体的能量为 $C_V nRT$，根据理想气体状态方程：
$$pV = nRT$$
任意体积与压强的气体能量为 $C_V pV$。土豆的动能最大时气缸内部气压为 p_{atm}，因此气体对土豆做功为
$$C_V(p_0 V_0 - p_{atm} V_f)$$
但土豆加速时还要克服外界空气的压力做功，因此土豆的动能为
$$E_{max} = C_V(p_0 V_0 - p_{atm} V_f) - p_{atm}(V_f - V_0)$$
由于绝热膨胀，根据绝热方程可得
$$V_f = V_0 \left(\frac{p_0}{p_{atm}}\right)^{\frac{1}{\gamma}}$$
其中 $\gamma = C_p/C_V$。将 C_V 与 γ 的数值代入，则
$$E_{max} = \frac{5}{2} p_0 V_0 - \frac{7}{2} p_{atm} V_f + p_{atm} V_0$$
或
$$E_{max} = \left(\frac{5}{2} p_0 + p_{atm} - \frac{7}{2} p_{atm}^{\frac{2}{7}} p_0^{\frac{5}{7}}\right) V_0$$
容易得管长
$$L = \frac{V_f}{A} = \frac{V_0}{A} \left(\frac{p_0}{p_{atm}}\right)^{\frac{5}{7}}$$

2. 解析：(1) 两部分可以分开单独求解。
① 由于是等容变化：
$$\frac{p_f}{p_i} = \frac{T_f}{T_i}$$
因此
$$T = \frac{p_{cr}}{p_0} T_0$$
② 绝热压缩
$$pV^\gamma = 常数$$

对于单原子气体，$\gamma = \dfrac{C_p}{C_V} = \dfrac{C_V + 1}{C_V} = \dfrac{5}{3}$，因此

$$p_0 L_0^\gamma = p_{cr} L^\gamma$$

可得到

$$L = L_0 \left(\dfrac{p_0}{p_{cr}}\right)^{5/3}$$

（2）子弹受到的压强是

$$p = \dfrac{\Delta r}{r_c} E$$

因此子弹受到的正压力为

$$F_N = \dfrac{\Delta r}{r_c} E \times (2\pi r_c h)$$

而筒内外气体压强差产生的压力和摩擦力相平衡，其中摩擦力为 μF_N。所以

$$\pi r_c^2 (p_{cr} - p_0) = 2\pi h \mu \Delta r E$$

最后得到

$$p_{cr} = p_0 + \dfrac{2\mu E h}{r_c^2} \Delta r$$

3. 解析：(1) 体积为

$$V_1 = \dfrac{1}{4} V_0$$

根据理想气体方程：

$$pV = nRT$$

由等温变化，有

$$p_1 V_1 = p_0 V_0 \Rightarrow \dfrac{V_1}{V_0} = \dfrac{p_0}{p_1}$$

$$W = nRT \ln \dfrac{V_1}{V_0}$$

代入数据可得外界对气体做功：

$$W = 2 \text{ mol} \times 8.31 \dfrac{\text{J}}{\text{mol} \cdot \text{K}} \times 298 \text{ K} \times \ln \dfrac{1}{4}$$

$$= 6\,866 \text{ J}$$

所以气体克服外界做功为

$$W' = -6\,866 \text{ J}$$

② 绝热过程中：

$$T_1 V_1^{\gamma - 1} = T_2 V_2^{\gamma - 1}$$

因为 B 过程等温，所以有

$$T_1 = T_0 = 298 \text{ K}$$

可得
$$T_2 = T_0 \left(\frac{V_1}{V_2}\right)^{\gamma-1}$$

其中
$$\gamma - 1 = \frac{C_p}{C_V} - 1 = \frac{\frac{7}{2}R}{\frac{5}{2}R} - 1 = \frac{7}{5} - 1 = \frac{2}{5}$$

代入可得
$$T_2 = 298\text{ K}\left(\frac{V_1}{V_2}\right)^{\frac{2}{5}}$$

$$p_0 V_0 = nRT_0 \Rightarrow V_0 = \frac{nRT_0}{p_0}$$

其中
$$p_0 = 1\text{ atm} = 1.01 \times 10^5 \text{ Pa}$$

$$V_0 = \frac{2\text{ mol} \times 8.31 \frac{\text{J}}{\text{mol} \cdot \text{K}} \cdot 298\text{ K}}{1.01 \times 10^5 \text{ Pa}} = 0.049\,0 \text{ m}^3$$

$$V_1 = \frac{1}{4} V_0 = \frac{1}{4} \times 0.049\text{ m}^3 = 0.012\,3 \text{ m}^3$$

而
$$V_2 = 15.0 \text{ L} = 15.0 \text{ L} \cdot \frac{10^3 \text{ mL}}{1 \text{ L}} \cdot \frac{1 \text{ cm}^3}{1 \text{ mL}} \cdot \frac{1 \text{ m}^3}{10^6 \text{ cm}^3} = 0.015\,0 \text{ m}^3$$

最终可得
$$T_2 = 298 \text{ K}\left(\frac{0.012\,3}{0.015\,0}\right)^{\frac{2}{5}} = 275 \text{ K}$$

4. 解析：(1) 卡诺循环熵守恒，所以有
$$\frac{Q_H}{Q_L} = \frac{T_H}{T_L}$$

同时，根据能量守恒，有
$$Q_H = Q_L + W$$

所以，热量的传递速率为 Q_L/t，但是
$$Q_L = Q_H - W = Q_L \frac{T_H}{T_L} - W$$

或者
$$W = Q_L \left(\frac{T_H}{T_L} - 1\right)$$

除以时间后得

$$\frac{Q_L}{t} = P\left(\frac{T_L}{T_H - T_L}\right)$$

(2) 由方程

$$k\Delta T = P\frac{T_L}{\Delta T} = P\frac{T_H - \Delta T}{\Delta T}$$

或者

$$k(\Delta T)^2 = PT_H - P\Delta T$$

解得

$$\Delta T = \frac{-P \pm \sqrt{P^2 + 4PkT_H}}{2k}$$

但是只有正值是有意义的,令 $x = P/k$:

$$\Delta T = \frac{x}{2}(\sqrt{1 + 4T_H/x} - 1)$$

这就是室内外的温度差,所以

$$T_L = T_H - \frac{x}{2}(\sqrt{1 + 4T_H/x} - 1)$$

(3) 换算成热力学温度,由前面可得

$$P = \frac{k(\Delta T)^2}{T_L}$$

所以

$$P = 130 \text{ W}$$

5. 解析:不妨建立两个表格(表1和表2)来解决这个问题(类似于数独处理方法)。定义1为初始点,在表格中以 p_0, V_0, T_0 为单位来表示 p, V, T(表1),用 $nRT_0 = p_0V_0$ 为单位来表示 Q, W。

表1

点	p	V	T
1	1	1	1
2	32	1	
3	1		

表2

过程	Q	W	ΔU
1→2		0	
2→3	0		
3→1			
净			0

在表2中已经填充了一些显而易见的数值,例如:初态的压强、体积和温度,在绝热过程中 $Q = 0$,等容过程中 $W = 0$,完成整个循环 $\Delta U = 0$(其中已经运用了热力学第一定律 $Q + W = \Delta U$)。

因为等容加热,p/T 是一个定值,可以根据理想气体状态方程 $pV/T = nR$

求出 T_2。然后由
$$Q = C_V \Delta T$$
求得 Q_{1-2},表格可以写成表 3 和表 4 的形式。

表 3

点	p	V	T
1	1	1	1
2	32	1	32
3	1		

表 4

过程	Q	W	ΔU
2→3	$\frac{3}{2} \cdot 31$	0	
2→3	0		
3→1			
净			0

对于绝热过程,pV^γ 为一个定值,其中 $\gamma = C_p/C_V$。
(下面给出简单的推导:在绝热过程中 $Q=0$,所以根据 $Q + W = \Delta U$ 可得
$$-p\mathrm{d}V = \frac{3}{2}nR\mathrm{d}T = \frac{3}{2}(p\mathrm{d}V + V\mathrm{d}p)$$

整理后有
$$0 = 5p\mathrm{d}V + 3V\mathrm{d}p$$

或者
$$0 = \frac{5}{3}\frac{\mathrm{d}V}{V} + \frac{\mathrm{d}p}{p}$$

积分后可得
$$\frac{5}{3}\ln V + \ln p = 常数$$

可以换为更熟悉的形式:
$$pV^\gamma = 常数$$

题设中选择数值 32,可以使得答案比较整洁)

根据以上的绝热方程可以得到 V_3(即为 $V_{\max}$):
$$\frac{V_3}{V_2} = \left(\frac{p_2}{p_3}\right)^{\frac{1}{\gamma}} = (32)^{\frac{3}{5}} = 8$$

将这个值填写到表 3 中,再根据理想气体方程可以得到 T_3,由于 3→1 是等压过程,所以 $Q_{3\to1}$ 为
$$Q = C_p \Delta T = \frac{5}{2}nR\Delta T$$

现在表格写成表 5 和表 6 的形式。

表 5

点	p	V	T
1	1	1	1
2	32	1	32
3	1	8	8

表 6

过程	Q	W	ΔU
1→2	$\frac{3}{2} \cdot 31$	0	
2→3	0		
3→1	$-\frac{5}{2} \cdot 7$		
净			0

现在可以确定 $Q_\text{净}$，根据 $Q + W = \Delta U$，求出 $W_\text{净}$。所以表格写成表 7 和表 8 的形式。

表 7

点	p	V	T
1	1	1	1
2	32	1	32
3	1	8	8

表 8

过程	Q	W	ΔU
1→2	$\frac{3}{2} \cdot 31$	0	
2→3	0		
3→1	$-\frac{5}{2} \cdot 7$		
净	29	−29	0

负功的物理意义是气体对外界做功，这个循环的热机效率

$$e = \frac{29}{93/2} = 58/93$$

3→1 过程的 $W = p\Delta V$，再根据 $Q + W = \Delta U$，可将表格剩余的空格填充完毕（见表 9 和表 10）。

表 9

点	p	V	T
1	1	1	1
2	32	1	32
3	1	8	8

表 10

过程	Q	W	ΔU
1→2	$\frac{3}{2} \cdot 31$	0	$\frac{3}{2} \cdot 31$
2→3	0	−36	−36
3→1	$-\frac{5}{2} \cdot 7$	7	$-\frac{5}{2} \cdot 7$
净	29	−29	0

综上可得:

(1) $V_{\max} = 8V_0$;(2) $Q_{吸} = \dfrac{91}{2}p_0V_0$;(3) $Q_{放} = \dfrac{35}{2}p_0V_0$;(4) $e = \dfrac{58}{93}$。

6. 解析:(1)假设气泡中充满了理想的单原子分子气体:$p_0V_0 = nRT_0$。

气泡经历了三个过程:① 等温膨胀,② 绝热收缩(没有热量损失),③ 等容(体积恒定)冷却。最后为等容过程,因此气泡收缩后体积等于原来的体积,即

$$V_2 = V_0$$

且

$$p_0V_0 = p_0V_2 = nRT_0$$

解得

$$n = \dfrac{p_0V_2}{RT_0} = \dfrac{p_0 \dfrac{4}{3}\pi r_2^3}{RT_0}$$

$$= \dfrac{101\,000 \times \dfrac{4}{3}\pi \times (4.50 \times 10^{-6})^3}{8.31 \times 293}\,\text{mol} = \dfrac{3.86 \times 10^{-11}}{2\,430}\,\text{mol}$$

$$= 1.58 \times 10^{-14}\,\text{mol}$$

(2)过程1:等温膨胀。

这个过程是等温的,所以

$T_1 = T_0$

$p_1V_1 = nRT_1 = nRT_0$

$p_1 = \dfrac{nRT_0}{V_1} = \dfrac{1.58 \times 10^{-14} \times 8.31 \times 293}{\dfrac{4}{3}\pi \times (3.60 \times 10^{-5})^3}\,\text{Pa} = 197\,\text{Pa}$

气泡所做的功

$$W_1 = nRT_0 \ln \dfrac{V_1}{V_0}$$

$$= 1.58 \times 10^{-14} \times 8.31 \times 293 \times \ln \dfrac{(3.60 \times 10^{-5})^3}{(4.50 \times 10^{-6})^3}\,\text{J}$$

$$= 2.40 \times 10^{-10}\,\text{J}$$

因此膨胀过程中,对气泡所做的功

$$W_1 = -2.40 \times 10^{-10}\,\text{J}$$

(3)过程2:绝热收缩。

对于绝热过程:

$$p_1 V_1^\gamma = p_2 V_2^\gamma$$

$$p_2 = \frac{p_1 V_1^\gamma}{V_2^\gamma}$$

对于单原子分子气体：

$$\gamma = \frac{5}{3}$$

$$p_2 = \frac{197 \times (3.60 \times 10^{-5})^5}{(4.50 \times 10^{-6})^5} \text{ Pa} = 6.46 \times 10^6 \text{ Pa}$$

(4)

$$T_2 = \frac{6.46 \times 10^6 \times \frac{4}{3}\pi (4.50 \times 10^{-6})^3}{1.58 \times 10^{-14} \times 8.31} \text{ K} = 18\,800 \text{ K}$$

哦,天哪,那实在是太热了!

(5) 对于一个绝热过程,气球所做的功

$$W_1 = -\Delta E_内 = -nC_V \Delta T$$

其中

$$C_V = \frac{3R}{2}$$

$$W_2 = -1.58 \times 10^{-14} \times \frac{3}{2} \times 8.31 \times (18\,800 - 293) \text{ J}$$

$$= -3.64 \times 10^{-9} \text{ J}$$

对气泡所做的功

$$W_2 = 3.64 \times 10^{-9} \text{ J}$$

过程3:等容冷却。

等容冷却过程对气泡做的功为零,即

$$W_3 = 0 \text{ J}$$

对气泡做的总功

$$W_总 = W_1 + W_2 + W_3$$

$$= (-2.40 \times 10^{-10} + 3.64 \times 10^{-9} + 0) \text{ J} = 3.4 \times 10^{-9} \text{ J}$$

7. 解析:(1) 将每个过程的结束点标记为0,1,2。根据 $pV = nRT$,可得 $T_1 = \alpha T_0$。1→2 过程需要做更多的功;可将绝热过程方程简单表述为 $pV^\gamma =$ 常数。

本问中,绝热过程方程为

$$p_1 V_1^\gamma = p_2 V_2^\gamma = \alpha p_1 V_1^\gamma$$

因此
$$V_2 = V_1 \alpha^{\frac{1}{\gamma}}$$

另外,根据 $pV = nRT$,可得 $T_2 = \alpha^{\frac{1}{\gamma}} T_0$。

过程 0→1(等容)中,气体吸热:
$$Q_{in} = nC_V \Delta T = nC_V(\alpha - 1)T_0$$

过程 1→2 中,气体放热:
$$Q_{out} = nC_p \Delta T = nC_p(\alpha^{\frac{1}{\gamma}} - 1)T_0$$

只考虑数据的绝对值,在需要的时候加入正负号。做功为热量之差,即
$$W = Q_{in} - Q_{out} = nC_V(\alpha - 1)T_0 - nC_p(\alpha^{\frac{1}{\gamma}} - 1)T_0$$

则效率为
$$e = \frac{C_V(\alpha - 1) - C_p(\alpha^{\frac{1}{\gamma}} - 1)}{C_V(\alpha - 1)}$$

简化得
$$e = 1 - \gamma \frac{\alpha^{\frac{1}{\gamma}} - 1}{\alpha - 1}$$

(2) 沿着绝热路径,压强与温度之间的关系为
$$pV^\gamma = 常数 \propto p\left(\frac{T}{p}\right)^\gamma$$

因此
$$pT^{\frac{\gamma}{1-\gamma}} = 常数$$

则
$$p \propto T^{\frac{\gamma}{\gamma - 1}}$$

对于理想气体
$$\frac{\gamma}{\gamma - 1} = \frac{C_p/C_V}{C_p/C_V - 1} = \frac{C_p}{R}$$

作出 $\log T$ 与 $\log p$ 的图像,以 $\log T$ 为横轴,$\log p$ 为纵轴,斜率为 C_p/R。

(3) 根据给出的数据,得 $C_p = \frac{7}{2}R$,因此 $\gamma = \frac{7}{5}$。

8. 解析:(1) 假设液滴这个球体的半径为 r,它所带的电荷为
$$q = \frac{4}{3}\pi \rho r^3$$

半径为 r 的孤立导体球电容为
$$C = 4\pi\varepsilon_0 r$$

单个液滴所携带电势能

$$E_0 = \frac{q^2}{2C} = \frac{2\pi r^5 \rho^2}{9\varepsilon_0} = \frac{2\pi R^5 \rho^2}{9\varepsilon_0}$$

(2) 每一滴液滴的体积是 $V_d = \frac{4}{3}\pi R^3$，因此液滴的数量

$$n = \frac{V_f}{V_d} = \frac{V_f}{\frac{4}{3}\pi R^3}$$

因为我们忽略液滴内部的作用力，所以液滴的总电能是每个液滴单独能量的总和：

$$E_{e.tot} = nW = \frac{V_f}{\frac{4}{3}\pi R^3} \frac{2\pi R^5 \rho^2}{9\varepsilon_0} = \frac{R^2 \rho^2}{6\varepsilon_0} V_f$$

(3) 每个液滴的表面积为 $4\pi R^2$，因此其表面张力势能为 $4\pi R^2 \gamma$。前面说过，由表面张力带来的总能量是每个液滴单独能量的总和：

$$E_{s.tot} = 4\pi R^2 \gamma n = 4\pi R^2 \gamma \frac{V_f}{\frac{4}{3}\pi R^3} = \frac{3\gamma}{R} V_f$$

(4) 在计入表面张力势能后，其表面总能量

$$E_{tot} = \left(\frac{R^2 \rho^2}{6\varepsilon_0} + \frac{3\gamma}{R}\right) V_f$$

当总能量值最小时达到平衡；当 $R \to 0$ 和 $R \to \infty$ 时，总势能 $U \to \infty$，它必须有个最小值。

$$\frac{d}{dR} E_{tot} = \left(\frac{2R\rho^2}{6\varepsilon_0} - \frac{3\gamma}{R^2}\right) V_f$$

取该值为 0，则

$$\frac{2R\rho^2}{6\varepsilon_0} = \frac{3\gamma}{R^2}$$

$$R^3 = \frac{9\gamma\varepsilon_0}{\rho^2}$$

$$R = \left(\frac{9\gamma\varepsilon_0}{\rho^2}\right)^{\frac{1}{3}}$$

9. 解析：假设金属板上、下表面温差为 ΔT_w，金属板的总面积为 lw，通过板传导的热功率

$$p = \frac{\kappa lw}{d} \Delta T_w$$

在时间 dt 内，传导的热量

$$dE = p \cdot dt = \frac{\kappa l w}{d}\Delta T_w \cdot dt$$

同时,设热液流入温度为 T_r,冷液流入温度为 T_b,则热液流出时温度为 $T_b + \Delta T_w$,所以热液的整段温度变化

$$\Delta T_r = T_r - (T_b + \Delta T_w) = \Delta T_i - \Delta T_w$$

在 Δt 时间内,热液流量为 $vwh \cdot dt$;这些液体的热容量为 $vwhc \cdot dt$,因此传递的热量为

$$dE = vwhc dt \cdot \Delta T_r = vwhc(\Delta T_i - \Delta T_w)dt$$

(同时冷液也传递同样多的热量,但如果两种液体流量、热容量不同,那么金属板上、下的温差 ΔT_w 将不能保持恒定)。

即

$$\frac{\kappa l w}{d}\Delta T_w = vwhc(\Delta T_i - \Delta T_w)$$

$$\Delta T_w = \frac{\Delta T_i}{1 + \frac{\kappa l}{dvhc}}$$

因为热液流出时温度为 $T_b + \Delta T_w$,而冷液流出时温度为 $T_r - \Delta T_w$,则

$$\Delta T_f = (T_b + \Delta T_w) - (T_r - \Delta T_w) = -\Delta T_i + 2\Delta T_w$$

最终有

$$\Delta T_f = \Delta T_i \left[\frac{2}{1 + \frac{\kappa l}{dvhc}} - 1 \right]$$

七、光　学

答案:

1. B 2. A 3. C 4. E 5. D 6. A 7. E 8. C 9. B 10. C 11. C 12. E 13. C 14. C 15. (1) A; (2) C; (3) B 16. B 17. C 18. D 19. D 20. C 21. A 22. B 23. C 24. A 25. B 26. C 27. C 28. D

八、原子物理与相对论 A 组

答案：

1. E 2. D 3. B 4. D 5. A 6. B 7. B 8. B 9. D 10. D 11. B
12. B 13. A 14. C 15. C 16. C

九、原子物理与相对论 B 组

1. 解析：(1) 在所有的反应中，总电荷是守恒的，轻子数（电子、中微子轻子数为 + 1，正电子、反中微子轻子数为 − 1）守恒，重子数（中子、质子）也守恒。

因为 X_2 是可以忽略质量的中性粒子，所以 X_1 必带有 + 1 的电量，包含两个重子。所以它一定是 ^2H。X_2 为中性，其轻子数为 + 1，是中微子。

同样可以得到 X_3 是 ^3He，X_4 是质子 ^1H，X_5 是 ^7Be，X_6 是 ^7Li，X_7 为中微子。

(2) 前面四个反应组合得到的总反应（不包括 γ 光）可以表示为

$$4p + 2e^- \longrightarrow {}^4He + 2\nu_e$$

由生成物和反应物的质量亏损可得核反应释放的能量。根据给定值，我们可以得到释放能量为 26.72 MeV。

(3) x 对应的是两个电子质量亏损的能量，为 1.02 MeV。为了计算 y，我们可以将它和其他已知能量加起来以获得前面问题的结果。即有

$$2 \times (0.42 \text{ MeV} + 5.49 \text{ MeV} + 1.02 \text{ MeV}) + y = 26.72 \text{ MeV}$$

前面乘以系数 2 是因为在组合反应中产生了两个 ^3He，可解得

$$y = 12.86 \text{ MeV}$$

(4) $X_5 \longrightarrow X_6 + e^+ + X_7$，这反应过程不同于式⑥的地方在于：它产生了一个正电子，而⑥需要消耗一个电子。所以它产生的能量为 $z - 2 \times (0.51 \text{ MeV})$。

因为它不可能发生，所以可得 $z - 2 \times (0.51 \text{ MeV}) < 0$，即 $z < 1.02 \text{ MeV}$。

2. 解析：(1) 德布罗意波长可以表示为

$$p = \frac{h}{\lambda}$$

粒子弹起的高度为 H，则

$$E = mgH = \frac{p^2}{2m}$$

又 $\lambda = H$，所以

$$mgH = \frac{h^2}{2mH^2}$$

或者

$$H^3 = \frac{h^2}{2m^2 g}$$

因此

$$E_p = \sqrt[3]{\frac{1}{2} mg^2 h^2}$$

(2) 通过积分我们可以得到

$$\left(n + \frac{1}{2}\right) h = 2\int_0^H p\,dx$$

$$= 2\sqrt{2m} \int_0^H \sqrt{E - mgx}\,dx$$

$$= 2\sqrt{2mE} \int_0^H \sqrt{1 - mgx/E}\,dx$$

$$= 2\sqrt{2mE}\,\frac{E}{mg} \int_0^1 \sqrt{1 - u}\,du$$

$$= -2\sqrt{2mE}\,\frac{E}{mg} \int_1^0 \sqrt{v}\,dv$$

$$= 2\sqrt{2}\,\frac{E^{\frac{3}{2}}}{\sqrt{mg}}\,\frac{2}{3}$$

所以

①

$$E_n = \sqrt[3]{\frac{9mg^2 h^2}{32}} \left(n + \frac{1}{2}\right)^{\frac{2}{3}}$$

② 最小的能量

$$E_0 = \sqrt[3]{\frac{9mg^2 h^2}{128}} = \sqrt[3]{\frac{9mc^2 g^2 h^2}{128 c^2}} = 1.1 \times 10^{-12}\text{ eV}$$

③ 弹起的高度可以表示为

$$H = \frac{E_0}{mg} = 10\,\mu\text{m}$$

(3) 当 $f = \dfrac{1}{\Delta t}$，$E_0 \approx \Delta E$ 时，根据不确定关系得

$$E_0/f \approx \Delta E \Delta t \approx h$$

3. **解析**：为简洁起见，我们给出相对论下的解决方案，对于圆周运动有

$$\left|\dfrac{d\boldsymbol{v}}{dt}\right| = \dfrac{|\boldsymbol{v}|^2}{r}$$

$$2\pi r = |\boldsymbol{v}|T$$

这纯粹是一个数学问题，继续在狭义相对论下讨论：$|\boldsymbol{v}|$ 保持不变，γ 也是一个定值。所以，根据洛伦兹力定律（$E = 0$）可得

$$\gamma m \left|\dfrac{d\boldsymbol{v}}{dt}\right| = q|\boldsymbol{v}|B$$

联立方程可得

$$\dfrac{2\pi}{T}\gamma m = qB$$

如果每个周期有一半的 μ 介子衰变，那么在 μ 介子的参考系中半衰期为 $T_{1/2}$，则在实验室参考系中有

$$T = \gamma T_{1/2}$$

同时

$$\dfrac{2\pi}{\gamma T_{1/2}}\gamma m = qB$$

$$B = \dfrac{2\pi m}{q T_{1/2}}$$

代入数据可得

$$B = 4.85 \text{ mT}$$

即使在相对论中，μ 介子运动每周期的衰变比例也不变（由于它们有相同的 γ 因子，在轨道周期变长的同时，μ 介子的寿命也会变长）。

4. **解析**：(1) 根据四维动量守恒。对于介子 S，有

$$p_S c = (E_S, 0)$$

对于两个介子 P，有

$$p_P c = (E_P, \pm p)$$

其中 p 是介子 P 的（相对论）动量的大小。则

$$E_S = 2E_P$$

同时需要满足

$$E^2 = p^2 c^2 + m^2 c^4$$

对于每个粒子,有
$$E_S^2 = M^2 c^4$$
和
$$E_P^2 = p^2 c^2 + \alpha^2 M^2 c^4$$
因此,每个介子 P 的动能为
$$E_{kP} = E_P - \alpha M c^2 = \frac{1}{2} M c^2 - \alpha M c^2 = \left(\frac{1}{2} - \alpha\right) M c^2$$
对能量的守恒式进行平方,并结合动量/能量/质量之间的关系:
$$\frac{1}{4} M^2 c^4 = p^2 c^2 + \alpha^2 M^2 c^4$$

$$\left(\frac{1}{4} - \alpha^2\right) M^2 c^4 = p^2 c^2$$

$$\sqrt{\frac{1}{4} - \alpha^2}\, M c^2 = pc$$

每个介子 P 的速度根据相对论动量为
$$p = m\gamma v$$
相对论能量
$$E = \gamma m c^2$$
因此
$$\frac{pc}{E} = \frac{mc\gamma v}{\gamma m c^2} = \frac{v}{c} = \beta$$
对于介子 P:
$$v = c\left(\frac{\sqrt{\frac{1}{4} - \alpha^2}\, M c^2}{\frac{1}{2} M c^2}\right) = c\sqrt{1 - 4\alpha^2}$$

(2) 根据相对论运动学:
$$d = vt = v\gamma\tau$$
因此
$$\frac{v}{c}\gamma = \frac{d}{c\tau}$$
将 $\frac{v}{c}\gamma$ 设为 k,则

$$k = \beta\gamma$$
$$k^2 = \beta^2\gamma^2$$
$$k^2 = \frac{\beta^2}{1-\beta^2}$$
$$\frac{k^2}{1+k^2} = \beta^2$$

联立,得
$$v = c\sqrt{\frac{d^2}{c^2\tau^2+d^2}}$$

所以得
$$v = c\sqrt{\frac{9^2}{9^2+9^2}} = \frac{c}{\sqrt{2}}$$

则
$$\gamma = \frac{1}{\sqrt{1-\frac{1}{2}}} = \sqrt{2}$$

容易得
$$E_k = (\gamma-1)Mc^2 = (\sqrt{2}-1)Mc^2$$

5. 解析:(1) ① 粒子开始时位于 $ct=x=y=0$,其轨迹满足:
$$x = v_0 t\cos\theta_0$$
$$z = v_0 t\sin\theta_0 - \frac{1}{2}gt^2$$

所以
$$s^2 = (ct)^2 - (v_0 t\cos\theta_0)^2 - \left(v_0 t\sin\theta_0 - \frac{1}{2}gt^2\right)^2$$

可以被简化为
$$s^2 = (c^2-v_0^2)t^2 + gv_0\sin\theta_0 t^3 - \frac{1}{4}g^2 t^4$$

② 粒子再次回到地面上:
$$t_f = 2\frac{v_0\sin\theta}{g}$$
$$x_f = v_0\cos\theta \cdot t_f$$
$$z_f = 0$$

两端点的时空间隔为

$$s^2 = (ct_f)^2 - (v_0\cos\theta \cdot t_f)^2$$

$$s \approx 2c\frac{v_0\sin\theta}{g}$$

距离地面的最大高度

$$z_{\max} = \frac{(v_0\sin\theta)^2}{2g}$$

因为 $z_{\max} \ll s$,由三角形相似,得

$$\frac{z_{\max}}{\frac{1}{2}s} \approx \frac{\frac{1}{2}s}{R}$$

$$R \approx \frac{1}{4}\frac{s^2}{z_{\max}} \approx \frac{2c^2}{g}$$

(2) ① 由于火箭的速度不会超过光速,在本地坐标系中,它是一直在加速的,所以它会越来越接近图 1 中给出的渐近线。但是由于火箭是一个有尺寸的物体,那么它的两端(小黄人和外星人所在的位置)接近的渐近线相同吗?

在这个问题中,需要考虑飞船运动的相对论效应:飞船的本征长度在相对论效应下会变短。飞船的速度接近光速时,飞船的长度将接近于零。为了避免这一困境,只可能是飞船的两端有不同的加速度。

如果假设(有点不正确)飞船的两端具有相同的加速度,那么两条轨迹将接近两条相距恒定距离的平行渐近线。但这意味着,无论速度为何值,飞船的长度是恒定的。在飞船瞬时静止参考系中,小黄人和外星人将分开。这意味着飞船会被拉伸,最终会被撕裂(见图 2)。

② 如果飞船的加速度不变,那么可以选择在 $t=0$ 时相对飞船静止的参考系。考虑小黄人发出两个闪光的瞬间:设小黄人在 $t=0$ 时发出闪光 1,在 $t=\tau_1$ 时发出闪光 2。

闪光 1 射向外星人的同时,外星人在加速迎光而行。设外星人接受到闪光 1 的时间为 t_1,则可得

$$ct_1 = d - \frac{1}{2}gt_1^2$$

同样,在 τ_1 时发出的闪光 2 射向外星人的同时,外星人在加速迎光而行。设外星人接受到闪光 2 的时间为 t_2。同理可得

$$c(t_2 - \tau_1) = \frac{1}{2}g\tau_1^2 + d - \frac{1}{2}gt_2^2$$

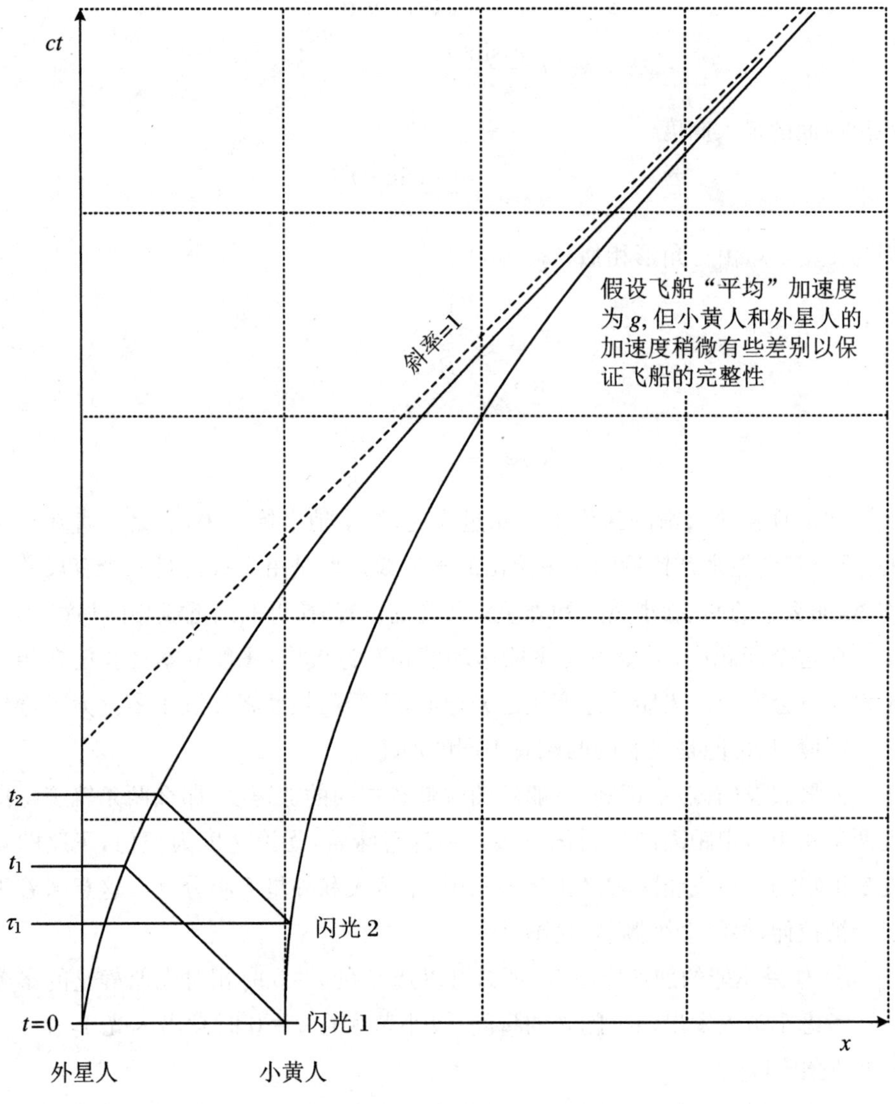

图 1

脉冲传播的时间为 $t_2 - \tau_1$。定义时间 $t_2 = t_1 + \tau_2$，并认为 $\tau \ll t_1$：

$$c(t_1 + \tau_2 - \tau_1) = d - \frac{1}{2}gt_1^2 - gt_1\tau_2$$

联立可得

$$c(\tau_2 - \tau_1) = -gt_1\tau_2$$

由于 $t_1 \approx d/c$，所以

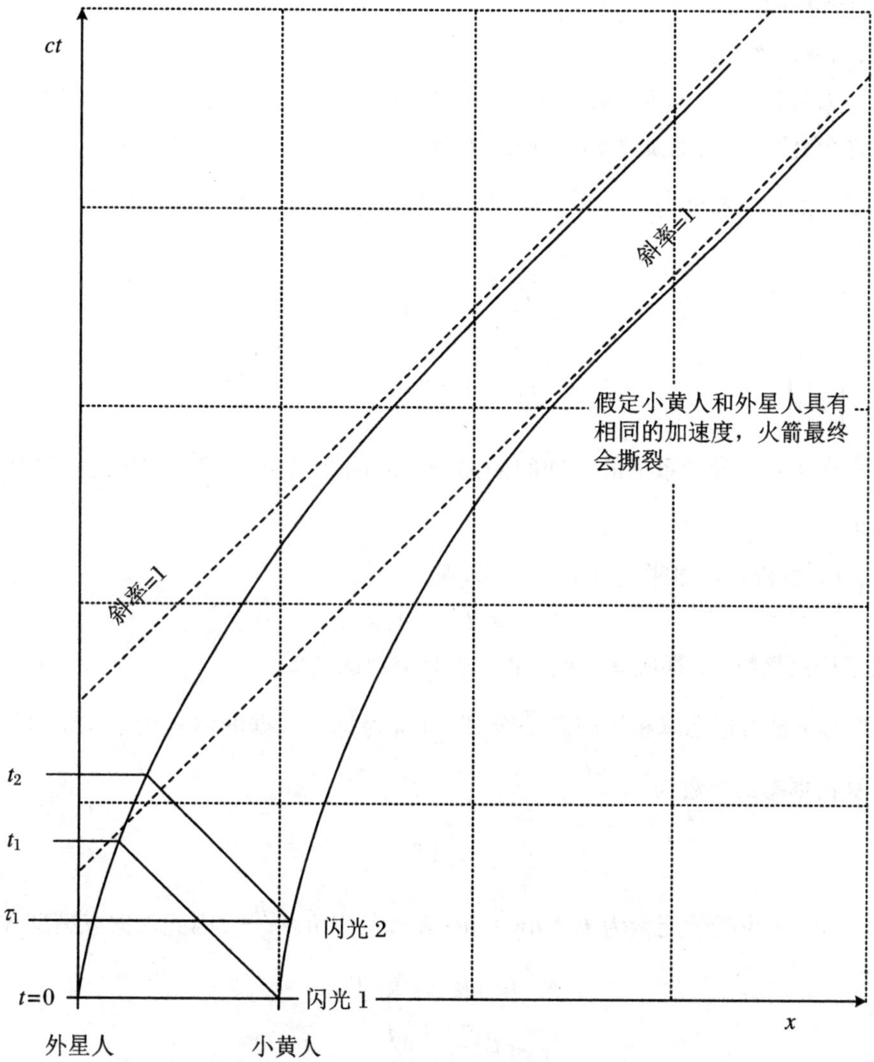

图 2

$$\tau_2 = \tau_1\left(1 + \frac{gd}{c^2}\right)$$

则频率为

$$f_2 = f_1\left(1 + \frac{gd}{c^2}\right)$$

或者,可以考虑从小黄人发射到外星人的两列波峰的运动。我们可以引入当第一个波峰发射时小黄人处于静止的参考系。由于 $f_1 \gg c/d$,可以假设在两个波峰期间小黄人仍然保持静止。然后，由于第一个波峰以速度 c 向外星人运动，两波峰之间距离为 c/f_1。

因为 $dg \ll c^2$，两列波峰到达外星人的时间几乎都是由于波峰的运动，即 d/c。在这个时间里，飞船加速到的速度为 gd/c。同时，在小黄人参考系下，波峰和外星人的相对速度为 $c + \dfrac{gd}{c}$。所以，两列波峰到达外星人的时间为

$$\frac{1}{f_2} = \frac{c/f_1}{c + \dfrac{gd}{c}}$$

$$f_2 = f_1\left(1 + \frac{gd}{c^2}\right)$$

在小黄人参考系下的时间间隔测量中时间膨胀中的 $\left(\dfrac{gd}{c^2}\right)^2$ 项是可以被忽略的。

6. 解析：(1) 根据 $\sin(k_x L) = 0$，则

$$k_x L = n_x \pi$$

对于任何整数 n_x 都成立。k_y 与 k_z 也是类似的结果。

(2) 被占据态以相等间距 $\dfrac{\pi}{L}$ 分开，可认为每个占据的体积为 $\dfrac{\pi^3}{L^3}$，在体积 s 中被占据态的个数为

$$\frac{L^3}{\pi^3} s$$

(3) 一份光子能量为 $E = \hbar w = \hbar c |k|$，其中 $\hbar = \dfrac{h}{2\pi}$。因此占据态满足

$$\hbar c |k| \leq k_B T$$

$$|k| \leq \frac{k_B T}{\hbar c}$$

相当于半径为 $\dfrac{k_B T}{\hbar c}$ 的球体所占据的体积。

(4) 正如我们已经看到的，一个光子的能量正比于它在相空间到原点的距离 $|k|$。假设一半径为 k 到 $k + dk$ 之间的球壳。该区域的体积为

$$ds = 4\pi k^2 dk$$

区域内每个光子具有能量 $\hbar ck$，由上所述，区域内光子数目为 $\dfrac{L^3}{\pi^3}s$。因此该区域内光子的总能量

$$dE = \hbar ck \cdot \frac{L^3}{\pi^3} \cdot 4\pi k^2 dk$$

$$= \frac{4}{\pi^2} \hbar c L^3 k^3 dk$$

k 可从 0 到 $k_{\max} = \dfrac{k_B T}{\hbar c}$，因此总能量

$$E = \int_0^{k_{\max}} \frac{4}{\pi^2} \hbar c L^3 k^3 dk$$

$$= \frac{4}{\pi^2} \hbar c L^3 \cdot \frac{1}{4} \left(\frac{k_B T}{\hbar c}\right)^4$$

由于盒子的体积 $V = L^3$，$h = 2\pi\hbar$，则

$$E = \frac{8\pi k_B^4}{h^3 c^3} T^4 V$$

中国科学技术大学出版社中学物理可用书目

高中物理学.1/沈克琦

高中物理学.2/沈克琦

高中物理学.3/沈克琦

高中物理学.4/沈克琦

高中物理学习题详解/黄鹏志　李　弘　蔡子星

加拿大物理奥林匹克/黄　晶　矫　健　孙佳琪

美国物理奥林匹克/黄　晶　孙佳琪　矫　健

中学奥林匹克竞赛物理教程·力学篇(第2版)/程稼夫

中学奥林匹克竞赛物理教程·电磁学篇(第2版)/程稼夫

中学奥林匹克竞赛物理讲座(第2版)/程稼夫

高中物理奥林匹克竞赛标准教材(第2版)/郑永令

中学物理奥赛辅导:热学·光学·近代物理学(第2版)/崔宏滨

物理竞赛真题解析:热学·光学·近代物理学/崔宏滨

物理竞赛专题精编/江四喜

物理竞赛解题方法漫谈/江四喜

中学奥林匹克竞赛物理实验讲座/江兴方　郭小建

物理学难题集萃.上册/舒幼生　胡望雨　陈秉乾

物理学难题集萃.下册/舒幼生　胡望雨　陈秉乾

大学物理先修课教材·力学/鲁志祥　黄诗登

大学物理先修课教材·电磁学/黄诗登　鲁志祥

名牌大学学科营与自主招生考试绿卡·物理真题篇(第2版)/王文涛　黄　晶

重点大学自主招生物理培训讲义/江四喜

高中物理母题与衍生・力学篇/董马云

高中物理母题与衍生・电磁学篇/董马云

高中物理解题方法与技巧/尹雄杰　王文涛

中学物理数学方法讲座/王溢然

高中物理经典名题精解精析/江四喜

高中物理一点一题型/温应春

高中物理必修(1)学习指导：概念・规律・方法/王溢然

力学问题讨论/缪钟英　罗启蕙

电磁学问题讨论/缪钟英

中学生物理思维方法丛书

分析与综合/岳燕宁

守恒/王溢然　徐燕翔

猜想与假设/王溢然

图示与图像/王溢然　王　亮

模型/王溢然

等效/王溢然

对称/王溢然　王明秋

分割与积累/王溢然　许洪生

归纳与演绎/岳燕宁

类比/王溢然　张耀久

求异/王溢然　徐达林　施　坚

数学物理方法/王溢然

形象、抽象、直觉/王溢然